CYNNW~~S~~

DIOLCHIADAU

I'r Parch Aled Davies a Chyhoeddiadau'r Gair y mae'r diolch fod y gyfrol fach hon wedi gweld golau dydd. Wedi cwblhau saith o gyfrolau o dan y pennawd 'Dehongli' – Y Damhegion, Y Gwyrthiau, Y Bregeth ar y Mynydd, Bywyd a Gwaith Iesu, Meddwl Paul a Bywyd Pedr – roeddwn wedi penderfynu mai dyna fyddai diwedd y gyfres, ond llwyddodd Aled yn ei ffordd lednais ei hun i'm perswadio i droi fy sylw at Timotheus. Diolch iddo am ei anogaeth a'i gymorth eto fyth.

Diolch hefyd i'r dosbarthiadau oedolion yn yr Ysgolion Sul am eu cefnogaeth yn defnyddio'r gyfres 'Dehongli,' ac am eu sylwadau caredig o bryd i'w gilydd. Y mae'n dda gwybod bod dosbarthiadau i rai hŷn yn dal ati mewn sawl man.

Rhaid diolch hefyd i Eiddwen am ei chefnogaeth a'i hamynedd yn rhoi i fyny â phresenoldeb dyn arall yn y tŷ dros y misoedd diwethaf!

Elfed ap Nefydd Roberts
Gŵyl y Pasg 2018

6

CYFLWYNIAD I TIMOTHEUS

Prin iawn yw'r llyfrau am Timotheus, a hynny am mai prin iawn yw'r wybodaeth sydd gennym amdano. Ychydig o sylw a roddir iddo ar dudalennau'r Testament Newydd. Daw i'r golwg yn Llyfr yr Actau fel cydweithiwr a chyfaill i Paul; ac eto cyfeiriadau cwta sydd yno ato pan yw yng nghwmni Paul neu Silas neu eraill o dîm cenhadol Paul. Ar un olwg, mae'n ffigur enigmatig ar ymylon hanes yr Eglwys Fore, yn ymddangos ac yna'n diflannu, yng nghefndir y ddrama yn hytrach nag ar flaen y llwyfan. Ond o sylwi'n fanwl ar y cyfeiriadau ato, ac o'i weld trwy lygaid Paul neu Luc, gwelwn fod ei gyfraniad yn bwysig ac arwyddocaol. Yn ei glasur *In the Steps of St Paul,* dywed H. V. Morton: 'Yn ei gyfnod, yr oedd Timotheus yn chwarae rhan allweddol yn nhwf a datblygiad y Ffydd Gristnogol'.

Y disgybl ifanc a'r arweinydd aeddfed

Wrth ddarllen rhwng y llinellau yn Llyfr yr Actau ac epistolau Paul, gwelwn fel y datblygodd Timotheus, o fod yn ddisgybl ifanc, dibrofiad, yn arweinydd amlwg a dylanwadol yn yr Eglwys, yn enwedig fel prif arweinydd eglwys Effesus. Yn dilyn ei dröedigaeth yn fachgen ifanc yn Lystra dan weinidogaeth Paul, daeth yn gydweithiwr ac yn gyfaill agos i'r apostol, o'i ail daith genhadol (O.C. 48) hyd at ei garchariad yn Rhufain (O.C. 62–64). Y mae penodau 16 i 18 o Lyfr yr Actau, a'r rhan fwyaf o lythyrau Paul, yn delio â'r un flynedd a'r bymtheg hynny – cyfnod hollbwysig yn hanes sefydlu'r Eglwys Gristnogol – a chyfeirir at Timotheus wrth ei enw ym mhob un o lythyrau Paul, ar wahân i Galatiaid, Effesiaid a Titus. Ac wrth i stori'r Actau ddod i ben, roedd Paul wedi penodi Timotheus i arwain eglwys Effesus ar ei ran; o bosibl yr eglwys fwyaf ar y pryd, ac eglwys ag ynddi nifer o broblemau dyrys yn galw am arweiniad doeth a chadarn.

Y ffactor pwysicaf yn hanes Timotheus oedd ei berthynas glòs â'r Apostol Paul. Yr oedd gan Paul gymaint o feddwl ohono fel ei fod wedi dod i'w ystyried fel ei fab yn y Ffydd. Yn ei gyfarchion ar ddechrau'r ddau lythyr at Timotheus, mae Paul yn cyfeirio ato fel 'Timotheus, ei blentyn diledryw yn y ffydd' a 'Timotheus, ei blentyn annwyl' (1 Tim.1:2; 2 Tim. 1:2). Os mai un ymhlith nifer o gydweithwyr cenhadol Paul oedd Timotheus, yr oedd yn fwy na chanlynwr neu gynffonnwr o bell. Yr oedd perthynas o gariad a chyfeillgarwch dwfn yn bodoli rhwng y cenhadwr dewr, profiadol a'r prentis ifanc, anaeddfed.

Y ddau lythyr

Ond os mai prin a chwta yw'r cyfeiriadau at Timotheus yn Llyfr yr Actau a llythyrau Paul, y mae gennym yn y Testament Newydd ddau lythyr i Timotheus oddi wrth Paul ei hun. Prif ddiben y llythyrau yw rhoi cyfarwyddiadau eglwysig a bugeiliol i Timotheus, i'w baratoi i ymgymryd ag arweinyddiaeth eglwys Effesus. Ymysg y cyfarwyddiadau a'r cynghorion, cawn ambell gipolwg ar gymeriad Timotheus trwy lygaid Paul. Er enghraifft, cawn wybod ei fod yn goruchwylio eglwys Effesus ac yntau'n ŵr ifanc: 'Paid â gadael i neb dy ddiystyru am dy fod yn ifanc' (1 Tim. 4:12). Cawn wybod ei fod yn swil a dihyder, yn wan ei iechyd ac yn ei deimlo'i hun yn annigonol ar gyfer y dasg oedd o'i flaen. Mae'r ffaith ei fod wedi dilyn Paul am o leiaf bymtheg mlynedd yn golygu ei fod, erbyn hynny, yn ei dridegau hwyr.

Tua'r flwyddyn O.C. 65 y cyfansoddodd Paul ei Lythyr Cyntaf at Timotheus. Dywed Llyfr yr Actau fod Timotheus wedi gadael cartref i ddilyn Paul yn y flwyddyn O.C. 48, yn ystod ail daith genhadol Paul. 'Cyrhaeddodd Derbe ac yna Lystra. Yno yr oedd disgybl o'r enw Timotheus, mab i wraig grediniol o Iddewes, a'i dad yn Roegwr. Yr oedd gair da iddo gan y credinwyr yn Lystra ac Iconium. Yr oedd Paul am i hwn fynd ymaith gydag ef, a chymerodd ef ac enwaedu arno, o achos yr Iddewon oedd yn y lleoedd hynny, oherwydd yr oeddent i gyd yn gwybod mai Groegwr oedd ei dad' (Ac. 16:1–3). Gellir tybio mai tua deunaw oed oedd Timotheus pan ymunodd â Paul a'i fintai ar yr ail daith genhadol, a'i fod felly yn ei dridegau pan gafodd ei osod gan Paul i fugeilio eglwys Effesus.

Y mae rhai ysgolheigion wedi amau ai Paul a ysgrifennodd y ddau Lythyr at Timotheus, gan awgrymu mai arweinydd eglwysig arall a'u lluniodd flynyddoedd yn ddiweddarach, yn fath o lawlyfrau ar gyfer arweinwyr eglwysig a oedd yn cynnig mân gynghorion ac awgrymiadau ynghylch gweinyddu bywyd eglwys. Iddyn nhw, truth dychmygol oddi wrth Paul dychmygol at Timotheus dychmygol yw'r naill lythyr a'r llall. Cyfeiriant at bedwar rheswm dros wrthod awduraeth Paul: mae arddull y llythyr yn wahanol i lythyrau eraill Paul; mae'r awdur yn defnyddio nifer o eiriau na cheir mohonynt yn llythyrau eraill Paul; nid yw'r llythyrau yn cyfeirio at unrhyw un o brif athrawiaethau Paul; ac maent yn adlewyrchu patrwm o weinidogaeth oedd yn fwy datblygedig na'r hyn a gaed yng nghyfnod Paul.

Y mae'r rhai sy'n amddiffyn awduraeth Paul yn dadlau fod yr hyn a ddywedir am ei arddull a'i eirfa wahanol i'w briodoli i'r ffaith nad oedd ganddo 'ysgrifennydd' i'w gynorthwyo yn y carchar, a bod y llythyrau'n dod yn uniongyrchol o law Paul ei hun ac oherwydd hynny'n fwy Paulaidd na'i lythyrau eraill. Llythyrau personol oddi wrth ffrind at ffrind yw'r ddau lythyr at Timotheus. Mae'n anodd dychmygu awdur arall, dieithr yn cyfansoddi'r cyfeiriadau personol, tyner a geir yn y llythyrau hyn gan Paul at ei gyfaill ifanc. Daw'r ddau lythyr yn fyw a pherthnasol o dderbyn mai gwaith Paul ei hun ydynt.

Darllen rhwng y llinellau

Gan mai prin iawn yw'r wybodaeth sydd gennym am fywyd a chyfraniad Timotheus, rhaid pwyso ar y ddau lythyr, gan ddarllen rhwng y llinellau fel petai, er mwyn cael darlun o Timotheus a'i gymeriad a'i gyfrifoldebau fel arweinydd eglwys Effesus. Mae'n anorfod mai esboniad ar gynnwys y llythyrau yw rhai o benodau'r gyfrol hon. Adwaenir y ddau lythyr ynghyd â'r Llythyr at Titus fel yr 'epistolau bugeiliol' am eu bod yn trafod materion cenhadol, bugeiliol ac athrawiaethol. Wynebir ynddynt y materion athrawiaethol, moesol a chyfundrefnol a boenai'r eglwys yn Effesus yn ei dyddiau cynnar. Ar yr un pryd, ceir ynddynt gyfarwyddiadau a chynghorion buddiol ar gyfer arweinwyr crefydd ym mhob cylch a chyfnod yn hytrach nag i Timotheus ei hun yn unig.

Mae ceisio canfod darlun o Timotheus fel cymeriad ac arweinydd eglwysig, yn debyg i weithio ar *jig-so*, gan osod darnau mân wrth ei gilydd – o'r Actau, o'r ddau Lythyr at Timotheus ac o lythyrau eraill Paul – i ffurfio portread o'r gŵr annaliadwy hwn. Ond wrth weithio ar y *jig-so*, gwelwn hefyd fod llawer o'r darnau ar goll ac mai darlun bylchog, amherffaith sydd gennym yn y diwedd.

Mae ambell ddarn o'r llun i'w gael o ffynhonnell arall nad yw'n rhan o'r Testament Newydd. Bron i ddwy fil o flynyddoedd yn ôl, lluniwyd bywgraffiad o Timotheus gan Polycrates, esgob Effesus o O.C. 190 i 200, sy'n rhoi i ni amlinelliad o fywyd Timotheus a disgrifiad manwl o'i ferthyrdod, yn O.C. 96 neu 97. Yn wahanol i lawer o fucheddau'r saint a luniwyd dros y canrifoedd, nid oes yng ngwaith Polycrates unrhyw hanesion 'gwyrthiol' a chwedlonol. Oherwydd hynny, ac am fod y gwaith mor hynafol, mae llawer o haneswyr yn ei ystyried yn ffynhonnell ddibynadwy. Wedi dweud hynny, ar wahân i ddisgrifiad o'i ferthyrdod, nid oes gan Polycrates lawer o wybodaeth ychwanegol sydd o fudd wrth inni chwilio am y Timotheus hanesyddol.

Neges Timotheus i ni

Wrth feddwl am werth yr ymchwil i hanes a chyfraniad Timotheus, daw i'r amlwg sawl peth sy'n berthnasol i ni, fel i'r Eglwys ym mhob cyfnod. Amcan cyntaf a phwysicaf Paul wrth ysgrifennu'r llythyrau oedd apelio ar Timotheus, a thrwyddo ar aelodau eraill yr Eglwys, i ddiogelu'r Ffydd yn ei phurdeb. Ni fedrwn ddweud beth yn union oedd natur y gau athrawiaeth oedd yn ymledu o fewn yr Eglwys. Mae lle i gredu mai'r bygythiad mwyaf oedd ffurfiau ar Gnosticiaeth, sef syniadau rhai athronwyr Groegaidd fod mater, y corff a'r byd hwn yn aflan. Iddynt hwy, yr ysbrydol yn unig oedd yn bwysig ac ni allai Duw felly fod mewn cysylltiad uniongyrchol â'r byd hwn a'i bethau. Roedd y syniadau hyn yn ymwrthod ag unrhyw sôn am ymgnawdoliad nac am Iesu, fel Mab Duw, yn marw ar groes. Roedd hefyd yn ffynnu yn Effesus ffurfiau o Iddewiaeth eithafol a oedd yn arwain at ymbleidio ac ymgecru o fewn yr eglwys yno.

Prif gyfrifoldeb Timotheus oedd gwrthwynebu'r syniadau cyfeiliornus hyn a oedd yn milwrio yn erbyn y wir Ffydd. Nid cyfrifoldeb Timotheus yn unig oedd hynny, ond pawb arall hefyd a oedd mewn safle o awdurdod o fewn yr Eglwys. Rhaid i'r Eglwys ym mhob oes amddiffyn y Ffydd; ond rhaid iddi'r un pryd ganfod ffyrdd o gyflwyno'r Ffydd honno'n ystyrlon i bob cyfnod a phob cenhedlaeth. Rhaid diogelu sylfeini'r Ffydd apostolaidd, ond rhaid hefyd adeiladu ar y sylfeini hynny er mwyn canfod ymhlygiadau a her y Ffydd i'n dyddiau ni.

Er mwyn amddiffyn y Ffydd roedd angen sicrhau trefn a disgyblaeth trwy benodi swyddogion doeth a chyfrifol. Ceir yn y ddau lythyr gyfarwyddiadau manwl ynglŷn â phenodi henuriaid, arolygwyr, diaconiaid ac esgobion. Mae'r amrywiaeth a welwn yn y gwahanol ffurfiau o weinidogaeth yn y blynyddoedd cynnar yn her i ninnau ddatblygu patrymau o arweinyddiaeth sy'n ystwyth, hyblyg ac effeithiol i'n hoes. Ceir yn y llythyrau hefyd gyfarwyddiadau ynglŷn ag arwain addoliad, buchedd dda ac ymddygiad gweddus. Mewn cyfnod o lacrwydd mewn cred a phenrhyddid mewn moesoldeb, mae llawer yn y ddau lythyr at Timotheus sy'n berthnasol i'r Eglwys heddiw.

Fel petai Paul yn ymwybodol ei fod yn disgwyl llawer oddi wrth Timotheus, dywed mai ei fwriad yw dychwelyd i Effesus i roi cymorth a chyngor iddo: 'Yr wyf yn gobeithio dod atat cyn hir, ond rhag ofn y caf fy rhwystro, yr wyf yn ysgrifennu'r llythyr hwn atat, er mwyn iti gael gwybod sut y mae ymddwyn yn nheulu Duw' (1 Tim. 3:14–15). Erbyn iddo ysgrifennu'r ail lythyr roedd amgylchiadau wedi newid, ac yr oedd yn amlwg i Paul fod y diwedd yn ei wynebu yn y dyfodol agos. Roedd hynny yn ei gymell i ysgrifennu math o lythyr ffarwel (2 Tim. 4:6–8). Ond nid oedd wedi colli gobaith yn llwyr gan ei fod yn annog Timotheus i wneud ei orau i ddod ato, a dod â Marc gydag ef hefyd.

Roedd yn amlwg yn teimlo'n bur unig gan fod y rhan fwyaf o'i gyfeillion wedi ei adael, a Luc yn unig yn gwmni iddo (4:10–11).

Wyddom ni ddim a lwyddodd Timotheus i gyrraedd Rhufain cyn i Paul gael ei ddienyddio. Hoffem feddwl iddo fod yn gwmni ac yn gefn i'w hen athro wrth i Paul ddisgwyl cledd ei ddienyddiwr. Beth bynnag fu gwendidau Timotheus dros y blynyddoedd, ef oedd yr un a ddewiswyd gan Paul i arwain eglwys Effesus; ef oedd yr un, ym marn Paul, a allai ddelio â phroblemau dyrys yr eglwys honno; ac ef oedd yr hiraethai Paul am ei gwmni yn y carchar yn Rhufain. Roedd Timotheus wedi bod gyda Paul mewn sefyllfaoedd peryglus sawl gwaith, a chawsai ei garcharu gydag ef fwy nag unwaith. Os oedd yn ifanc a dihyder a gwan ei iechyd, yr oedd hefyd yn ffyddlon ac yn un y gallai Paul ddibynnu'n llwyr arno gan wybod y byddai yn dilyn ei gyfarwyddiadau a'i gynghorion.

Ar lawer ystyr mae Timotheus, fel pob un ohonom ni, yn gymysgedd o'r cryf a'r gwan, y dewr a'r llwfr, y mentrus a'r ofnus. Yn fwy na dim, mae'n enghraifft lachar o'r dyn cyffredin sy'n barod i weithio'n dawel ond yn ddiwyd yn y cefndir; ond yn rhinwedd ei ffyddlondeb, yn un y mae Duw'n gallu gweithio'n bwerus drwyddo. Yng ngeiriau Lance Pierson, Timotheus yw nawddsant y Cristion cyffredin.

1. Y LLANC O LYSTRA

'Cyrhaeddodd Derbe ac yna Lystra. Yno yr oedd disgybl o'r enw Timotheus, mab i wraig grediniol o Iddewes, a'i dad yn Roegwr. Yr oedd gair da iddo gan y credinwyr yn Lystra ac Iconium. Yr oedd Paul am i hwn fynd ymaith gydag ef, a chymerodd ef ac enwaedu arno, o achos yr Iddewon oedd yn y lleoedd hynny, oherwydd yr oeddent i gyd yn gwybod mai Groegwr oedd ei dad. Fel yr oeddent yn teithio trwy'r dinasoedd, yr oeddent yn traddodi iddynt, er mwyn iddynt eu cadw, y gorchmynion a ddyfarnwyd gan yr apostolion a'r henuriaid oedd yn Jerwsalem. Felly yr oedd yr eglwysi yn ymgadarnhau yn y ffydd ac yn amlhau mewn rhif beunydd' (Actau 16:1–5).

'Yr wyf yn diolch i Dduw, yr hwn yr wyf yn ei wasanaethu â chydwybod bur fel y gwnaeth fy hynafiaid, pan fyddaf yn cofio amdanat yn fy ngweddïau, fel y gwnaf yn ddi-baid nos a dydd. Wrth gofio am dy ddagrau, rwy'n hiraethu am dy weld a chael fy llenwi â llawenydd. Daw i'm cof y ffydd ddiffuant sydd gennyt, ffydd a drigodd gynt yn Lois, dy nain, ac yn Eunice, dy fam, a gwn yn sir ei bod ynot tithau hefyd. O ganlyniad yr wyf yn dy atgoffa i gadw ynghyn y ddawn a roddodd Duw iti, y ddawn sydd ynot trwy arddodiad fy nwylo i' (2 Timotheus 1:3–6).

Cam pwysig ym mhob gwaith cenhadol neu ymgyrch efengylu yw 'dilyn ymlaen', sef sicrhau fod y gwaith sydd wedi ei gychwyn yn gwreiddio ac yn dwyn ffrwyth. Golyga hynny ailymweld â chredinwyr newydd, eu hyfforddi yn y Ffydd, eu hannog i gadw'n ffyddlon, a'u helpu i dyfu yn eu bywyd Cristnogol. Rhoddai Paul bwyslais mawr ar ailymweld â'r eglwysi a sefydlodd ar ei wahanol deithiau cenhadol.

Ar ei daith gyntaf cyrhaeddodd Paul Asia Leiaf o Gyprus yng nghwmni Barnabas a Ioan Marc. Wedi iddynt lanio yn Perga Pamffylia, cefnodd

Ioan Marc arnynt a dychwelyd i Jerwsalem; a bu hynny'n achos anghydfod rhwng Paul a'i gyfaill Barnabas. Fodd bynnag, aethant ymlaen o Perga i Antiochia Pisidia ac oddi yno i Iconium, Derbe a Lystra gan bregethu yn y synagogau a sefydlu eglwysi, a hynny ar waethaf gwrthwynebiad ffyrnig Iddewon Iconium a Lystra.

Yn Derbe, troesant yn ôl i ymweld â'r grwpiau o ddisgyblion a ffurfiwyd yn ninasoedd Lystra, Iconium ac Antiochia Pisidia, 'a chadarnhau eneidiau'r disgyblion a'u hannog i lynu wrth y ffydd' (Ac. 14:22). Er mwyn sicrhau parhad y gwaith, penododd Paul henuriaid ym mhob un o'r eglwysi, a gweddïo drostynt a'u cyflwyno i'r Arglwydd. Wedi cyrraedd yn ôl i Perga cawsant long o borthladd Atalia i'w cludo'n ôl i Antiochia yn Syria.

Bum mlynedd yn ddiweddarach, penderfynodd Paul ddychwelyd i Asia Leiaf i ymweld â'r eglwysi a sefydlodd ar ei daith genhadol gyntaf. Ond nid oedd yn fodlon i Ioan Marc ddod gyda hwy. Ni fedrai Paul anghofio'r diwrnod hwnnw y trodd Marc ei gefn arnynt yn Pamffylia a'u gadael. Ac o ganlyniad ymwahanodd Paul a Barnabas; a dewisodd Paul yn gydymaith iddo Silas – gŵr amlwg yn eglwys Jerwsalem a oedd yn siaradwr huawdl yn yr iaith Roeg ac a oedd, fel Paul, yn ddinesydd Rhufeinig. Bu hynny'n bwysig iddynt ar eu teithiau gan fod y ddau'n gallu hawlio rhagorfreintiau eu dinasyddiaeth.

Yn ôl i Asia Leiaf
Cychwynnodd Paul a Silas ar eu taith o Antiochia yn Syria ar hyd yr hen ffordd filwrol a arweiniai o Syria, heibio i Tarsus a thrwy fwlch Pyrth Cicilia. Bwriad cyntaf Paul wrth ymweld â'r hen faes oedd cadarnhau'r eglwysi. Ac yr oedd arnynt wir angen cymorth a chyfarwyddyd am eu bod yn dadlau ymhlith ei gilydd ynghylch enwaedu. Roedd rhai dan ddylanwad Iddewon uniongred a oedd yn mynnu fod rhaid enwaedu ar bob cenedl-ddyn oedd yn ymuno â'r Eglwys; roedd eraill a ddilynai ddysgeidiaeth Paul yn dadlau fod ffydd yng Nghrist yn diddymu'r angen am enwaedu. Gan mai Paul a gafodd y rhan flaenaf o ran

sefydlu'r eglwysi hyn, teimlai mai ei gyfrifoldeb ef yn fwy na neb arall oedd tawelu unrhyw stormydd a thynnu sylw at yr arweiniad a roddwyd gan Gyngor Jerwsalem. Dyna arwyddocâd y geiriau, 'fel yr oeddent yn teithio trwy'r dinasoedd, yr oeddent yn traddodi iddynt, er mwyn iddynt eu cadw, y gorchmynion a ddyfarnwyd gan yr apostolion a'r henuriaid oedd yn Jerwsalem' (Ac. 16:4).

Gan mai o gyfeiriad y dwyrain y teithiai Paul a Silas y tro hwn, daethant i Derbe yn gyntaf. Yna, aethant ymlaen i ddinas gyfagos Lystra. Safai Lystra ar fryncyn yng nghanol dyffryn hardd. Fe'i sefydlwyd gan yr Ymerawdwr Awgwstus, yn fath o wladfa Rufeinig. Nid oedd dylanwad gwareiddiad Groeg wedi gafael yn y ddinas, a siaradai ei thrigolion iaith frodorol Lycaonia. Ond yr oedd dylanwad Rhufain yn fawr, ac ymhyfrydai'r bobl yn eu cysylltiad agos â'r ymerodraeth. Yn niwedd y bedwaredd ganrif ar bymtheg, darganfu archeolegwr o'r enw Sterret adfeilion allor ag enw Lystra wedi ei dorri arni, yn y ffurf Ladin *Lustra*, sef y ddinas ddisglair. Ond gan nad oedd y ddinas hon, yn wahanol i Iconium a Derbe, wedi ei lleoli ar brif ffordd masnach Asia Leiaf nid oedd llawer o Iddewon wedi eu denu yno, ac ni sefydlwyd synagog yno.

Ar ymweliad cyntaf Paul â Lystra, cafodd ef a Barnabas effaith rhyfeddol ar y bobl. Wedi iddynt iacháu gŵr cloff, dechreuodd y bobl weiddi yn eu hiaith eu hunain, 'Y duwiau a ddaeth i lawr atom ar lun dynion' (14:11), a mynd ati i baratoi aberthau i'w hanrhydeddu. Yna, cyrhaeddodd nifer o Iddewon o Antiochia ac Iconium a pherswadio'r bobl i luchio cerrig at Paul a Barnabas. Cafodd Paul ei niweidio, ond cafodd ei ymgeleddu gan nifer o 'ddisgyblion' (sef rhai oedd wedi dod yn Gristnogion) cyn mynd ymlaen i Derbe.

Disgybl o'r enw Timotheus

Pa atgofion bynnag oedd gan Paul o'i ymweliad cyntaf â Lystra, cafodd brofiadau llawer brafiach ar ei ail ymweliad. Dyna pryd y cyfarfu gyntaf â Timotheus, gŵr ifanc a ddisgrifir fel 'disgybl', sy'n golygu ei fod yn Gristion. Bum mlynedd cyn hynny roedd Paul wedi pregethu yn ardal Lystra, ac mae'n fwy na thebyg mai o dan ei weinidogaeth bryd hynny yr enillwyd Timotheus i Grist. Mae'r ffaith fod ei fam a'i nain yn fyw, ac yn gredinwyr, yn awgrymu ei fod yn fachgen ifanc. Ceir dau gyfeiriad at ei ieuengrwydd yn llythyrau Paul ato. 'Paid â gadael i neb dy ddiystyru am dy fod yn ifanc' (1 Tim. 4:12), a 'Ffo oddi wrth nwydau ieuenctid' (2 Tim. 2:22). Ond faint tybed oedd ei oed? Os oedd rhwng deunaw ac ugain oed, fel sy'n debygol, byddai'n ifanc iawn – rhwng tair ar ddeg a phymtheg oed – pan bregethodd Paul yn Lystra bum mlynedd yn gynharach. Ond byddai'n ddigon hen bryd hynny i ddeall a gwerthfawrogi pwysigrwydd cenadwri Paul, ac i werthfawrogi hefyd angerdd a gwroldeb y gennad, yn enwedig o'i weld yn sefyll yn gadarn yn wyneb gwrthwynebiad creulon ei gyd-Iddewon. Roedd yn ddigon aeddfed yng nghanol ei arddegau i gael ei gyffwrdd gan y pregethwr a'i bregeth. Mae'n amlwg fod Paul yn hawlio fod Timotheus yn un o'i blant yn y Ffydd. Cyfeiria ato fel 'ei blentyn diledryw yn y ffydd' (1 Tim. 1.2), ac fel 'Timotheus, ei blentyn annwyl' (2 Tim. 1:2). Gwyddom fod gan blant y sensitifrwydd i werthfawrogi'r cysegredig ac nad oes neb yn rhy ifanc i adnabod a charu Iesu.

Ond os mai gwylio ymgyrch genhadol gyntaf Paul yn Lystra oedd man cychwyn ffydd a bywyd Cristnogol Timotheus, bu ffactor arall ar waith yn ei gynnal a'i feithrin yn ei ffydd, sef dylanwad ei fam a'i nain. Nid yw Luc, awdur Llyfr yr Actau, yn cyfeirio at ei nain; ond yn ail Lythyr Paul at Timotheus cyfeirir at y ddwy: 'Daw i'm cof y ffydd ddiffuant sydd gennyt, ffydd a drigodd gynt yn Lois, dy nain, ac yn Eunice, dy fam, a gwn yn sicr ei bod ynot tithau hefyd' (1 Tim. 1:5). Felly, roedd i grefydd Timotheus wreiddiau dwfn. Fel sawl un arall, roedd y gwreiddiau hynny yn y teulu. Ac yntau wedi ei fagu ar aelwyd grefyddol, gallwn ddychmygu fel y byddai ei nain a'i fam yn ei gefnogi a'i ddysgu. Mae gan Rembrandt ddarlun hyfryd o Timotheus a'i nain Lois (1648), gyda'r plentyn ifanc yn eistedd ar lin ei nain, a'r ddau'n darllen o'r ysgrythurau Iddewig. Dywed Luc fod mam Timotheus yn 'wraig grediniol o Iddewes' (Ac. 16:1); ac o dystiolaeth Paul, gwyddom hefyd am dduwioldeb Lois, ei nain. Gellir tybio i'r ddwy gael eu hennill i'r Ffydd Gristnogol trwy Paul yn ystod ei ymweliad cyntaf â Lystra, a bod hynny wedi digwydd hefyd i Timotheus. O'i fagu ar aelwyd o'r fath, doedd dim syndod fod gan gredinwyr Lystra ac Iconium gryn feddwl o'r disgybl ifanc hwn a'i deulu. Nid oes dim fel aelwyd grefyddol i fagu disgyblion i Grist. Y mae'r Eglwys Gristnogol yn ddyledus i genedlaethau o famau a neiniau duwiol am godi iddi arweinwyr a chenhadon ffyddlon.

Enwaedu Timotheus

Enillodd Timotheus serch Paul, a phenderfynodd yr Apostol y byddai'r disgybl ifanc, yr oedd gan gredinwyr Lystra ac Iconium feddwl mor uchel ohono, yn gaffaeliad mawr iddo yn ei waith cenhadol. Ond yr oedd un anhawster. Er mai Iddew oedd Timotheus, nid oedd wedi ei enwaedu. Gan mai arfer Paul oedd cychwyn trwy bregethu yn y synagogau, gwyddai na fyddai Iddewon yn derbyn cenhadwr cynorthwyol nad oedd yn Iddew go iawn, sef Iddew heb fod wedi ei enwaedu. Ar ben hynny, roedd tad Timotheus yn Roegwr, a Timotheus felly yn blentyn o briodas gymysg. I Iddewon uniongred, nid oedd priodas gymysg rhwng Iddew a Chenedl-ddyn yn briodas o gwbl; ac felly yn eu golwg hwy yr oedd Timotheus yn blentyn siawns. Ac yn ôl traddodiadau'r Iddewon, nid oedd chwaith yn Iddew go iawn. I'r cenedl-ddynion, yr oedd yn Iddew; i'r Iddewon, yr oedd yn genedl-ddyn. Ond i Paul, ei fab yn y Ffydd a'i frawd yng Nghrist oedd Timotheus.

Yn ôl pob tebyg, enwaedodd Paul ef â'i law ei hun am nad oedd angen offeiriad i gyflawni'r ddefod. Wrth wneud hynny, fe'i gwnaeth yn frawd o Iddew yn ogystal. Yn awr, gallai Paul ei gymryd gydag ef ar ei deithiau heb achosi tramgwydd i unrhyw Iddew nad oedd yn Gristion, a hwyluso'r ffordd i ennill Iddewon at y Ffydd Gristnogol.

Yng Nghyngor Jerwsalem, a gynhaliwyd yn dilyn taith genhadol gyntaf Paul (Ac. 15:1–35) gwnaed y penderfyniad tyngedfennol na ddylid disgwyl i genedl-ddynion gael eu henwaedu cyn iddynt gael eu derbyn i mewn i'r Eglwys. Trwy ffydd yn Iesu Grist, nid trwy ddefod enwaedu, yr oedd dod yn Gristion. Er bod Paul yn credu y dylai Iddewon barhau i dderbyn enwaediad, dadleuodd yn gryf na ddylid disgwyl i genedl-ddynion orfod plygu i arfer Iddewig a oedd yn ddiystyr ac yn ddianghenraid iddyn nhw.

Yn wyneb dyfarniad Cyngor Jerwsalem ac ymgyrch Paul i ymwrthod ag enwaedu cenedl-ddynion, roedd y ffaith iddo enwaedu Timotheus yn ymddangos fel rhagrith ar yr olwg gyntaf. Ond yr oedd ganddo resymau dilys dros wneud hynny. Wedi iddo ei enwaedu, gallai Paul fynd â Timotheus gydag ef heb beri tramgwydd i Iddewon ceidwadol, gan wybod hefyd y byddai hynny'n hwyluso'r ffordd i gyflwyno'r Efengyl yn y synagogau. Felly, gwelwn mai am resymau pragmataidd y cymerodd y cam hwn. Roedd Timotheus eisoes yn Gristion trwy ei ffydd yn Iesu Grist. Ei wneud yn well Iddew a wnâi Paul, a hynny ar ôl iddo ddod yn Gristion.

Os mai pregethu Paul, ar ei ymweliad cyntaf â Lystra, a drodd y Timotheus ifanc at Iesu Grist, dylanwad ei nain a'i fam a'i cadwodd ar lwybr y Ffydd ac a'i cefnogodd wrth iddo ymroi i waith yr eglwys ifanc yn Lystra. Mae'r teulu hwn yn nodweddiadol o filoedd lawer o gartrefi Cristnogol dros y canrifoedd. Mae'r Eglwys erioed wedi pwysleisio pwysigrwydd y cartref yn natblygiad plant yn y Ffydd. Estyniad o'r eglwys fu'r cartref erioed, yn dysgu plant i adnabod a charu Iesu Grist, ac ymarfer defosiwn a thyfu mewn gwir dduwioldeb.

Yr awdur a'r pregethwr Albanaidd, Henry Drummond (1851–97) a ddywedodd, 'O fewn y teulu y mae dysgu meddwl Duw. Gellir meithrin cryfder cymeriad yn y byd, ond yn y cartref y mae magu cymeriad duwiol'. Pan fydd rhieni'n dod â'u plant i'w bedyddio, maent yn gwneud addunedau i ddarparu cartref Cristnogol i'w plant a'u tywys i adnabod a charu Iesu Grist. Cwestiwn o'r pwys mwyaf yn yr oes secwlar hon yw i ba raddau y mae rhieni'n cymryd eu cyfrifoldeb crefyddol o ddifrif ym magwraeth eu plant.

Yn ei gyflwyniad i'w gyfrol *Cartrefi Cymru*, dywed O. M. Edwards, 'Cyflwynir y llyfr hwn i rieni Cymru, lle mae gwaith a serch yn gwneuthur y cartref yn lân a sanctaidd; i blant Cymru, a gofiant am eu cartrefi annwyl byth'. Beth, tybed, fyddai gan O. M. Edwards i'w ddweud am gartrefi Cymru heddiw? Cartref glân a sanctaidd a gafodd Timotheus, a chyfrannodd y cartref hwnnw'n fawr at ei dwf a'i ddatblygiad fel Cristion ac fel arweinydd yn ei eglwys; cymaint felly fel y penderfynodd Paul fynd â Timotheus gydag ef ar ei deithiau fel cynorthwyydd ac fel cenhadwr dros Iesu Grist.

Cwestiynau i'w trafod:

1. Pam y penderfynodd Paul enwaedu Timotheus, yn enwedig ac yntau wedi dadlau yn erbyn enwaediad yng Nghyngor Jerwsalem?

2. Beth yw nodweddion cartref Cristnogol?

3. Dywed Luc fod yr eglwysi 'yn ymgadarnhau yn y ffydd, ac yn amlhau mewn rhif beunydd'. Beth, yn eich barn chi, oedd y rhesymau am eu llwyddiant?

2. TEITHIO GYDA PAUL

'Gan hynny, credodd llawer ohonynt, ac nid ychydig o'r Groegiaid, yn wragedd bonheddig ac yn wŷr. Ond pan ddaeth Iddewon Thesalonica i wybod fod gair Duw wedi ei gyhoeddi gan Paul yn Berea hefyd, daethant i godi terfysg a chythryblu'r tyrfaoedd yno hefyd. Yna anfonodd y credinwyr Paul ymaith yn ddi-oed i fynd hyd at y môr, ond arhosodd Silas a Timotheus yno. Daeth hebryngwyr Paul ag ef i Athen, ac aethant oddi yno gyda gorchymyn i Silas a Timotheus ddod ato cyn gynted ag y gallent' (Actau 17:12–15).

'Pan ddaeth Silas a Timotheus i lawr o Facedonia, dechreuodd Paul ymroi yn llwyr i bregethu'r gair, gan dystiolaethu wrth yr Iddewon mai Iesu oedd y Meseia. Ond yr oeddent hwy'n dal i'w wrthwynebu a'i ddifenwi, ac felly fe ysgydwodd ei ddillad a dweud wrthynt, "Ar eich pen chwi y bo'ch gwaed! Nid oes bai arnaf fi; o hyn allan mi af at y Cenhedloedd"' (Actau 18:5–6).

'Rhoddodd Paul ei fryd ar deithio trwy Facedonia ac Achaia, ac yna mynd i Jerwsalem. "Wedi imi fod yno," meddai, "rhaid imi weld Rhufain hefyd." Anfonodd i Facedonia ddau o'r rhai oedd yn gweini arno, Timotheus ac Erastus, ond arhosodd ef ei hun am amser yn Asia' (Actau 19:21–22).

'A phenderfynodd ddychwelyd trwy Facedonia. Ei gyd-deithwyr oedd Sopater o Berea, mab Pyrrhus, y Thesaloniaid Aristarchus a Secwndus, Gaius o Derbe, a Timotheus, a'r Asiaid Tychicus a Troffimus. Yr oedd y rhain wedi mynd o'n blaen, ac yn aros amdanom yn Troas. Hwyliasom ninnau, wedi dyddiau'r Bara Croyw, o Philipi, a chyrraedd atynt yn Troas ymhen pum diwrnod; ac yno y buom am saith diwrnod' (Actau 20:3–6).

Mae pob cyfeiriad a geir at Timotheus yn Llyfr yr Actau i'w gweld yn y dyfyniadau uchod. Ynddynt, fe'i gwelir yn teithio o le i le yng nghwmni Paul gydag eraill o'i ddilynwyr. Ni ellir bod yn gwbl sicr o symudiadau Paul yn ystod ei ail a'i drydedd daith genhadol, ond gwyddom iddo deithio o Lystra ac Iconium, ar draws Asia Leiaf i Troas. Yno, gan ymateb i weledigaeth o ddyn o Facedonia yn ei gymell i groesi trosodd i Facedonia, ymwelodd â Philipi, ac yna cyrraedd Thesalonica. Yn Thesalonica, achosodd ei bregethu gryn gyffro a bu'n rhaid iddo ef a Silas ffoi i Berea, lle cawsant wrandawiad ac ymateb i'w pregethu. Ond cododd rhai o'r Iddewon yn eu herbyn, a bu'n rhaid i Paul ffoi eto a chael ei hebrwng i Athen. Mae'n amlwg fod Timotheus gyda Silas yng nghwmni Paul yn Berea gan y dywed Luc fod y ddau wedi aros yno, ond cael gorchymyn i ddod at Paul i Athen 'cyn gynted ag y gallent' (Ac. 17:15).

Mae'r cyfeiriad nesaf at Timotheus y dangos ei fod wedi treulio amser yn Effesus gyda Paul, cyn cael ei anfon gydag Erastus i Facedonia. Arhosodd Paul am beth amser yn Asia Leiaf cyn dychwelyd i Jerwsalem, ac yna cychwyn yn ôl i Effesus ar ei drydedd daith. Aeth ymlaen oddi yno i Troas, a Timotheus ymhlith y saith o'i ddilynwyr a ddisgwyliai amdano yno. Disgrifir hwy fel 'ei gyd-deithwyr ... Yr oedd y rhain wedi mynd o'n blaen, ac yn aros amdanom yn Troas' (20:4–5).

Y Cyd-deithiwr

Gan mai o law Luc yn Llyfr yr Actau y cawn yr hanesion am deithiau Paul, ceir yr argraff ganddo fod Paul yn teithio ar ei ben ei hun. Ond y mae hynny'n gamarweiniol. Yr oedd ganddo rai yn gwmni iddo ac yn ei gynorthwyo yn ei waith cenhadol. Yn eu plith yr oedd Timotheus, er nad yw Luc yn cyfeirio ato bob amser.

Wyddom ni ddim pa mor bell, ac i ble, y teithiodd Timotheus a'r 'cyd-deithwyr' eraill yng nghwmni Paul, ond mae'n amlwg i Timotheus fod gydag ef yn aml. Ysgrifennodd Paul ei lythyr at y Rhufeiniaid o Gorinth; a dywed yn y llythyr hwnnw fod Timotheus 'fy nghydweithiwr, yn eich cyfarch' (Rhuf. 16:21), sy'n golygu fod Timotheus hefyd yng Nghorinth, a'i fod wedi ymweld â Rhufain, neu ei fod yn gyfarwydd â rhai o aelodau'r eglwys yno.

Wrth ysgrifennu yn ninas Effesus ei lythyr cyntaf at y Corinthiaid dywedodd Paul ei fod yn anfon Timotheus atynt i Gorinth. Meddai, 'y mae ef yn fab annwyl i mi, ac yn ffyddlon yn yr Arglwydd' (1 Cor. 4:17). Mae'n bur debyg mai o Philipi yr ysgrifennodd Paul ei ail lythyr at y Corinthiaid; mae enw Timotheus wedi ei gynnwys yn ei gyfarchiad ynddo, a cheir cyfeiriad ato ef a Silfanus yn pregethu yn eu plith (2 Cor. 1:1, 19).

Rai blynyddoedd yn ddiweddarach, ysgrifennodd Paul at y Philipiaid; a hynny, mae'n bur debyg, o Rufain. Unwaith eto, cyfeirir at Timotheus yn y cyfarchiad: 'Paul a Timotheus, gweision Crist Iesu, at yr holl saint yng Nghrist Iesu sydd yn Philipi' (Phil. 1:1). Yn y llythyr hwn cawn olwg ar edmygedd Paul o Timotheus a'i ymddiriedaeth ynddo (2:20–22).

Ac yna, yn ei lythyr at y Colosiaid a'i ddau lythyr at y Thesaloniaid, mae Paul yn cynnwys Timotheus yn ei gyfarchion (Col. 1:1; 1 Thes. 1; 2 Thes. 1:1). A cheir un cyfeiriad dadlennol yn y Llythyr at yr Hebreaid, sef fod Timotheus wedi ei ryddhau o garchar: 'Y newydd yw fod ein brawd Timotheus wedi ei ryddhau, ac os daw mewn pryd, caf eich gweld gydag ef' (Heb. 13:23). Gyda'i gilydd, mae'r cyfeiriadau cwta hyn yn rhoi inni bortread o ŵr ifanc o ffydd loyw, aeddfed ei farn, ymroddedig fel cenhadwr, cyfaill cywir i Paul, ei dad yn y Ffydd, ac un a wyddai beth oedd gorfod dioddef dros ei Arglwydd. Ar yr un pryd, yr oedd yn ddibrofiad, dihyder a swil. Mae Paul yn annog y Corinthiaid i ofalu amdano a'i wneud yn ddibryder pan ddeuai atynt (1 Cor. 16:11). Ac yn ei ail lythyr ato, mae Paul yn annog Timotheus i ymarfer y ddawn sydd ganddo, 'Oherwydd nid ysbryd sy'n peri llwfrdra a roddodd Duw i ni, ond ysbryd sy'n peri nerth a chariad a hunanddisgyblaeth' (2 Tim. 1:7). Ni ddylai fod â chywilydd o roi tystiolaeth am ei Arglwydd, ac ni ddylai ofni derbyn ei gyfran o ddioddefaint dros yr Efengyl.

Y Cenhadwr

Gan i Timotheus dreulio cymaint o amser yng nghwmni Paul a'i gydweithwyr eraill, roedd wedi dysgu ei grefft fel cenhadwr wrth fod yng nghysgod yr Apostol mawr ei hun. Wrth gychwyn o Lystra yn ŵr ifanc iawn ar ail daith genhadol Paul yr oedd yn ddibrofiad, a dichon ei fod hefyd yn ofnus a dihyder. Mae esbonwyr yn amcangyfrif iddo fod yn gynorthwyydd i Paul am un mlynedd ar bymtheg, o O.C. 48 i 64, o fod yn ddeunaw oed i fod yn dri deg a phedwar. Dros y cyfnod hwnnw byddai wedi bwrw ei brentisiaeth ac wedi datblygu'n genhadwr ac yn arweinydd eglwysig profiadol. Wrth ddilyn ei symudiadau, ei brofiadau amrywiol a'i anturiaethau mentrus, a pheryglus ar adegau, gallwn ddyfalu pa wersi a ddysgodd.

Yn gyntaf, buan y dysgodd fod cenhadu effeithiol *yn waith tîm.* Gan amlaf roedd gan Paul ei gydweithwyr, ac o'r hyn a ddysgwn amdano gwelwn mai Timotheus oedd un o'r mwyaf cyson ohonynt. Wedi i Paul ddewis Timotheus yn aelod o'i dîm, gellir tybio ei fod yn gyson yng nghwmni Paul a'i gydweithwyr eraill oni bai fod Luc yn dweud yn wahanol. Dywed Luc, 'Fel yr oeddent yn teithio trwy'r dinasoedd, yr oeddent yn traddodi iddynt, er mwyn iddynt eu cadw, y gorchmynion a ddyfarnwyd gan yr apostolion a'r henuriaid oedd yn Jerwsalem' (Ac. 16:4). Wedi i Paul ei ddewis, gallwn dybio fod Timotheus o hynny ymlaen yn un o'r fintai y cyfeirir ati yn y lluosog, 'fel yr oeddent yn teithio'. A gellir deall y byddai perthyn i grŵp yn rhoi mesur o wroldeb a hyder i bob un ohonynt. A'r un modd heddiw, mae cael cwmni cydweithwyr yng ngwaith yr Eglwys, ac yn enwedig mewn ymgyrch genhadol neu ddyngarol, yn ysgafnu'r gwaith wrth i ni gynnal a chalonogi'n gilydd.

Yr ail wers a ddysgodd Timotheus oedd *pwysigrwydd dilyn arweiniad yr Ysbryd.* Wedi iddynt deithio trwy Phrygia a Galatia ar yr ail daith genhadol, bwriadai Paul droi i gyfeiriad Asia. Ond nid dyna oedd bwriad yr Ysbryd Glân. Meddai Luc, 'Wedi iddynt ddod hyd at Mysia, yr oeddent yn ceisio mynd, ond ni chaniataodd ysbryd Iesu iddynt. Ac aethant heibio i Mysia, a dod i lawr i Troas' (16:7). Sut y bu iddynt wneud y fath gamgymeriad a chrwydro cant a hanner o filltiroedd i'r gogledd-ddwyrain yn hytrach nag i'r gogledd-orllewin? Gellir dychmygu Timotheus, ac eraill o'r fintai, yn gofyn i'w gilydd pam y cawsant eu camarwain mor bell o'u ffordd. Yr ateb oedd i Paul roi ei gynllun a'i uchelgais ei hun o flaen cynllun yr Ysbryd Glân. O hynny ymlaen, dysgodd y grŵp geisio arweiniad yr Ysbryd cyn mentro ar unrhyw raglen. Mae gan Dduw ei raglen ar gyfer ei Eglwys ac y mae'n hanfodol bwysig ein bod ninnau'r dyddiau hyn yn ceisio canfod beth yw ewyllys Duw ar ein cyfer ac i ble y mae am ein harwain wrth i ni wynebu'r dyfodol.

Trydedd wers a ddysgodd Timotheus a'i gyfeillion oedd bod *angen gwroldeb* yng ngwaith yr Efengyl. Mae'n bur debyg mai yn Philipi y gwelodd Timotheus erledigaeth gorfforol am y tro cyntaf. Wedi cychwyn addawol cyhuddwyd y cenhadon o gythryblu'r ddinas, a dedfrydwyd Paul a Silas i'w fflangellu a'u carcharu. Wrth wylio'r fflangellu, mae'n sicr y byddai Timotheus wedi meddwl tybed a allai yntau ddioddef cael ei gosbi yn y fath fodd. Yn ystod y drydedd daith genhadol bu Timotheus yn ninas Effesus gyda Paul, a bu'n gweithio yno am dair blynedd (O.C. 54–57). Yr oedd ar y pryd yng nghanol ei ddauddegau. Yno gwelodd lwyddiant rhyfeddol, ond profodd hefyd wrthwynebiad chwyrn. Meddai Paul yn ei lythyr cyntaf at y Corinthiaid, 'Hyd yr awr hon y mae arnom newyn a syched, yr ydym yn noeth, yn cael ein cernodio, yn ddigartref, yn blino gan lafur ein dwylo ein hunain ... Fe'n gwnaethpwyd yn garthion y byd, yn olchion pawb, hyd yn awr' (1 Cor. 4:11–13). Ac yn ei ail lythyr i Gorinth cyfeiria at 'ein gofidiau, a'n cyfyngderau; yn ein profiadau o'r chwip, o garchar ac o derfysg' (2 Cor. 6:4–5). Y mae'r *ein* yn y disgrifiadau hyn yn golygu bod Paul a Timotheus wedi eu carcharu, eu fflangellu a'u bygwth gan ddienyddiad. Dros y blynyddoedd dysgodd Timotheus wroldeb a dyfalbarhad, ond dysgodd hefyd ymddiried yng ngofal a chymorth Duw.

Cymorth i'r Saint

O'i ddyddiau cynnar fel arweinydd eglwys Antiochia bu Paul yn helpu i godi arian er mwyn cynorthwyo Cristnogion Jerwsalem oedd yn dioddef oherwydd newyn. Bu achos tlodion Jerwsalem yn agos at ei galon dros nifer o flynyddoedd, ond yn ystod ei drydedd daith genhadol gwnaeth ymdrech arbennig i ennill mwy a mwy o gefnogaeth oddi wrth yr eglwysi. Yn ei lythyr cyntaf at yr eglwys yng Nghorinth, anogodd Paul yr aelodau i ddilyn esiampl eglwysi Galatia trwy osod cyfran o'r neilltu bob wythnos. Ychwanegodd, 'Wedi imi gyrraedd, mi anfonaf pwy bynnag sydd yn gymeradwy yn eich golwg chwi, i ddwyn eich rhodd i Jerwsalem, gyda llythyrau i'w cyflwyno. Neu, os bydd yn ymddangos yn iawn i minnau fynd hefyd, fe gânt deithio gyda mi' (1 Cor. 16:3–4).

Bwriad Paul oedd ymweld â'r eglwysi Groegaidd a chasglu eu cyfraniadau'r un pryd. Gan iddo orfod treulio rhagor o amser yn Asia Leiaf nag a ragwelodd, anfonodd Timotheus ac Erastus i Facedonia i ddechrau'r gwaith o gasglu'r cyfraniadau (Ac. 19:22). Yn y cyfamser, yr oedd eglwys Corinth wedi dechrau amau fod Paul a'i gydweithwyr yn codi'r arian iddyn nhw eu hunain. Er mwyn codi cywilydd arnynt, cyfeiriodd Paul at ymdrechion glew eglwysi Achaia a Macedonia. Roedd hynny'n ddigon i ennyn brwdfrydedd y Corinthiaid, a daeth Corinth yn ganolfan i dderbyn casgliadau'r holl eglwysi. Ymhlith enwau'r casglyddion a ddaeth ynghyd o wahanol daleithiau ac eglwysi ceir enw Timotheus (20:4).

Bwriedid i'r tîm o gasglyddion deithio gyda Paul i Jerwsalem i drosglwyddo arian y casgliad i'r eglwys yno. Penderfynodd Paul ymweld ag eglwysi Philipi, Troas, Miletus ac Effesus cyn hwylio i Tyrus. Ni ellir bod yn gwbl sicr a aeth Timotheus gydag ef yr holl ffordd i Jerwsalem, ond nid oes unrhyw sôn iddo beidio â mynd. A hwythau wedi cyrraedd Cesarea, rhybuddiwyd Paul i beidio â mentro i Jerwsalem gan mai bwriad yr Iddewon oedd ei gipio a'i drosglwyddo i'r awdurdodau Rhufeinig. Ond atebodd Paul, 'Oherwydd yr wyf fi'n barod, nid yn unig i gael fy rhwymo, ond hyd yn oed i farw, yn Jerwsalem, er mwyn enw'r Arglwydd Iesu' (21:13). Wedi cyrraedd Jerwsalem trosglwyddwyd y casgliad i'r eglwys. Ymhen ychydig ddyddiau roedd Paul wedi ei arestio, a bu'n garcharor yng Nghesarea am ddwy flynedd cyn iddo gael ei anfon i Rufain.

Wyddom ni ddim beth fu hynt a helynt Timotheus yn ystod y ddwy flynedd hynny. Y tebygrwydd yw iddo ymadael â Jerwsalem ac ymweld â'r eglwysi yn Achaia ac Asia Leiaf, neu iddo gychwyn gwaith newydd yn yr ardaloedd hynny. Gallwn fod yn sicr o un peth, iddo ymadael â Jerwsalem â chalon drom, yn llawn ofn na fyddai byth eto'n gweld Paul.

Cwestiynau i'w trafod

1. Sut ellir canfod arweiniad yr Ysbryd Glân ym mywyd a gwaith ein heglwysi heddiw?

2. Pam oedd y casgliad i dlodion Jerwsalem mor bwysig i Paul a Timotheus?

3. Beth a barodd i Paul a'i ddilynwyr orfod dioddef gwrthwynebiad ac erledigaeth?

3. MAB A CHYFAILL

'Paul, apostol Crist Iesu trwy ewyllys Duw, yn unol â'r addewid am y bywyd sydd yng Nghrist Iesu, at Timotheus, ei blentyn annwyl. Gras a thrugaredd a thangnefedd i ti oddi wrth Dduw y Tad a Christ Iesu ein Harglwydd. Yr wyf yn diolch i Dduw, yr hwn yr wyf yn ei wasanaethu â chydwybod bur fel y gwnaeth fy hynafiaid, pan fyddaf yn cofio amdanat yn fy ngweddïau, fel y gwnaf yn ddi-baid nos a dydd. Wrth gofio am dy ddagrau, rwy'n hiraethu am dy weld a chael fy llenwi â llawenydd'
(2 Timotheus 1:1–4).

'Felly ymnertha di, fy mab, yn y gras sydd yng Nghrist Iesu. Cymer y geiriau a glywaist gennyf fi yng nghwmni tystion lawer, a throsglwydda hwy i ofal pobl ffyddlon a fydd yn abl i hyfforddi eraill hefyd. Cymer dy gyfran o ddioddefaint, fel milwr da i Grist Iesu' (2 Timotheus 2:1–3).

'Ond yr wyf yn gobeithio yn yr Arglwydd Iesu anfon Timotheus atoch ar fyrder, er mwyn imi gael fy nghalonogi o wybod am eich amgylchiadau chwi. Oherwydd nid oes gennyf neb o gyffelyb ysbryd iddo ef, i gymryd gwir ofal am eich buddiannau chwi; y maent oll â'u bryd ar eu dibenion eu hunain, nid ar ddibenion Iesu Grist. Gwyddoch fel y profwyd ei werth ef, gan iddo wasanaethu gyda mi, fel mab gyda'i dad, o blaid yr Efengyl. Dyma'r gŵr, ynteu, yr wyf yn gobeithio'i anfon, cyn gynted byth ag y caf weld sut y bydd hi arnaf. Ac yr wyf yn sicr, yn yr Arglwydd, y byddaf fi fy hun hefyd yn dod yn fuan' (Philipiaid 2:19–24).

Bu Timotheus yng nghwmni'r Apostol Paul yn weddol gyson dros gyfnod o ddeunaw mlynedd, o'u cyfarfyddiad cyntaf yn Lystra hyd at ferthyrdod Paul yn Rhufain. Dros y cyfnod hwnnw datblygodd y berthynas rhwng y cenhadwr canol oed profiadol a'r disgybl ifanc, o fod yn berthynas tad a mab yn y ffydd i bartneriaeth a chyfeillgarwch clòs.

Gellir priodoli twf a datblygiad Timotheus fel Cristion a chenhadwr i dri dylanwad arno. Yn gyntaf, ei gartref a'r hyfforddiant a gafodd yn yr ysgrythurau gan ei nain Lois a'i fam Eunice. Yn ail, yr eglwys yn Lystra lle cafodd ei fagu yn y Ffydd ac y daeth, yn ifanc iawn, yn arweinydd, fel 'yr oedd gair da iddo gan y credinwyr yn Lystra ac Iconium' (Ac. 16:2). Ond y trydydd dylanwad, sef dylanwad Paul arno, oedd y pwysicaf. O dan weinidogaeth Paul yn ystod ei daith genhadol gyntaf y cafodd Timotheus ei ennill i Iesu Grist. Ac yn ystod yr ail daith genhadol, pan ymwelodd Paul eto ag eglwys Lystra, cafodd Timotheus ei enwaedu a'i gymryd gan Paul yn gydymaith a chynorthwyydd ar ei deithiau.

Dros y blynyddoedd daeth Timotheus i olygu llawer mwy i Paul na dim ond cynorthwyydd ac aelod o'i dîm cenhadol. Ar y dechrau, roedd yn fath o brentis dan hyfforddiant. Yr arferiad yn yr hen fyd oedd i fab wasanaethu ei dad a dysgu oddi wrtho; ond meddai Paul am Timotheus yn y geirda a ysgrifennodd amdano yn ei lythyr at y Philipiaid, 'Gwyddoch fel y profwyd ei werth ef, gan iddo wasanaethu gyda mi, fel mab gyda'i dad, o blaid yr Efengyl' (Phil. 2:22) - nid 'gan iddo *fy ngwasanaethu i*' ond yn hytrach, 'gan iddo *wasanaethu gyda mi*'. Wedi cyfnod o hyfforddiant, yr oedd Paul yn ystyried Timotheus yn gydweithiwr yn hytrach na gwas bach iddo.

Yn ei gyfrol *The Teaching of Jesus* dywed T. W. Manson fod y tu cefn i'r gair Groeg am 'ddisgybl' yn y Testament Newydd air Aramaeg y byddai Iesu wedi ei ddefnyddio, a'r gair hwnnw'n golygu 'prentis'. Hynny yw, un a oedd dan hyfforddiant ond a ddeuai ymhen amser yn weithiwr cyfartal â'i feistr, yn hytrach na'i fod yn parhau'n was o dan ei gyfarwyddyd. Felly, daeth Timotheus yn gydweithiwr â Paul wedi iddo dreulio amser fel prentis iddo.

Mab yn y Ffydd

Ystyriai Paul bob un o'i ddychweledigion fel ei 'blant' ysbrydol, ac nid oedd yr un ohonynt yn fwy felly na Timotheus. Yn ei lythyr cyntaf at Timotheus mae Paul yn ei gyfarch fel 'ei blentyn diledryw yn y ffydd' (1 Tim. 1:2). 'Fy mab naturiol yn y ffydd', yn ôl yr hen gyfieithiad. Yn ei ail lythyr, mae Paul yn cyfeirio ato fel 'ei blentyn annwyl' (2 Tim. 1:2). Ystyr llythrennol 'diledryw' a 'naturiol' yw *gwir, dilys, go iawn,* sef plentyn wedi'i eni'n gyfreithlon, o fewn priodas. Y mae'n bosibl fod Paul yn awgrymu ei fod ef yn fwy o dad i Timotheus na'i dad naturiol gan mai cenedl-ddyn oedd hwnnw, a bod priodas rhieni Timotheus o'r herwydd, yng ngolwg Iddewon uniongred, yn anghyfreithlon a Timotheus, o ganlyniad, yn blentyn siawns. Wyddom ni ddim am hanes tad Timotheus. A oedd wedi ymwahanu oddi wrth ei wraig? A oedd y briodas wedi dod i ben? Os felly, byddai Timotheus wedi'i fagu heb gwmni ac arweiniad tad.

Yn ysbrydol, roedd Paul yn dad go iawn iddo gan mai o dan ei bregethu ef y cafodd Timotheus dröedigaeth a chan mai Paul a'i hyfforddodd yn y ffydd. Meddai Paul wrtho, 'Ond yr wyt ti wedi dilyn yn ofalus fy athrawiaeth i a'm ffordd o fyw, fy ymroddiad, fy ffydd, fy amynedd, fy nghariad a'm dyfalbarhad ... Ond glŷn di wrth y pethau a ddysgaist, ac y cefaist dy argyhoeddi ganddynt. Fe wyddost gan bwy y dysgaist hwynt' (3:10, 14). Mae'n rhaid bod Timotheus dros y blynyddoedd wedi gwrando ar gannoedd o bregethau Paul ac wedi gwrando arno'n dysgu. Gwyddai'n well na neb beth oedd hanfod ffydd a neges Paul. Mae'n amlwg iddo gymryd dull Paul o ddysgu a phregethu yn batrwm i'w efelychu, a bod Paul wedi cymeradwyo hynny. Mae'n amlwg felly fod Timotheus nid yn unig yn fab delfrydol yn y ffydd i Paul, ond ei fod yn efelychu'r Apostol yn ei bregethu a'i ddull o ddysgu, a'i fod yn rhannu'r un pwyslais athrawiaethol ag ef.

Wrth ei gyfarch, mae Paul yn dymuno i Timotheus y bendithion sy'n dilyn ffydd yn Nuw'r Tad a'r Arglwydd Iesu Grist, sef *gras, trugaredd* a *thangnefedd* (1.Tim. 1:2; 2 Tim.1:2). Y mae *gras* yn air a geir yn aml ar wefusau Paul i ddiffinio agwedd gariadus Duw tuag at ddyn yn ei angen a'r fendith a'r nerth sy'n llifo tuag ato trwy ffydd yn Iesu Grist.

Nid yw Paul yn arfer cynnwys y gair *trugaredd* wrth gyfarch ei ddarllenwyr. Yn ei lythyrau eraill ni cheir ond 'gras a thangnefedd'. *Trugaredd* yw'r gras hwnnw sydd ar gael i'r credadun yn ei fethiant a'i drueni. Mae'r apostol yn dymuno y bydd Timotheus yn ei gyfyngderau a'i anghenion yn profi'r gallu dwyfol yn gymorth iddo pan fo amgylchiadau'n mynd yn ormod iddo.

Wrth ddymuno iddo *dangnefedd,* mae Paul am i Timotheus brofi'r tawelwch mewnol sydd ar gael, hyd yn oed yng nghanol tymhestloedd bywyd, i'r sawl sy'n ei ymddiried ei hun i ofal ac arweiniad Duw – y peth rhyfedd hwnnw sy'n cynnal dyn yn nyfnder ei fod. Ar ddechrau ei ddau lythyr, mae Paul yn dymuno iddo roddion cyfoethocaf Duw yn ei Fab Iesu Grist: yn ei wendid, gras; yn ei fethiannau, trugaredd; ac ynghanol stormydd, tangnefedd.

Cynghorion Tad

Oherwydd y berthynas agos oedd rhyngddynt, roedd Paul wedi dod i adnabod Timotheus yn dda ac wedi dod i ddeall ei wendidau yn ogystal â'i rinweddau – os gwendidau hefyd. Trwy lygaid Paul, cawn ddarlun o ŵr ifanc a chanddo ffydd ddofn a doniau i arwain a dysgu eraill. Nid oedd Timotheus heb ei ffaeleddau chwaith, ond fel ei dad yn y ffydd yr oedd Paul yn ddigon agos ato i'w gynghori a'i gyfarwyddo.

Yn gyntaf, yr oedd Timotheus yn dal yn ddyn ifanc pan anfonodd Paul ei lythyr cyntaf ato. Gan iddo fod yn gynorthwyydd i Paul ers pedair blynedd ar ddeg neu bymtheg yr oedd erbyn hynny yn ei dridegau. Ond yr oedd rhai yn ei ystyried yn rhy ifanc ac anaeddfed i ddwyn y cyfrifoldeb o arwain bywyd a chenhadaeth eglwys. Meddai Paul wrtho, 'Paid â gadael i neb dy ddiystyru am dy fod yn ifanc (1 Tim. 4:12). Roedd yn adnabod ei gyfaill ifanc yn ddigon da i weld ei ddoniau a'i rinweddau, ac yr oedd yn ddigon hyf arno i'w gynghori i ymdrechu i roi taw ar ei feirniaid trwy fod yn batrwm iddynt mewn cariad, ffydd a phurdeb. Galwai hynny am ddoethineb a gaed o brofiad, ond yr oedd rhai'n methu â chysylltu doethineb ag ieuengrwydd! Ond gallai Timotheus dawelu ei feirniaid trwy fod yn esiampl deilwng iddynt. Os oedd yn ifanc mewn blynyddoedd, medrai ddangos aeddfedrwydd mewn buchedd ac mewn doniau ymarferol. Wrth edrych yn ôl dros y canrifoedd gwyddom mai dynion a merched ifanc fu'n gyfryngau adfywiad o fewn yr Eglwys erioed. Gwŷr ifanc iawn, yn eu dauddegau, oedd arweinwyr y Diwygiad Efengylaidd yn y ddeunawfed ganrif er enghraifft.

Yn ail, un arall o gynghorion Paul i'w 'fab yn y ffydd' oedd iddo beidio â bod â chywilydd o'r Efengyl nac ychwaith o'i alwedigaeth fel tyst i Iesu Grist. Mae lle i gredu fod Timotheus o natur swil a'i fod yn ddiffygiol mewn hyder. Meddai Paul wrtho yn ei Ail Lythyr, 'Oherwydd nid ysbryd sy'n peri llwfrdra a roddodd Duw i ni, ond ysbryd sy'n peri nerth a chariad a hunanddisgyblaeth. Felly, na foed cywilydd arnat roi tystiolaeth am ein Harglwydd, na chywilydd ohonof fi, ei garcharor ef; ond cymer dy gyfran o ddioddefaint dros yr Efengyl, trwy'r nerth yr ydym yn ei gael gan Dduw' (2 Tim. 1:7–8). Gwelai Paul fod angen ei galonogi a'i annog i fod yn ddewr ac yn hyderus. Wrth ei gyflwyno i eglwys Corinth meddai, 'Os daw Timotheus, gofalwch ei wneud yn ddibryder yn eich plith, oherwydd y mae ef, fel minnau, yn gwneud gwaith yr Arglwydd. Am hynny, peidied neb â'i ddiystyru, ond hebryngwch ef ar ei ffordd â sêl eich bendith, iddo gael dod ataf fi' (1 Cor. 16:10–11). Dyma'r tad yn y ffydd yn ddigon hyf ar ei 'fab' i'w gynghori i ymysgwyd o'i swildod a'i nerfusrwydd ac i beidio ag ofni beirniadaeth a diffyg ymateb, ond i ddal ati.

Yn drydydd, gwelwn oddi wrth rai o sylwadau Paul fod Timotheus yn wan ei iechyd, a bod Paul yn mynegi consyrn amdano. Cyfeiria at wendid yn ei stumog 'a'th aml anhwylderau' (1 Tim. 5:23), ac mae'n ei gynghori i beidio ag yfed dŵr yn unig ond i gymryd ychydig o win. Bu'r cyngor hwn yn faen tramgwydd i ddirwestwyr erioed, ond credai llawer fod gwin nid yn unig yn gymorth i dreulio bwyd ond hefyd yn llesol i rai sy'n dioddef o ddoluriau'r cylla. Mae'n bosibl fod Timotheus, er esiampl i eraill, wedi mynd yn llwyrymwrthodwr, ond barn Paul yw y dylai yfed gwin yn hytrach na dŵr yn unig. Yn sicr, yr oedd gwin yn debycach o fod yn lanach na dŵr yn yr hen fyd, ac yr oedd cred gyffredinol yn rhinweddau meddygol gwin. Mae'n debyg fod Paul hefyd yn awyddus i Timotheus ofalu amdano'i hun rhag i'w wendid corfforol ei rwystro rhag gwneud ei waith fel bugail ac arweinydd eglwys.

Y mae llawer o esbonwyr wedi cyfeirio at Timotheus fel un o'r mwyaf atyniadol o arwyr yr Eglwys Fore. Cyfeiria esbonwyr ato fel cymeriad hynaws sy'n un â ni yn ein gwendidau, ac eto'n esiampl i ni o ddynoliaeth, dycnwch a ffyddlondeb. Nid oedd y ffaith ei fod yn ifanc ac anaeddfed, yn swil a dihyder, ac yn fregus ei iechyd yn rhesymau i'w rwystro rhag cymryd gofal eglwysi yn Effesus a'r ardal gyfagos. Y mae gan Paul, oedd yn ei adnabod yn well na neb arall, bob ffydd a hyder ynddo; ac y mae'n ei annog, 'Felly ymnertha di, fy mab, yn y gras sydd yng Nghhrist Iesu' (2 Tim. 2:1).

Cyfaill Enaid
Wrth ysgrifennu at y Colosiaid, mae Paul yn cyfeirio at Timotheus fel 'ein brawd' (Col. 1:1). I Paul, yr oedd Timotheus yn 'frawd' yn y ffydd, fel yr oedd hefyd yn fab, yn ddisgybl, yn gydweithiwr, yn genhadwr, yn was ac yn gyfrinachwr. Er na ddefnyddir y gair 'cyfeillion' i ddisgrifio'u perthynas, yr oedd y ddau'n gyfeillion agos. Gwyddom i'w fagwraeth yn Lystra, a dylanwad ei nain a'i fam, fod yn ffactorau pwysig yn ei ddatblygiad. Ar ôl teulu a rhieni, y dylanwad mwyaf arnom yw dylanwad cyfeillion. O fod wedi dilyn Paul, o fod yn un o dîm ei genhadon cynorthwyol, o dreulio blynyddoedd yn ei gwmni, ac o gael ei ddysgu ganddo, daeth Timotheus yn gyfaill mynwesol iddo.

Dywed Paul ei fod yn diolch i Dduw bob tro y byddai'n cofio am Timotheus yn ei weddïau, ac yn enwedig pan gofiai am ei ddagrau pan fu raid iddynt ymwahanu am gyfnod. Dywed hefyd ei fod yn hiraethu am ei weld 'a chael fy llenwi â llawenydd' (2 Tim. 1:4). Dyma eiriau cyfaill wrth gyfaill, yn ei sicrhau ei fod yn ei gofio yn ei weddïau, yn teimlo chwithdod am ei gwmni, yn cofio fel y buont yn rhannu cyfrinachau, ac yn cynnal a chalonogi ei gilydd yn eu gwaith a'u bywyd ysbrydol.

Yn ei gyfrol *Soul Friend: A Study of Spirituality* mae'r awdur a'r offeiriad Kenneth Leech yn apelio am adfer y syniad o Gyfaill Enaid mewn ysbrydolrwydd. Iddo ef, dyna yw priod waith gweinidog neu offeiriad, sef bod yn gyfarwyddwr ysbrydol i gynorthwyo pobl i weddïo ac i dyfu yn eu ffydd a'u perthynas â Duw. I Bantycelyn, dyna oedd swyddogaeth y steward yn y 'society profiad', sef bod yn gyfaill ysbrydol i'r dychweledigion i'w harwain a'u cynghori ar eu pererindod. Yn sicr, dyna oedd Paul a Timotheus, y naill i'r llall.

Cwestiynau i'w trafod

1. Ym mha ystyr yr oedd Timotheus yn 'fab yn y ffydd' i Paul?

2. Pa gymwysterau a welai Paul yn Timotheus i'w osod mewn swydd o awdurdod yn yr Eglwys?

3. Beth sydd yn gwneud person yn 'gyfaill enaid'?

4. TIMOTHEUS Y LLYTHYRWR

'Paul a Silfanus a Timotheus at eglwys y Thesaloniaid yn Nuw y Tad a'r Arglwydd Iesu Grist. Gras a thangnefedd i chwi. Yr ydym yn diolch i Dduw bob amser amdanoch chwi oll, gan eich galw i gof yn ein gweddïau, a chofio'n ddi-baid gerbron ein Duw a'n Tad am weithgarwch eich ffydd, a llafur eich cariad, a'r dyfalbarhad sy'n tarddu o'ch gobaith yn ein Harglwydd Iesu Grist' (1 Thesaloniaid 1:1–3).

'Felly, pan na allem ymgynnal yn hwy, buom yn fodlon aros yn Athen ar ein pen ein hunain, ac anfon Timotheus, ein brawd a chydweithiwr Duw yn Efengyl Crist, i'ch cadarnhau a'ch calonogi chwi yn eich ffydd, rhag i neb eich siglo yn y gorthrymderau hyn ... Ond y mae Timotheus newydd ddod atom oddi wrthych, a rhoi newyddion da inni ynglŷn â'ch ffydd a'ch cariad chwi. Y mae'n dweud fod gennych goffa da amdanom bob amser, a'ch bod yn hiraethu cymaint am ein gweld ni ag yr ydym ninnau am eich gweld chwi' (1 Thesaloniaid 3:1–3, 6).

'Paul, apostol Crist Iesu trwy ewyllys Duw, a'r brawd Timotheus, at eglwys Dduw sydd yng Nghorinth, ynghyd â'r holl saint ar hyd a lled Achaia. Gras a thangnefedd i chwi oddi wrth Dduw ein Tad, a'r Arglwydd Iesu Grist' (2 Corinthiaid 1:1–2).

'Paul a Timotheus, gweision Crist Iesu, at yr holl saint yng Nghrist Iesu sydd yn Philipi, ynghyd â'r arolygwyr a'r diaconiaid' (Philipiaid 1:1).

'Paul, apostol Crist Iesu trwy ewyllys Duw, a Timotheus ein brawd, at y saint yn Colosae, rhai ffyddlon yng Nghrist' (Colosiaid 1:1–2).

Anfonodd yr Apostol Paul ddau lythyr at ei gyfaill ifanc Timotheus, sef y ddau lythyr yn y Testament Newydd sy'n dwyn ei enw. Ond nid *derbyn* llythyrau yn unig a wnaeth Timotheus; cyfrannodd at ysgrifennu chwech o'r llythyrau a briodolir i Paul, sef 2 Corinthiaid, Philipiaid, Colosiaid, 1 a 2 Thesaloniaid a Philemon. Cyplysir enw 'y brawd Timotheus' gydag enw 'Paul, apostol Crist Iesu' yn y cyfarchiad ar ddechrau 2 Corinthiaid (2 Cor. 1:1); yn yr un modd, ceir 'Paul a Timotheus, gweision Crist Iesu' yn y cyfarchiad at y Philipiaid (Phil. 1:1); felly hefyd, 'Paul, apostol Crist Iesu trwy ewyllys Duw, a Timotheus ein brawd' ar gychwyn y llythyr at y Colosiaid (Col. 1:1). Mae'r llythyrau at y Thesaloniaid yn cynnwys tri enw, sef 'Paul a Silfanus a Timotheus (1 Thes. 1:1; 2 Thes. 1:1). Ac yn y llythyr byr personol at Philemon, anfonir cyfarchion oddi wrth 'Paul, carcharor Crist Iesu, a Timotheus ein brawd' (Philem. 1).

Dros y blynyddoedd, tueddwyd i dybio mai gwaith Paul, a Paul yn unig, oedd y llythyrau dan ei enw. Ond mae sail dros gredu fod Timotheus, ac i raddau llai Silfanus, wedi cyfrannu at gyfansoddi o leiaf chwech o'r llythyrau hynny. Er enghraifft, mae'n bur debyg fod naws gynnes a chyfeillgar y llythyrau at y Thesaloniaid i'w briodoli i'r ffaith fod Timotheus yn adnabod y Thesaloniaid yn well na Paul ac wedi ymweld â hwy'n gymharol ddiweddar. O ganlyniad, mae'r cyffyrddiadau personol yn awgrymu fod ôl llaw Timotheus i'w weld mewn sawl man yn y llythyrau.

Y Llythyrau at y Thesaloniaid

Er bod 1 Thes. 2:1–20 yn dwyn y pennawd 'Gweinidogaeth Paul yn Thesalonica', mae'r bennod drwyddi yn cyfeirio yn y lluosog at *ni, ein, oeddem, gallasem.* Go brin fod Paul yn arfer y *ni* brenhinol! Cyfeirio y mae at Timotheus, ac o bosibl gydweithwyr eraill hefyd, a oedd gydag ef ar y pryd. Yn y ddau lythyr at y Thesaloniaid, defnyddir y *ni* lluosog 152 o weithiau, a'r *fi* unigol 11 o weithiau. Y mae llawer o esbonwyr yn dehongli'r llythyrau fel petaent yn eiriau Paul yn unig, gan anwybyddu'r cyfeiriadau at Timotheus a thrwy hynny wthio hwnnw i'r ymylon. Ond gellir olrhain llawer iawn o ddylanwad Timotheus ar y llythyrau hyn.

Ysgrifennwyd 1 Thesaloniaid mewn ymateb i'r newyddion am yr eglwys honno a ddaeth yn uniongyrchol trwy Timotheus. 'Ond y mae Timotheus newydd ddod atom oddi wrthych, a rhoi newyddion da inni ynglŷn â'ch ffydd a'ch cariad chwi' (1 Thes. 3:6). Byddai wedi rhoi adroddiad i Paul o gyflwr eglwys Thesalonica gan nodi ei chryfderau, ei chynnydd mewn ffydd ac ymroddiad, a'i hesiampl loyw i eglwysi eraill. 'Felly daethoch yn esiampl i bawb o'r credinwyr ym Macedonia ac Achaia ... ac nid ym Macedonia ac Achaia yn unig; y mae eich ffydd chwi yn Nuw wedi mynd ar led ym mhob man' (1:7–8).

Gellir bod yn weddol sicr fod dylanwad Timotheus yn amlwg ar yr hyn a gredai Paul y dylid ei ddweud yn y llythyr – beth oedd yn haeddu ei ganmol am yr eglwys yn Thesalonica, a pha ddiffygion yr oedd angen i'r credinwyr yno'u cywiro. Oni bai am ymweliad ac adroddiad Timotheus ni fyddai'r llythyr hwn yn bod o gwbl.

Ffactor arall sy'n awgrymu'n gryf fod a wnelo Timotheus â llunio'r llythyrau at y Thesaloniaid yw eu hysbryd hynaws. Ychydig cyn ysgrifennu'r llythyrau hyn yr oedd Paul wedi sgwennu at y Galatiaid. Doedd a wnelo Timotheus ddim oll â chyfansoddi'r llythyr hwnnw; ac o ganlyniad y mae tôn y llythyr yn wahanol iawn. Llythyr o gerydd yw Galatiaid, ac ynddo y mae Paul o'r cychwyn yn dweud y drefn wrth aelodau'r eglwys am gefnu ar hanfodion y Ffydd. 'Yr wyf yn synnu eich bod yn cefnu mor fuan ar yr hwn a'ch galwodd chwi trwy ras Crist, ac yn troi at efengyl wahanol' (Gal. 1:6). Nid yw'n tymheru dim ar ei feirniadaeth ond yn galw'r Galatiaid yn ddwl: 'Y Galatiaid dwl! Pwy sydd wedi eich rheibio chwi ...? A ydych mor ddwl â hyn? Wedi ichwi ddechrau trwy'r Ysbryd, a ydych yn awr yn ceisio pen y daith trwy'r cnawd?' (3:1, 30). Go brin y byddai Timotheus wedi ei dweud hi mor chwyrn, sy'n awgrymu nad oedd Timotheus efo Paul pan gyfansoddodd ei lythyr at y Galatiaid.

2 Corinthiaid

Priodolir awduraeth yr Ail Lythyr at y Corinthiaid i Paul a Timotheus, er mai fel llythyr *Paul* y cyfeirir ato yn y pennawd, mewn esboniadau ac yn yr addoliad mewn oedfaon. Ond mae ôl llaw Timotheus ar y llythyr hwn eto. Mae rhai adrannau, yn enwedig y rhai y mae Paul ynddynt yn ateb ei feirniaid, yn amlwg yn dod o'i ysgrifbin ef (2 Cor. 1:15 – 2:13; 7:10–13), a'r *fi* unigol yn amlwg yn y rhannau hynny. Ond yn y diolch agoriadol a'r disgrifiad o waith y tîm cenhadol, y *ni* lluosog a glywir (1:13–14; 2:14 – 6:13). Awgryma hynny fod Timotheus yn aelod o'r tîm, ac o bosibl yn awdur yr adrannau hyn.

Mae'r ffaith fod cynnwys a phatrwm 2 Corinthiad yn fratiog a digyswllt yn gur pen i esbonwyr. Ond un eglurhad yw bod y llythyr wedi ei gyfansoddi pan oedd Paul a Timotheus ar daith ym Macedonia. Roedd hwnnw'n amser cythryblus iddynt, ac mae'n bosibl i'r llythyr gael ei lunio dros rai dyddiau ac i'r ddau ohonynt yn eu tro ysgrifennu rhannau ohono. Mae'n berffaith bosibl mai Timotheus a ysgrifennodd bron i hanner 2 Corinthiaid. Mae'r prif syniadau'n cyd-fynd â meddwl Paul, ond y mae'r llais yn cyfateb i lais Timotheus.

Mae'r cyfarchiad (2 Cor. 1:1) yn cyfeirio'n benodol at Timotheus yn ogystal â Paul. Mae hynny'n awgrymu ei fod yn gydawdur â'r apostol, yn enwedig o'r adrannau sy'n cyfeirio at y *ni*. Os mai dyna'r gwir, mae gennym o ganlyniad ragor o wybodaeth am ddigwyddiadau yn hanes Timotheus. Er enghraifft, pan ddarllenwn am ddioddefiadau Paul mae'n amlwg fod i Timotheus hefyd ran yn y dioddefiadau hynny. 'Yr ydym am i chwi wybod, gyfeillion, am y gorthrymder a ddaeth i'n rhan yn Asia, iddo ein trechu a'n llethu mor llwyr nes inni anobeithio am gael byw hyd yn oed' (1:8). Mae'n bosibl mai Timotheus ei hun a ysgrifennodd y disgrifiad hwn ond mai Paul oedd awdur yr adran yn 2 Cor. 11:23–27, lle ceir disgrifiad arall o ddioddefiadau Paul fel apostol. Yn yr adran hon y *fi* unigol yn unig a ddefnyddir.

Nid yw hyn mewn unrhyw fodd yn darostwng safle Paul nac ychwaith yn awgrymu unrhyw gystadleuaeth rhyngddo a Timotheus. Yn hytrach, y mae angen hawlio i Timotheus ei briod le fel cydawdur a chymryd o ddifrif yr hyn a ddywedir amdano yn y cyfarchiad, sef ei fod wrth ochr Paul ac yn ei gynorthwyo i lunio'r llythyr.

Colosiaid, Philipiaid a Philemon

Anfonir y llythyr at y Colosiaid oddi wrth 'Paul, apostol Crist Iesu trwy ewyllys Duw, a Timotheus ein brawd' (Col. 1:1). Dyma lythyr arall sydd wedi ei arwyddo gan Paul a Timotheus, a hynny'n dangos bod y ddau wedi cyfrannu ato. Y mae'r diolch agoriadol eto yn y lluosog: 'Yr *ydym* bob amser yn *ein* gweddïau yn diolch amdanoch i Dduw, Tad ein Harglwydd Iesu Grist, oherwydd i *ni* glywed am eich ffydd yng Nghrist Iesu, ac am y cariad sydd gennych tuag at yr holl saint' (1:3–4). Y mae cryn debygrwydd rhwng y llythyrau at y Colosiaid a'r Effesiaid, ac eto y mae gwahaniaethau rhyngddynt o ran arddull a geirfa. Mae rhai esbonwyr wedi awgrymu nad Paul oedd awdur Colosiaid o gwbl, ond rhyw awdur dienw yn dynwared ei ddysgeidiaeth a'i iaith. Esboniad llawer symlach yw mai Timotheus a ysgrifennodd y rhan helaethaf o'r llythyr, mewn ymgynghoriad â Paul, tra oedd Paul yn cyfansoddi llythyr tebyg at yr Effesiaid. Mae hynny'n egluro pam fod Paul yn dweud wedi'r cyfarchion terfynol, 'Y mae'r cyfarchiad hwn *yn fy llaw i fy hun'* (4:18). Onid yw hynny'n awgrymu mai o law Timotheus y daw'r rhannau eraill? Y mae pwyslais Crist-ganolog y llythyr yn cyd-fynd â'r hyn a ddywed Paul wrthym am ffydd Timotheus yn ei lythyrau ato. Yn ôl un esboniwr, Lance Pierson, Colosiaid yw'r mwyaf 'Timotheusaidd' o holl lythyrau'r Testament Newydd a'r un sy'n cyd-fynd agosaf â meddwl y gŵr y dywed Paul amdano, 'Oherwydd nid oes gennyf neb o gyffelyb ysbryd iddo ef, i gymryd gwir ofal am eich buddiannau chwi ... Gwyddoch fel y profwyd ei werth ef, gan iddo wasanaethu gyda mi, fel mab gyda'i dad, o blaid yr Efengyl' (Phil. 2:20, 22).

Cafodd dau lythyr arall a briodolir i Paul eu llunio yn ystod ei gaethiwed yn Rhufain, sef Philemon a Philipiaid. Mae'r cyfarchiad yn y naill lythyr a'r llall yn dweud mai Paul a Timotheus oedd eu hawduron. Ond mae ôl llaw Paul ei hun yn drwm ar Philemon. Llythyr at gyfaill agos yw hwnnw, a byddai'n naturiol i Paul ddymuno ysgrifennu ato'n bersonol, yn enwedig gan ei fod yn mentro apelio arno i fod yn drugarog tuag at y caethwas Onesimus. Ond pam felly anfon y llythyr yn enw Paul a Timotheus ill dau? Un rheswm posibl yw y byddai Timotheus wedi gweithredu fel ysgrifennydd, neu *amanuensis,* a roddai eiriau Paul ar bapur air am air. Roedd hynny'n arferiad cyffredin yn yr hen fyd. Ond go brin fod hynny'n ddigon i gyfiawnhau enwi Timotheus gyda Paul fel cydawdur y llythyr. Yr eglurhad mwyaf amlwg yw bod Timotheus wedi gwneud sawl awgrym wrth iddo ysgrifennu'r llythyr dan gyfarwyddyd Paul. Mae geiriau a mynegiant tyner a chyfeillgar y llythyr yn fwy nodweddiadol o Timotheus na Paul; a gallwn ddychmygu Timotheus yn awgrymu i'r Apostol sut orau i ennill meddwl a chalon Philemon. Rheswm arall posibl dros gynnwys enw Timotheus fel cydawdur yw ei fod erbyn hynny'n cael ei gydnabod fel un o arweinwyr mwyaf amlwg a dylanwadol yr Eglwys Fore. Byddai gweld fod Timotheus yn cefnogi Paul yn ei apêl yn fwy tebygol o ddylanwadu ar ymateb Philemon.

Os oedd Philemon erbyn hynny'n adnabod Timotheus yn dda, roedd yr un mor adnabyddus i aelodau eglwys Philipi. Wrth iddo ysgrifennu at y Philipiaid byddai Paul yn ymwybodol eu bod yn gyfarwydd iawn â Timotheus – yn wir roeddent wedi ei adnabod ers sefydlu'r eglwys yn Philipi. Erbyn iddo gyfansoddi ei lythyr at y Philipiaid roedd wedi mynd yn ail natur i Paul gynnwys Timotheus yn ei gyfarchiad. Er nad oes fawr o ôl uniongyrchol Timotheus ar y llythyr hwn, gallwn ddychmygu Paul yn sgwennu'r llythyr ac yna'n gofyn am farn Timotheus am yr hyn a ysgrifennodd, a Timotheus o bosibl yn cynnig ambell i welliant. A gellir bod yn weddol sicr fod Timotheus wedi gweithredu fel clerc a roddai bin ar bapur yn ôl cyfarwyddiadau Paul. A chan iddo arwyddo'r llythyr gyda Paul, mae'n amlwg ei fod yn cydsynio â'i gynnwys.

Yn y Llythyr at y Philipiaid y cawn y deyrnged uchaf gan Paul i Timotheus, wrth iddo eu hysbysu mai ei fwriad yw anfon Timotheus atynt. 'Gwyddoch fel y profwyd ei werth ef, gan iddo wasanaethu gyda mi, fel mab gyda'i dad, o blaid yr Efengyl' (Phil. 2:22). Nid mab na disgybl na gwas bach oedd Timotheus erbyn hynny. Roedd un mlynedd ar bymtheg wedi mynd heibio ers iddynt fod yn teithio a gweithio gyda'i gilydd, a thros y cyfnod hwnnw roedd Timotheus wedi dod yn fwy a mwy pwysig fel arweinydd. Daw hynny'n gwbl amlwg yn y Llythyr at y Philipiaid.

Cwestiynau i'w trafod

1. Beth a ddysgwn yn ychwanegol am Timotheus o'r llythyrau a ysgrifennodd ar y cyd gyda Paul?

2. A chymryd mai Timotheus oedd awdur 2 Corinthiaid, beth a ddywed 2 Cor. 1:8–11 am y math o erledigaeth a ddioddefodd ef a Paul yn Asia Leiaf?

3. Ai gwir dweud nad yw cyfraniad Timotheus at genhadaeth yr Apostol Paul wedi ei werthfawrogi'n llawn?

5. CENNAD A CHYNRYCHIOLYDD

'Ond pan ddaeth Iddewon Thesalonica i wybod fod gair Duw wedi ei gyhoeddi gan Paul yn Berea hefyd, daethant i godi terfysg a chythryblu'r tyrfaoedd yno hefyd. Yna anfonodd y credinwyr Paul ymaith yn ddi-oed i fynd hyd at y môr, ond arhosodd Silas a Timotheus yno. Daeth hebryngwyr Paul ag ef i Athen, ac aethant oddi yno gyda gorchymyn i Silas a Timotheus ddod ato cyn gynted ag y gallent' (Actau 17:13–15).

'Felly, pan na allem ymgynnal yn hwy, buom yn fodlon aros yn Athen ar ein pen ein hunain, ac anfon Timotheus, ein brawd a chydweithiwr Duw yn Efengyl Crist, i'ch cadarnhau a'ch calonogi chwi yn eich ffydd, rhag i neb eich siglo yn y gorthrymderau hyn. ... Ond y mae Timotheus newydd ddod atom oddi wrthych, a rhoi newyddion da inni ynglŷn â'ch ffydd a'ch cariad chwi. Y mae'n dweud fod gennych goffa da amdanom bob amser, a'ch bod yn hiraethu cymaint am eich gweld ni ag yr ydym ninnau am eich gweld chwi' (1 Thesaloniaid 3:1–3, 6).

'Wedi i'r pethau hyn gael eu cwblhau, rhoddodd Paul ei fryd ar deithio trwy Facedonia ac Achaia, ac yna mynd i Jerwsalem. "Wedi imi fod yno," meddai, "rhaid imi weld Rhufain hefyd." Anfonodd i Facedonia ddau o'r rhai oedd yn gweini arno, Timotheus ac Erastus, ond arhosodd ef ei hun am amser yn Asia' (Actau 19:21–22).

Bu Timotheus yn ddisgybl a chydweithiwr i'r Apostol Paul dros gyfnod o un mlynedd ar bymtheg, o O.C. 48 i 64. Dros y blynyddoedd hynny treuliodd lawer o amser yng nghwmni Paul. Ond bu adegau pan nad oeddent gyda'i gilydd am fod Timotheus wedi cael ei anfon at wahanol eglwysi, unai fel cennad, neu i roi cyfarwyddyd, neu i gael gwybodaeth uniongyrchol i Paul am yr hyn a oedd yn digwydd mewn gwahanol fannau.

Ar rai adegau, byddai Paul yn anfon aelodau o'i dîm, mewn grwpiau neu fesul dau, i weithio mewn rhyw le neu'i gilydd. Eu gwaith fyddai danfon negeseuon o fan i fan, yn cynnwys ambell lythyr gan Paul ei hun; pregethu ymysg Iddewon a Chenedl-ddynion; cysuro a chefnogi credinwyr oedd yn wynebu gwrthwynebiad ac erledigaeth; a datrys unrhyw helyntion oedd yn codi ymhlith aelodau. Yr oedd trefniant o'r fath yn rhyddhau Paul i wneud y gwaith a alwai am ei sylw ef yn benodol, neu i gychwyn ambell fenter newydd. Ceir cyfeiriadau yn yr efengylau at Iesu'n anfon ei ddisgyblion allan bob yn ddau ar ei ran (Mc. 6:7). Efallai mai efelychu patrwm Iesu o genhadu a wnâi'r Apostol Paul.

Rhoddai'r drefn hon hyfforddiant rhagorol i'r dilynwyr hefyd trwy roi iddyn nhw'r profiad o ddelio â sefyllfaoedd anodd drostynt eu hunain. Mae ennill profiad ymarferol yn elfen hollbwysig yn hyfforddiant gweinidogion, athrawon, meddygon a nifer o alwedigaethau eraill. Wrth ddysgu ysgwyddo cyfrifoldeb, a chymryd gofal am faes neu am gylch arbennig o waith y bydd pobl yn magu hyder ac yn datblygu sgiliau. Dyna'r math o gyfle a gafodd Timotheus ac eraill o dîm cenhadol Paul wrth iddynt gael eu hanfon allan, naill ai mewn grwpiau neu ar eu pennau eu hunain, i gyflawni dyletswyddau penodol ar ran Paul.

Yn Berea a Thesalonica

Ar ei daith gyntaf fel un o'r fintai a ddilynai Paul, cyrhaeddodd Timotheus ddinas Berea. Bu'n rhaid iddynt ffoi o Thesalonica am fod rhai Iddewon wedi codi yn eu herbyn ac achosi terfysg. Ond cawsant dderbyniad gwresog gan Iddewon Berea, nes y daeth gwrthwynebwyr Paul o Thesalonica i Berea a dechrau codi terfysg yno hefyd. Anfonodd y credinwyr Paul at lan y môr a'i roi ar long i Athen, ond arhosodd Silas a Timotheus yn Berea nes iddynt gael gorchymyn oddi wrth Paul i'w ddilyn.

Roedd taith Paul o Berea i Athen tua 300 milltir, a byddai wedi cymryd tri neu bedwar diwrnod iddo gyrraedd Athen. Yn y cyfamser, ni fedrwn ond dyfalu mai'r hyn a wnâi Silas a Timotheus yn Berea oedd parhau'r gwaith o gyflwyno Iesu Grist i Iddewon a Chenedl-ddynion y ddinas, ac adeiladu'r eglwys ifanc yno. Silas, yr hynaf o'r ddau, fyddai wedi arwain yn hyn o beth. Llanc ifanc yn ei arddegau oedd Timotheus o hyd, a gallwn ddychmygu ei fod yn nerfus a dihyder yn y gwaith heb gwmni a chyngor Paul. Ond byddai'r profiad o weithio gyda Silas, a gorfod ysgwyddo rhagor o gyfrifoldeb, wedi bod yn addysg iddo.

Mae'n rhaid bod Timotheus wedi ei brofi ei hun yn weithiwr dewr a dibynnol gan fod Paul wedi ei orchymyn i ymweld ag eglwys Thesalonica a dwyn adroddiad yn ôl am sefyllfa'r Cristnogion yno, yn enwedig a hwythau wedi dioddef cryn erledigaeth. Meddai Paul wrth ysgrifennu at eglwys Thesalonica, 'Pan na allem ymgynnal yn hwy, buom yn fodlon aros yn Athen ar ein pen ein hunain, ac anfon Timotheus, ein brawd a chydweithiwr Duw yn Efengyl Crist, i'ch cadarnhau a'ch calonogi chwi yn eich ffydd' (1 Thes. 3:1–2).

Gallwn ddychmygu teimladau Timotheus wrth iddo orfod wynebu'r fath dasg. Ac yntau heb fod eto'n ugain oed, fe'i hanfonwyd i ymweld ag eglwys oedd wedi dioddef erledigaeth chwerw dan law Iddewon y ddinas. Ei dasg ef fyddai gweld a oedd aelodau'r eglwys yn glynu wrth eu proffes Gristnogol, neu a oedd y temtiwr wedi eu harwain ar gyfeiliorn gan wneud llafur Paul a'i gyfeillion yn ofer (3:5). Roedd angen dewrder i wynebu sefyllfa o erlid. Roedd angen gras a thynerwch i gyfarwyddo'r eglwys ifanc. Roedd rhaid wrth hyder i roi arweiniad cadarn ac yntau'n gweithredu fel dirprwy i Paul.

At ei gilydd, roedd y sefyllfa yn Thesalonica'n galonogol. Wrth adrodd nôl i Paul a Silas gallai Timotheus roi 'newyddion da inni ynglŷn â'ch ffydd a'ch cariad chwi' (3:6). Roedd yr eglwys wedi llwyddo i ddal ei thir er gwaetha'r erlid. Ar ben hynny, roedd gan yr aelodau goffa da amdanynt ac yr oeddent yn hiraethu am eu gweld. Testun diolch oedd eu bod 'yn sefyll yn gadarn yn yr Arglwydd' (3:8). Ond doedd Paul ddim yn hollol fodlon. Dywed ei fod yn awyddus iawn i'w gweld er mwyn cyflawni 'diffygion eich ffydd' (3:10). Mae'n ymddangos fod rhai o'r Thesaloniaid yn dal syniadau cyfeiliornus am ddydd y farn ac am dynged y rhai a fyddai'n dal yn fyw pan ddeuai Iesu i farnu'r byw a'r meirw. Mae Paul yn cadarnhau'r hyn a ddywedodd Timotheus wrthynt, sef na ddylid dyfalu pryd y daw'r diwedd. 'Oherwydd yr ydych yn gwybod yn iawn mai fel lleidr yn y nos y daw Dydd yr Arglwydd' (5:2). Y peth pwysig oedd sicrhau eu bod yn barod ac yn byw fel rhai sy'n rhodio yn y goleuni, gan 'fod yn sobr, gan wisgo amdanom ffydd a chariad yn ddwyfronneg, a gobaith iachawdwriaeth yn helm' (5:8).

Y mae Paul hefyd yn eu siarsio i barchu'r rhai oedd yn llafurio yn eu plith ac yn arweinwyr arnynt yn yr Arglwydd. Tybed a oes awgrym yn ei eiriau fod rhai o'r aelodau hŷn yn amharod i dderbyn cyfarwyddyd gan lencyn o arweinydd? Tybed a oedd Timotheus ei hun yn teimlo nad oedd wedi delio mor effeithiol ag y dylai â'r sefyllfa yn Thesalonica? Un peth sy'n sicr yw y byddai wedi dysgu llawer ac wedi magu hyder o fod trwy'r profiad.

Yng Nghorinth a Macedonia
Erbyn i Timotheus ailymuno â Paul a Silas, yr oeddent wedi cyrraedd dinas Corinth. Yr unig beth a ddywedir amdanynt yno yw bod Paul wedi penderfynu canolbwyntio ar efengylu ymhlith y Cenhedloedd oherwydd gwrthwynebiad parhaus yr Iddewon (Ac. 18:6).

Aeth saith neu wyth mlynedd heibio cyn i Paul anfon Timotheus ac Erastus i Facedonia i ymweld ag eglwysi Berea, Thesalonica a Philipi yn y dalaith honno. Ar y pryd, yr oedd Timotheus gyda Paul ac eraill o'i dîm yn Effesus. Bwriad eu hanfon i Facedonia oedd gwneud arolwg o gyflwr yr eglwysi a chasglu arian tuag at apêl Paul am gymorth i dlodion eglwys Jerwsalem a oedd yn dioddef o newyn. Roedd yr eglwysi wedi gwneud un cyfraniad, ond roedd Paul yn awyddus iddynt ddyblu eu hymdrechion; a byddai'n dod ei hunan i Facedonia i dderbyn y casgliad er mwyn ei gludo'n ddiogel i Jerwsalem.

Roedd yn amlwg mai Timotheus oedd y prif bartner yn yr ymweliad hwn. Cyn hyn, cyfeiriwyd at Silas a Timotheus, ond erbyn hyn 'Timotheus ac Erastus' yn unig a enwir (19:21). Ym mha ffordd bynnag yr aeth Timotheus ac Erastus ati i chwyddo'r casgliad buont yn hynod lwyddiannus, a chawsant glod gan Paul. Wrth ysgrifennu at y Corinthiaid fe ganmolodd eglwysi Macedonia am eu haelioni, a hynny ar adeg pan oeddent yn dioddef erledigaeth lem eu hunain. 'Yr wyf yn dyst iddynt roi yn ôl eu gallu, a'r tu hwnt i'w gallu, a hynny o'u gwirfodd eu hunain, gan ddeisyf arnom yn daer iawn am gael y fraint o gyfrannu tuag at y cymorth i'r saint' (2 Cor. 8:3–4). Ychydig a wyddom am Erastus, ond yr oedd cyfanswm y casgliad yn awgrymu ei fod ef a Timotheus wedi cydweithio'n llwyddiannus a bod Timotheus yn arweinydd effeithiol a lwyddai i ennill cefnogaeth a chymorth gan eraill.

Ddwy flynedd wedi ei ymweliad ef ac Erastus ag eglwysi Macedonia, anfonwyd Timotheus - ar ei ben ei hun y tro hwn - i Gorinth ar orchwyl anodd. Roedd helynt wedi codi rhwng Paul a'r Corinthiaid. Tasg Timotheus oedd eu hatgoffa o ddysgeidiaeth Paul a'i waith yn eu plith, a hynny fel paratoad ar gyfer ymweliad gan yr Apostol ei hun. Roedd yn amlwg fod Timotheus erbyn hyn wedi aeddfedu ac yn cael ei gydnabod fel cynrychiolydd a chennad ar ran Paul. Meddai Paul wrth ei gyflwyno i'r Corinthiaid, 'Am hynny yr wyf yn erfyn arnoch, byddwch efelychwyr ohonof fi. Dyma pam yr anfonais Timotheus atoch; y mae ef yn fab annwyl i mi, ac yn ffyddlon yn yr Arglwydd, a bydd yn dwyn ar gof i chwi fy ffyrdd i yng Nghrist Iesu, fel y byddaf yn eu dysgu ym mhobman, ym mhob eglwys' (1 Cor. 4:16–17).

Ond yr oedd dau rwystr yn wynebu Timotheus. Yn gyntaf, yr oedd Paul dan gwmwl yng ngolwg nifer o'r Corinthiaid, ac o ganlyniad yr oeddent yr un mor amheus o'i gynrychiolydd ifanc. A'r ail rwystr oedd ei fod mor ifanc. Mae Paul yn apelio atynt i'w dderbyn yn rasol: 'gofalwch ei wneud yn ddibryder yn eich plith, oherwydd y mae ef, fel minnau, yn gwneud gwaith yr Arglwydd. Am hynny, peidied neb â'i ddiystyru, ond hebryngwch ef ar ei ffordd â sêl eich bendith, iddo gael dod ataf fi' (16:10–11).

O ddarllen rhwng y llinellau, gallwn dybio na fu ymgyrch Timotheus i ennill gwrandawiad a chefnogaeth y Corinthiaid yn llwyddiant. Yn ei Ail Lythyr atynt, mae Paul yn lleisio'i siom fod eu hagwedd tuag ato yn achos tristwch iddo. Dywed ei fod yn ysgrifennu o ganol 'gorthrymder mawr a gofid calon, ac mewn dagrau lawer' (2 Cor. 2:4). Nid yw'n cyfeirio o gwbl at Timotheus. Ond yn dilyn methiant Timotheus anfonwyd cennad arall at y Corinthiaid, sef Titus, a llwyddodd ef i'w cael i edifarhau a rhoi eu cefnogaeth unwaith eto i Paul. Roedd Titus yn hŷn na Timotheus, ac o bosibl yn gymeriad mwy cadarn. Ond y mae gwers bwysig i ni ym methiant Timotheus, sef nad oes disgwyl i ni fel Cristnogion lwyddo ym mhopeth a wnawn. Ni ddylai methiant wneud i ni ddigalonni na rhoi'r gorau i weithio dros y deyrnas. Dal ati a wnaeth Timotheus, a mynd ymlaen i gyflawni pethau mawr dros ei Arglwydd.

Yn Philipi a Rhufain

Saith mlynedd wedi ei ymweliad â Corinth, a Paul erbyn hyn wedi ei garcharu yn Rhufain fe anfonodd Timotheus i Philipi. Erbyn hynny, roedd Timotheus yn ei dridegau ac wedi dod yn gennad cydnabyddedig ar ran Paul. Roedd aelodau eglwys Philipi yn hen ffrindiau iddo ac yn gwbl deyrngar i ddysgeidiaeth Paul. Amcan ymweld â Philipi oedd sicrhau fod y credinwyr yno'n glynu wrth y ffydd. Wrth ei gyflwyno i'r Philipiaid, mae Paul yn canmol Timotheus fel un sydd wedi cydweithio ag ef 'fel mab gyda'i dad, o blaid yr Efengyl' (Phil. 2:22).

Ond nid oedd eglwys Philipi heb ei phroblemau. Yr oedd ynddi rai 'sydd o ran eu ffordd o fyw yn elynion croes Crist' (3:18). Y broblem yn Thesalonica oedd erledigaeth, ac yng Nghorinth ymrannu a chefnu ar awdurdod Paul. Yn Philipi, gau athrawiaeth oedd y broblem. Anogaeth Paul oedd i'r Philipiaid fyw'n deilwng o'r iachawdwriaeth oedd yn eiddo iddynt (2:12). Mae'n amlwg fod rhai wedi cilio oddi ar lwybrau'r ffydd. Gwaith Timotheus oedd eu galw'n ôl i'r Efengyl fel y dysgwyd hi gan Paul. Mae'n amlwg i Paul anfon ei lythyr i Philipi trwy law Epaffroditus, 'brawd a chydweithiwr a chydfilwr i mi' (2:25), yn union cyn ymweliad Timotheus. Gan fod y llythyr yn gorffen ar nodyn o ddiolch ac o lawenydd, gellir tybio fod ymdrechion Timotheus, gyda chymorth Epaffroditus, wedi bod yn llwyddiannus a bod y Philipiaid wedi dychwelyd at y ffydd.

Y mae'n anodd olrhain holl symudiadau Timotheus yn dilyn ei gyfnod yn Philipi. Bu yn Rhufain yn ystod carchariad Paul, a phenodwyd ef gan Paul i ofalu am eglwys Effesus. Ac i Effesus yr anfonwyd y ddau lythyr at Timotheus a roddai iddo gynghorion a chyfarwyddyd wrth iddo osod trefn ar fywyd ac arweinyddiaeth yr eglwys yno.

Cwestiynau i'w trafod

1. Pa gymwysterau a welodd Paul yn Timotheus i'w benodi'n gennad drosto?

2. Beth a ddysgodd Timotheus o'i ymweliad ag eglwys Thesalonica a oedd yn dioddef erledigaeth?

3. Pa bethau sydd i'w dysgu o fethiant?

6. ARGYFWNG YN EFFESUS

'Paul, apostol Crist Iesu trwy orchymyn Duw, ein Gwaredwr, a Christ Iesu, ein gobaith, at Timotheus, ei blentyn diledryw yn y ffydd. Gras a thrugaredd a thangnefedd i ti oddi wrth Dduw y Tad a Christ Iesu ein Harglwydd.

'Pan oeddwn ar gychwyn i Facedonia, pwysais arnat i ddal ymlaen yn Effesus, a gorchymyn i rai pobl beidio â dysgu athrawiaethau cyfeiliornus, a rhoi'r gorau i chwedlau ac achau diddiwedd. Pethau yw'r rhain sy'n hyrwyddo dyfaliadau ofer yn hytrach na chynllun achubol Duw, a ganfyddir trwy ffydd. Diben y gorchymyn hwn yw'r cariad sy'n tarddu o galon bur a chydwybod dda a ffydd ddiffuant. Gwyro oddi wrth y rhinweddau hyn a barodd i rai droi mewn dadleuon diffaith. Y maent â'u bryd ar fod yn athrawon y Gyfraith, ond nid ydynt yn deall dim ar eu geiriau eu hunain, na chwaith ar y pynciau y maent yn eu trafod mor awdurdodol' (1 Timotheus 1:1–7).

'Paid â gwrando ar chwedlau bydol hen wrachod, ond ymarfer dy hun i fod yn dduwiol. Wrth gwrs, y mae i ymarfer y corff beth gwerth, ond i ymarfer duwioldeb y mae pob gwerth, gan fod ynddo addewid o fywyd yn y byd hwn a'r byd a ddaw. Dyna air i'w gredu, sy'n teilyngu derbyniad llwyr ... Gorchymyn y pethau hyn i'th bobl, a dysg hwy iddynt' (1 Timotheus 4:7–9; 11).

Yr oedd Timotheus yn Effesus pan ysgrifennodd Paul ei lythyr cyntaf ato. Arweinyddiaeth a phroblemau eglwys Effesus a adlewyrchir yng nghynghorion a chyfarwyddiadau Paul i'w gynorthwyydd ifanc. Ymateb yw'r llythyr i sefyllfa real a'r anawsterau dyddiol a wynebai eglwys ifanc mewn amgylchfyd paganaidd.

Y mae rhai ysgolheigion yn amau ai Paul oedd awdur y llythyr ac yn awgrymu mai un o edmygwyr Paul a'i lluniodd ar gyfer arweinyddion eglwysi, yn fath o lawlyfr sy'n cynnwys mân gynghorion ac awgrymiadau ar weinyddu bywyd eglwys. Yn eu tyb hwy, nid yw'r llythyr yn ddim mwy na thruth a luniwyd flynyddoedd wedi merthyrdod Paul; truth oddi wrth Paul dychmygol at Timotheus dychmygol. Ceir ganddynt bedwar rheswm dros amau awduraeth Paul. Yn gyntaf, bod arddull y llythyr yn wahanol i lythyrau eraill Paul, fel Galatiaid, Philipiaid a Colosiaid. Yn ail, bod yr awdur yn defnyddio nifer o eiriau na cheir mohonynt yn llythyrau eraill Paul. Yn drydydd, nad yw'r llythyr yn cyfeirio at yr un o'r prif athrawiaethau a drafodir gan Paul yn ei lythyrau eraill. Yn bedwerydd, bod y llythyr yn awgrymu patrwm o weinidogaeth a bywyd eglwysig oedd yn fwy datblygedig na'r hyn a gafwyd yng nghyfnod Paul.

Mae'r rhai sy'n amddiffyn awduraeth Paul yn dadlau fod yr hyn a ddywedir am arddull Paul a'r geiriau 'newydd' a ddefnyddir ganddo yn tynnu sylw at y ffaith fod y llythyr hwn wedi'i gyfansoddi gan Paul ei hun, heb gymorth ysgrifennydd, a'i fod felly yn *fwy* yn hytrach na *llai* 'Paulaidd' na'r un o'i lythyrau eraill. Llythyrau personol oddi wrth ffrind at ffrind yw'r llythyrau at Timotheus. Gwan iawn hefyd yw'r ddadl nad yw'n cyfeirio at athrawiaethau mawr y Ffydd. Un o brif amcanion y llythyr yw rhybuddio rhag athrawiaeth gau – problem oedd yn blino eglwys Effesus. Hefyd, pwy sydd i ddweud nad oedd patrwm o weinidogaeth sefydlog wedi dechrau datblygu yn Effesus, a bod angen cyngor a chyfarwyddyd ar Timotheus wrth iddo geisio rhoi arweiniad i'r eglwys?

O dderbyn mai Paul ei hun a ysgrifennodd y llythyrau hyn i'w gyfaill ifanc Timotheus yn Effesus, dônt yn fyw ac yn gyffrous o'u darllen yng nghyd-destun cefndir Effesus a'r problemau a wynebai'r eglwys yno tua'r flwyddyn O.C. 64 neu 65. Pam oedd Timotheus yn Effesus, a beth oedd natur yr argyfwng a'i hwynebai yno?

O Creta i Effesus

I ateb y cwestiwn, rhaid ceisio olrhain teithiau Timotheus cyn iddo dderbyn y llythyrau oddi wrth Paul. Mae ei eiriau agoriadol wrth Timotheus yn help i ni roi darnau o'r stori wrth ei gilydd: 'Pan oeddwn ar gychwyn i Facedonia' (1 Tim. 1:3). Cafodd ei ryddhau o'i garchariad yn Rhufain, a'i fwriad oedd ymweld ag eglwysi Macedonia. Ni cheir hanes y daith hon yn Llyfr yr Actau, ond gellir ei holrhain trwy rai o'i lythyrau. Cawn wybod o'i lythyr at y Rhufeiniaid am ei ddymuniad i ymweld â Sbaen (Rhuf. 15:24), gan alw eto yn Rhufain ar y ffordd. Ond ni wyddom a gyrhaeddodd Sbaen ai peidio. Yr hyn a wyddom yw iddo ymweld ag ynys Creta yng nghwmni Titus a Timotheus. Meddai yn ei lythyr at Titus, 'Fy mwriad wrth dy adael ar ôl yn Creta oedd iti gael trefn ar y pethau oedd yn aros heb eu gwneud, a sefydlu henuriaid ym mhob tref yn ôl fy nghyfarwyddyd iti' (Tit 1:5).

Treuliodd Paul amser gyda Titus a Timotheus yn efengylu yn Creta, ond nid oedd ganddo amser i aros a gosod sylfeini cadarn i'r eglwysi a phenodi henuriaid. Gadawodd y gwaith hwnnw yn nwylo medrus Titus. O Creta, hwyliodd ef a Timotheus am Facedonia gan dorri'r daith yn Effesus. Roeddent yn edrych ymlaen at weld eu hen ffrindiau yn eglwys Effesus, ond daeth gair atynt a awgrymai fod problemau wedi codi ymhlith y credinwyr: yr oedd rhai yn Effesus yn dysgu 'athrawiaethau cyfeiliornus' (1 Tim. 1:3). Y mae'n bosibl bod gau athrawon wedi bod yn ymweld ag eglwysi Asia Leiaf ac wedi cyrraedd Effesus, ond mae'n fwy tebygol mai aelodau o'r eglwys yw'r 'rhai pobl' y mae Paul yn cyfeirio atynt (1:3). Ar ôl ei ymweliad blaenorol daethai Paul i ofni y deuai rhai o fewn yr eglwys i 'lefaru pethau llygredig, i ddenu'r disgyblion ymaith ar eu hôl' (Ac. 20:30). Ond er gwaethaf ei rybuddion, yr oedd rhai o arweinwyr yr eglwys wedi cilio, a bu raid i Paul ddelio'n gadarn â nhw. Dau ohonynt oedd Hymenaeus ac Alexander a drowyd allan gan Paul ei hun (1 Tim.1:20).

Camgymeriad yw meddwl am yr eglwys yn Effesus fel un gynulleidfa ganolog. Mewn dinas mor fawr, byddai nifer o eglwysi bychain yn cyfarfod yn nhai'r credinwyr. Un ohonynt oedd yr eglwys a gyfarfyddai yn nhŷ Acwila a Priscila (1 Cor. 16:19). Arweinwyr yr eglwysi hyn oedd yr henuriaid.

Yr argyfwng a wynebai Timotheus oedd bod nifer o'r henuriaid wedi arwain eu heglwysi ar gyfeiliorn. Roedd rhai'n rhoi pwys ar y Gyfraith Iddewig: 'Y maent â'u bryd ar fod yn athrawon y Gyfraith, ond nid ydynt yn deall dim ar eu geiriau eu hunain, na chwaith ar y pynciau y maent yn eu trafod mor awdurdodol' (1 Tim. 1:7). Roedd eraill yn ymddwyn yn anweddus ac yn dwyn anfri ar y gwaith (3:1–7). Roedd yna ddadlau ac ymgecru rhwng arolygwyr a'i gilydd: 'Cenfigen a chynnen ac enllib, a drwgdybio cywilyddus ac anghydweld parhaus, sy'n dod o bethau felly, mewn pobl sydd â'u meddyliau wedi eu llygru' (6:4–5). Credai rhai wedyn fod ganddynt hawl i godi arian am eu gwasanaeth, a bod cyfoeth mawr i'w gael o ffugio bywyd duwiol (6:5). Roedd y fath gybolfa o wahanol syniadau, a'r dadleuon a godai yn eu plith yn rhwystr i dystiolaeth yr Efengyl ac yn tanseilio gwaith Paul a'r cenhadon eraill.

Tasgau Timotheus

Gan fod Paul yn awyddus i barhau ar ei daith ac i ymweld â Macedonia, fe adawodd Timotheus yn Effesus a'i annog i wneud ei orau i ddelio â'r sefyllfa argyfyngus oedd yn gwanhau tystiolaeth yr eglwys. Wedi i Paul ddychwelyd i Rufain o Facedonia, lluniodd ei Lythyr Cyntaf at Timotheus gan ei atgoffa o'i orchymyn olaf wrth iddo adael Macedonia: 'pwysais arnat i ddal ymlaen yn Effesus' (1 Tim. 1:3). Roedd gan Paul resymau pendant dros ddymuno bod Timotheus yn aros yn Effesus, sef 'gorchymyn i rai pobl beidio â dysgu athrawiaethau cyfeiliornus, a rhoi'r gorau i chwedlau ac achau diddiwedd' (1:3–4).

Yr oedd tair tasg yn ei wynebu. Y dasg gyntaf oedd *rhoi taw ar y gau athrawon* a oedd yn arwain aelodau'r eglwysi ar gyfeiliorn. Roedd y rhain yn dwyn anfri ar enw Crist ac yn achosi ymgecru ac ymbleidio yn yr eglwysi. Sut y dylai Timotheus ddelio â nhw? Roedd Paul yn barod â'i gynghorion. Yn gyntaf, dylid eu gorchymyn i dewi: 'gorchymyn i rai pobl beidio â dysgu athrawiaethau cyfeiliornus' (1:3). Y mae i'r gair 'peidio' gysylltiadau milwrol. Mae'n gyfystyr â *Stop! Arhoswch! 'Halt!'* Dim ond person a chanddo awdurdod a allai roi gorchymyn o'r fath. Ond yr oedd Timotheus i weithredu fel un a oedd yn meddu ar awdurdod oddi wrth Paul ei hun. Mae mwy nag un esboniwr wedi tynnu sylw at ddull Paul o weithredu, sef anfon dyn yn hytrach na dogfen i unioni'r sefyllfa: *'a man, not a plan'.* Gwyddom o brofiad fod cyfarfod wyneb yn wyneb â pherson arall yn fwy tebygol o arwain at gyd-ddeall ac adfer perthynas nag ymryson ar bapur. Y mae'r Beibl hefyd yn dangos fod Duw'n gweithredu'n bennaf trwy bobl, nid trwy ddogfennau nac adroddiadau na llythyrau.

Pe bai'r gorchymyn yn methu, fe ddylid yn ail, meddai Paul, roi cerydd gyhoeddus: 'Y rhai ohonynt sy'n dal i bechu, cerydda hwy yng ngŵydd pawb, i godi ofn ar y gweddill yr un pryd' (5:20). Dylai Timotheus egluro eu camwri yn agored ger bron yr eglwysi a'u cyd-henuriaid. Nid oedd Paul yn gwahardd trafodaeth nac ychwaith ymchwil i gyfoeth y gwirionedd fel y'i datguddiwyd yn Iesu Grist, ond ni ellid caniatáu i rai oedd yn gwadu sylfeini'r ffydd barhau yn arweinwyr ac yn athrawon.

Felly, yr ail dasg a wynebai Timotheus oedd *penodi henuriaid newydd i gymryd lle'r rhai cyfeiliornus.* 'Paid â bod ar frys i arddodi dwylo ar neb, a thrwy hynny gyfranogi ym mhechodau pobl eraill' (5:22). Nid annog Timotheus i beidio ag ordeinio neb y mae Paul, ond ei annog i weithredu'n bwyllog a dewis rhai oedd yn aeddfed ac yn addas ar gyfer y gwaith. Y mae rhai yn amlwg yn anghymwys, a'u diffygion yn eglur ddigon i bawb. Ond y mae eraill yn llwyddo i gadw eu pechodau'n gudd (5:24–25). Dylid cymryd amser i bwyso a mesur cymwysterau pobl ac i ddewis pobl gymwys i swyddi mor gyfrifol. I'w gynorthwyo i wneud ei ddewisiadau, mae Paul yn rhestru'r cymwysterau angenrheidiol ar gyfer arweinwyr eglwysig, yn arolygwyr a diaconiaid (3:1–13).

Y drydedd dasg a wynebai Timotheus oedd *iddo ef ei hun fod yn esiampl i'r eglwys yn ei ddysgeidiaeth a'i ymarweddiad.* Nid oedd yn ddigon iddo roi cyfarwyddiadau a gweinyddu disgyblaeth, o'r tu allan fel petai. Sawl gwaith yn ei lythyr y mae Paul yn ei gynghori i fyw yn deilwng o'r Arglwydd Iesu: 'Os dygi di'r pethau hyn i sylw'r gynulleidfa, byddi'n was da i Iesu Grist, yn dy feithrin dy hun â geiriau'r ffydd, a'r athrawiaeth dda yr wyt yn ei dilyn' (4:6). 'Yn hytrach, bydd di'n batrwm i'r credinwyr mewn gair a gweithred, mewn cariad a ffydd a phurdeb' (4:12). A daw Paul â'i lythyr i ben gydag un apêl derfynol i Timotheus i ddangos yn eglur yn ei fywyd a'i fuchedd beth yw gofynion yr Efengyl. 'Ond yr wyt ti, ŵr Duw ... i roi dy fryd ar uniondeb, duwioldeb, ffydd, cariad, dyfalbarhad ac addfwynder. Ymdrecha ymdrech lew y ffydd, a chymer feddiant o'r bywyd tragwyddol' (6:11–12). Yn ei hanfod, dyna yw diben llythyr cyntaf Paul at Timotheus. Nid llawlyfr ar lywodraeth a threfn eglwysig mohono, ond apêl Paul i'w gyfaill Timotheus i wneud ei orau i ddelio â'r argyfwng a wynebai eglwys Effesus, apwyntio henuriaid newydd, gosod esiampl yn ei gyffes a'i ymarweddiad, a galw'r credinwyr yn ôl at burdeb y Ffydd.

Petruster Paul

Y mae'r gorchmynion i Timotheus yn glir a diamwys, ond o ddarllen rhwng y llinellau ymdeimlwn â mesur o betruster ar ran Paul. Wedi'r anawsterau a brofodd yn Thesalonica a Corinth, a fyddai Timotheus yn gallu delio â henuriaid pwerus Effesus? A fyddai'n gallu rhoi taw ar y rheini? A fyddai ganddo'r gwroldeb i'w diswyddo ac i benodi eraill yn eu lle? Gwyddai Paul ei fod yn gofyn llawer ganddo, a gwyddai hefyd y byddai arno angen cefnogaeth a mesur helaeth o hyder. 'Pwysais arnat i ddal ymlaen yn Effesus', meddai Paul (1 Tim. 1:3), gan awgrymu fod Timotheus yn awyddus i ymadael ac iddo ofyn i Paul ei ryddhau. Ond yr oedd Paul yr un mor bendant y dylai Timotheus aros yn Effesus. Y mae'n ei atgoffa o'i gomisiwn: 'Timotheus, fy mab, dyma'r siars sydd gennyf i ti, o gofio'r dystiolaeth broffwydol a roddwyd iti o'r blaen; ymddiried yn hyn a bydd lew yn y frwydr, gan ddal dy afael mewn ffydd a chydwybod dda' (1:18–19). Os yw Duw wedi ei alw a rhoi iddo ddawn fel athro ac arweinydd, ni ddylai droi cefn ar y gwaith y cafodd ei alw iddo. Rhaid iddo beidio ag esgeuluso'r ddawn sydd ynddo, y ddawn a roddwyd iddo gan Dduw ac a seliwyd gan arddodiad dwylo'r henuriaid (4:14).

Wyddom ni ddim pa mor llwyddiannus y bu Timotheus yn Effesus. Nid yw Luc yn rhoi dim o'i hanes yn Llyfr yr Actau, ac nid oes gennym lythyr gan Timotheus sy'n rhoi i Paul adroddiad am y gwaith. Ond y mae gennym ail lythyr Paul ato, a ysgrifennwyd dwy flynedd yn ddiweddarach, sy'n rhoi i ni syniad o sut y bu pethau yn Effesus.

Cwestiynau i'w trafod

1. A ydych yn cytuno mai llythyr personol at gyfaill oddi wrth gyfaill, yn hytrach na llawlyfr ar arweinyddiaeth eglwys, yw 1 Timotheus?

2. Pam fod anghydfod a ffraeo yn codi helyntion ac yn rhannu eglwysi hyd heddiw?

3. Pam oedd Paul mor benderfynol mai Timotheus oedd y dyn i ddatrys argyfwng Effesus?

7. GWYRO ODDI WRTH Y GWIR

'Pan oeddwn ar gychwyn i Facedonia, pwysais arnat i ddal ymlaen yn Effesus, a gorchymyn i rai pobl beidio â dysgu athrawiaethau cyfeiliornus, a rhoi'r gorau i chwedlau ac achau diddiwedd. Pethau yw'r rhain sy'n hyrwyddo daliadau ofer yn hytrach na chynllun achubol Duw, a ganfyddir trwy ffydd. Diben y gorchymyn hwn yw'r cariad sy'n tarddu o galon bur a chydwybod dda a ffydd ddiffuant. Gwyro oddi wrth y rhinweddau hyn a barodd i rai droi mewn dadleuon diffaith. Y maent â'u bryd ar fod yn athrawon y Gyfraith, ond nid ydynt yn deall dim ar eu geiriau eu hunain, na chwaith ar y pynciau y maent yn eu trafod mor awdurdodol.

'Fe wyddom fod y Gyfraith yn beth ardderchog os caiff ei harddel yn briodol fel cyfraith. Gadewch inni ddeall hyn: y mae'r Gyfraith wedi ei llunio, nid ar gyfer y sawl sy'n cadw'r Gyfraith ond ar gyfer y rheini sy'n ei thorri a'i herio, sef yr annuwiol a'r pechadurus, y digrefydd a'r di-dduw, y rhai sy'n lladd tad a mam, yn llofruddio, yn puteinio, yn ymlygru â'u rhyw eu hunain, yn herwgipio, yn dweud celwydd, yn tyngu ar gam, ac yn gwneud unrhyw beth arall sy'n groes i'r athrawiaeth iach sy'n perthyn i'r Efengyl a ymddiriedwyd i mi, Efengyl ogoneddus y Duw gwynfydedig' (1 Timotheus 1:3-11).

Yn y bennod hon trown at gynnwys Llythyr Cyntaf Paul at Timotheus ac at brif themâu'r llythyr. Adwaenir y llythyrau at Timotheus a Titus fel yr 'Epistolau Bugeiliol' am eu bod yn delio ag arweinyddiaeth eglwysig, cenhadu, bugeilio ac adeiladu'r credinwyr yn y ffydd. Trafodir ynddynt y materion athrawiaethol, moesol ac ymarferol oedd yn poeni'r Eglwys Fore, a hynny mewn iaith ac arddull sy'n gyffredin i'r tri epistol. Ond ceir ynddynt hefyd gyfarwyddiadau a chynghorion sy'n berthnasol i arweinwyr eglwysig ym mhob cyfnod; ac nid i arweinwyr yn unig, ond i bob aelod sy'n awyddus i hybu gwaith a bywyd yr Eglwys.

Yn y tri llythyr, ceir anogaeth i ddiogelu'r ffydd rhag ymosodiad oddi wrth heresïau. Yn yr adran dan sylw yn y bennod hon, cyfeirir at 'rai pobl' yn dysgu 'athrawiaethau cyfeiliornus' sy'n esgor ar 'chwedlau ac achau diddiwedd' (1 Tim. 1:3–4). Y mae'r gair 'cyfeiliornus' yn golygu 'gwahanol', 'newydd' ac 'anghywir', sy'n awgrymu bod y fath beth â norm o athrawiaeth yn y dyddiau cynnar hyn, sef yr hyn a ddysgwyd gan yr apostolion, ac na ddylid gwyro oddi wrth hanfodion y ffydd a ddysgwyd gan Paul ac eraill a fu'n dilyn Iesu yn nyddiau ei gnawd. Cadarnheir hyn gan y cyfeiriadau cyson at 'y ffydd', 'y gwirionedd', 'athrawiaeth iach', a'r 'athrawiaeth Gristnogol' (Tit. 1:9; 1 Tim. 6:1).

Ond mae'n amlwg fod yna athrawon eraill yn crwydro o eglwys i eglwys gan ddysgu 'efengyl wahanol'. Bu raid i Paul rybuddio'r Galatiaid o ddylanwad rhywrai yn eu mysg hwy oedd yn gwyrdroi Efengyl Crist (Gal. 1:7). Ac yn ei ail Lythyr at y Corinthiaid ceir rhybudd tebyg i'r credinwyr fod yn ofalus i beidio â chael eu twyllo gan y rhai oedd yn ceisio'u troi oddi wrth ddidwylledd a phurdeb eu ffydd yng Nghrist. Yr oedd perygl iddynt gael eu camarwain gan bregethu 'arall', ac ysbryd 'gwahanol', ac 'efengyl wahanol i'r Efengyl a dderbyniasoch' (2 Cor. 11:3–4).

Chwedlau a dadleuon

Mae Paul yn rhybuddio Timotheus rhag dau fath, neu ddau ddosbarth o athrawon. Yn gyntaf, *y rhai oedd yn camddehongli'r Gyfraith.* Meddai amdanynt, 'Y maent â'u bryd ar fod yn athrawon y Gyfraith, ond nid ydynt yn deall dim ar eu geiriau eu hunain, na chwaith ar y pynciau y maent yn eu trafod mor awdurdodol' (1 Tim. 1:7). Nid yw'n beirniadu'r athrawon hyn am ddysgu'r Gyfraith fel y cyfryw. Y mae i'r Gyfraith ei lle ym mywyd a ffydd y Cristion yn ogystal â'r Iddew. Y Gyfraith sy'n dangos y gwahaniaeth rhwng da a drwg; gwneud ewyllys a meddwl Duw yn hysbys; a pharatoi'r ffordd tuag at ffydd yn Iesu Grist. Meddai Paul yn ei Lythyr at y Rhufeiniaid, 'Gan hynny, y mae'r Gyfraith yn sanctaidd, a'r gorchymyn yn sanctaidd a chyfiawn a da' (Rhuf. 7:12). Ond y mae'n ymddangos fod ffordd gywir a ffordd anghywir o ddefnyddio'r Gyfraith, a bod y gau athrawon yn Effesus yn cyfeiliorni yn eu dysgeidiaeth.

Y mae Timotheus yn eu gorchymyn i 'roi'r gorau i chwedlau ac achau diddiwedd' (1 Tim. 1:4). Yr oedd 'chwedlau ac achau' yn cyfeirio at arfer ymhlith rhai o'r Rabiniaid i greu storïau dychmygol a ffansïol o gwmpas y rhestrau o enwau a geir yn Llyfr Genesis, Llyfrau Cronicl a Nehemeia. Ffrwyth dychymyg oedd y storïau hyn, a defnyddiwyd hwy'n aml yng ngwasanaethau'r synagogau. Gwnaed casgliadau o rai ohonynt. Yr enwocaf oedd *Llyfr y Jwbili,* a ysgrifennwyd tua'r flwyddyn 135 C.C. Roedd hwn yn adrodd hanes y Creu hyd at dderbyn y Gyfraith ar Fynydd Sinai. Prif ddiben y gwaith oedd dangos fod Israel yn gwbl unigryw ymhlith holl genhedloedd y byd, yn genedl etholedig Duw ac yn berchen ar Gyfraith Duw, a bod hynny'n diogelu ei sancteiddrwydd yn wyneb y dylanwadau Groegaidd o'i hamgylch.

Roedd y casgliadau hyn hefyd yn cynnwys hanesion chwedlonol am y patriarchiaid a thadau'r genedl o Adda i Abraham, Isaac a Jacob, fel yr oedd bucheddau'r hen saint Celtaidd yn adrodd hanesion ffansïol am eu gwyrthiau a'u galluoedd er mwyn denu pererinion i gyrchfannau cysegredig cysylltiedig â'u hanes.

Cyfeiria Paul at 'chwedlau ac achau diddiwedd' y rhai sy'n hyrwyddo'r diddordeb yn yr elfennau chwedlonol hyn. Roeddent yn 'ddiddiwedd' yn yr ystyr eu bod yn arwain at ddadlau ofer a chweryla dibwrpas. I Paul, roedd ymhél â hen chwedlau a damcaniaethau ffansïol o'r fath yn wastraff amser ac yn tynnu sylw oddi wrth hanfodion Efengyl Crist, sef 'cynllun achubol Duw, a ganfyddir trwy ffydd' (1:4). Braint a chyfrifoldeb pob Cristion yw tyfu yn ei ddirnadaeth o gynllun achubol

Duw, a byw yn ôl ei ofynion. Hanfod y cynllun yw cariad, ond y mae'n tarddu o dri gwreiddyn: 'calon bur', 'cydwybod dda' a 'ffydd ddiffuant'. Nid clyfrwch meddwl na dadlau haniaethol di-fudd yw hanfod crefydd, ond cariad at Dduw ac ymrwymiad i'w ewyllys a'i Gyfraith.

Dylanwad y Gnosticiaid

Yn gymysg â'r rhai oedd yn pedlera chwedlau a damcaniaethau ffug Iddewig, yr oedd yn eglwys Effesus ail ddosbarth o bobl a oedd *yn arddel syniadau Gnosticaidd,* a ddeilliai o athroniaeth Roegaidd. Credai'r Gnosticiaid fod mater yn llygredig ac mai yn y byd ysbrydol a'i ddelweddau yn unig yr oedd canfod y gwirionedd. Er i lawer o Gnosticiaid gael eu denu at Gristnogaeth, yr oedd rhai o athrawiaethau sylfaenol Cristnogaeth yn groes i'w daliadau athronyddol. Er enghraifft, os oedd mater a'r corff yn llygredig, ni allai Iesu fod wedi cymryd cnawd dynol i ddod i'r ddaear, ac felly ni ellid derbyn yr Ymgnawdoliad. Roedd anawsterau tebyg ynghylch y groes a'r atgyfodiad. Os oedd Crist yn Fab Duw, yr oedd yn fod ysbrydol ac ni allai fod wedi marw ar y groes. Roedd y Gnosticiaid yn cael boddhad meddyliol wrth drafod y berthynas rhwng y llu o fodau ysbrydol, a drigai yn y nefolion leoedd, a'r byd dynol, materol. Lluniwyd pob math o ddamcaniaethau ffansïol mewn ymgais i gysoni'r Efengyl â Gnosticiaeth, ond o ganlyniad fe ddirywiodd eu crefydd yn ddim mwy na mater o ddyfalu, dadlau a gwamalu.

Yr oedd aelodau'r eglwys mewn perygl o esgeuluso prif wirioneddau a phrif ofynion moesol a dyngarol y ffydd. Meddai Paul, 'Gwyro oddi wrth y rhinweddau hyn a barodd i rai droi mewn dadleuon diffaith' (1 Tim. 1:6). Roedd aelodau o gefndir Iddewig yr un mor euog â'r Gnosticiaid o goleddu'r damcaniaethu diystyr hyn, ac o dybio yn eu balchder meddyliol eu bod wedi canfod y gwirionedd. Ond y gwir plaen oedd bod y dadleuwyr hyn yn trafod materion oedd yn rhy ddyrys iddynt eu deall. 'Nid ydynt yn deall dim ar eu geiriau eu hunain, na chwaith ar y pynciau y maent yn eu trafod mor awdurdodol' (1:7).

Gwerth y Gyfraith

Wedi rhybuddio rhag y camddefnydd o'r Gyfraith a gaed ymhlith y gau athrawon, mae Paul yn prysuro i ddangos fod gwerth arbennig i'r Gyfraith o'i deall a'i defnyddio'n gywir. Y mae'n werthfawr er mwyn dysgu safonau moesol a gosod gofynion Duw gerbron y credinwyr. Wrth wneud hynny, mae hefyd yn dwyn drygau moesol i olau dydd. Rhoddai'r Diwygwyr Protestannaidd bwyslais ar amcanion y Gyfraith, gan enwi tri ohonynt sef, yr *unus politicus* (i atal drygioni yn y gymdeithas); yr *unus pedagogus* (i arwain at Grist); a'r *unus normalivus* (i reoli ymddygiad credinwyr).

Mae'r rhestr o ddrygau a geir yn 1 Timotheus 1:9–10 yn dangos yr amgylchfyd moesol a chymdeithasol yr oedd aelodau'r Eglwys gynnar yn byw ynddo. Dengys y rhestr mai'r un yw pechod dyn o oes i oes. Pan dybiwn fod hinsawdd foesol ein hoes ni yn ei gwneud yn anodd byw yn ôl gofynion yr Efengyl, mae'n werth cofio mai'r un oedd y sefyllfa a wynebai'r eglwysi ifanc.

Mae rhai pobl yn byw yn annuwiol ac yn groes i'r Gyfraith: 'y rheini sy'n ei thorri a'i herio' (1Tim. 1:9). Y mae eraill yn ymddwyn yn gwbl ddigrefydd a di-dduw; dyma'r rhai sy'n 'llofruddio, yn puteinio, yn ymlygru â'u rhyw eu hunain, yn herwgipio, yn dweud celwydd, yn tyngu ar gam' (1:9–10). Tuedd y gymdeithas sydd ohoni heddiw, fel cymdeithas yr hen fyd, yw cyfreithloni nifer o'r arferion hyn, ond y mae'n rhaid i'r Eglwys wrthwynebu'r arferion sy'n gamddefnydd o reddfau rhywiol, neu'n dangos diffyg parch at eraill ac yn dibrisio'r bersonoliaeth ddynol. Dyna pam fod Cristnogaeth o'r dechrau wedi gosod cymaint o bwyslais ar ddiweirdeb.

Y mae'n arwyddocaol fod Paul yn cyfeirio hefyd at 'herwgipio', sef yr arfer o gipio pobl i'w gwerthu a'u prynu fel caethion. Er na cheir condemniad o gaethwasiaeth fel y cyfryw yn y Testament Newydd, fe gondemnir yma'r fasnach gaethion, a olygai ladrata, prynu a gwerthu caethion er mwyn elw.

Y mae'r holl bechodau a restrir yma yn 'groes i'r athrawiaeth iach sy'n perthyn i'r Efengyl' (1:10–11). Ond y maent hefyd yn groes i'r Gyfraith, a'r Deg Gorchymyn yn benodol. Daw'r pechodau cyntaf a nodir ('y rheini sy'n torri a herio'r Gyfraith, yr annuwiol a'r pechadurus, y digrefydd a'r di-dduw') dan gondemniad y pedwar gorchymyn cyntaf. Mae'r rhai sy'n lladd tad a mam yn troseddu yn erbyn y pumed gorchymyn; y rhai sy'n llofruddwyr yn erbyn y chweched gorchymyn; a'r rhai sy'n cyflawni gweithredoedd rhywiol aflan yn torri'r seithfed Gorchymyn. Mae 'herwgipio' yn fath difrifol o ladrata, sef lladrata pobl i'w gwerthu'n gaethion, ac felly dyma arferiad sy'n gwbl groes i'r wythfed Gorchymyn. A throseddu yn erbyn y nawfed Gorchymyn a wna'r rhai sy'n 'dweud celwydd, yn tyngu ar gam'.

Y mae'r Gyfraith, a'r Deg Gorchymyn yn benodol, yn dangos yn eglur fod yr arferion anfoesol ac anghyfiawn hyn yn groes i ewyllys a disgwyliad Duw. Gwaith y Gyfraith yw dangos hynny'n eglur. Ond beth yw achos y dirywiad moesol a'r cynnydd mewn anfoesoldeb a drygioni? Mae'r ateb yr un mor amlwg: cefnu ar 'athrawiaeth iach'. Yr un modd, ailafael yn 'athrawiaeth' yr Efengyl yw'r ateb i'r drygau cymdeithasol a phersonol y cyfeiria Paul atynt.

Felly, swyddogaeth y Gyfraith yw atgoffa pobl o ofynion Duw ar eu bywydau. Y Gyfraith sy'n cadw bywyd o fewn terfynau arbennig ac yn ein rhybuddio rhag y perygl i ddrygioni afael ynom. Ond dim ond pan yw cariad Crist yn llenwi'r galon y diddymir gafael pechod ac yr arweinir y credadun i fywyd pur a glân.

Daw'r adran hon i ben gyda diffiniad cryno Paul, mewn tri chymal, o 'athrawiaeth iachus' (1:11). Ei *mynegian*t yw'r 'Efengyl ogoneddus', sef y newyddion da am y ffordd i ymryddhau o grafangau'r drwg a chanfod bywyd yn ei lawnder. Ei *tharddiad* yw 'y Duw gwynfydedig', sef gwraidd a rhoddwr yr Efengyl sy'n tarddu o galon y Tad. Ei *chyfrwng* yw'r llais dynol yr ymddiriedir iddo'r dasg o ledaenu'r Efengyl ogoneddus – y gair oddi wrth Dduw, i'w gyflwyno i ddynion gan ddynion. Â Paul ymlaen yn yr adran nesaf i ymhelaethu ar yr anrhydedd unigryw o fod yn apostol i'r Efengyl hon.

Cwestiynau i'w trafod

1. Pa syniadau cyfeiliornus sy'n fygythiad i wirionedd yr Efengyl heddiw? Sut mae delio â nhw?

2. A ddylid rhoi mwy o bwys heddiw ar ddysgu'r Deg Gorchymyn?

3. Beth a olygir wrth 'athrawiaeth iachus'?

8. YR ANRHYDEDD O FOD YN APOSTOL

'Yr wyf yn diolch i Grist Iesu ein Harglwydd, yr hwn a'm nerthodd, am iddo fy nghyfrif yn un y gallai ymddiried ynof a'm penodi i'w wasanaeth; myfi, yr un oedd gynt yn ei gablu, yn ei erlid, ac yn ei sarhau. Ar waethaf hynny, cefais drugaredd am mai mewn anwybodaeth ac anghrediniaeth y gwneuthum y cwbl.

'Gorlifodd gras ei Harglwydd arnaf, ynghyd â'r ffydd a'r cariad sy'n eiddo i ni yng |Nghrist Iesu. A dyma air i'w gredu, sy'n teilyngu derbyniad llwyr: "Daeth Crist Iesu i'r byd i achub pechaduriaid." A minnau yw'r blaenaf ohonynt. Ond cefais drugaredd, a hynny fel y gallai Crist Iesu ddangos ei fath amynedd yn fy achos i, y blaenaf, a'm gwneud felly yn batrwm i'r rhai fyddai'n dod i gredu ynddo a chael bywyd tragwyddol. Ac i Frenin tragwyddoldeb, yr anfarwol a'r anweledig a'r unig Dduw, y byddo'r anrhydedd a'r gogoniant byth bythoedd! Amen.

'Timotheus, fy mab, dyma'r siars sydd gennyf i ti, o gofio'r dystiolaeth broffwydol a roddwyd iti o'r blaen: ymddiried yn hyn a bydd lew yn y frwydr, gan ddal dy afael mewn ffydd a chydwybod dda. Am i rai ddiystyru cydwybod, drylliwyd llong eu ffydd. Pobl felly yw Hymenaeus ac Alexander, dau a draddodais i Satan, i'w disgyblu i beidio â chablu' (1 Timotheus 1:12–20).

Wrth nesáu at ddiwedd ei lyfryn o gynghorion ar sut i gynnal seiat, sef Drws y Society Profiad, yr oedd Williams Pantycelyn yn awyddus i argraffu ar ei ymholydd ifanc, Eusebius, pa mor bwysig ac anrhydeddus oedd swydd a gwaith arweinydd seiat. Meddai, 'Bellach, yr wyf yn dy adael di, fy anwylyd, i ddoethineb y nef, yr hon a all dy wneud yn gyfarwyddwr cywir i eneidiau gweinion ynghanol eu hamrywiol amgylchiadau a'u profedigaethau; i gysuro neu i geryddu pawb fel y bo'r achos yn gofyn. O, gweddïa lawer iawn ar Dad yr ysbrydoedd i'th arwain trwy bob rhan o'r gwaith mawr yma nad oes mo'i gyffelyb o ran sylwedd a gogoniant tan yr haul.'

Yn yr un modd ag yr oedd Pantycelyn yn annog Eusebius i ymroi i'r gwaith gydag egni a brwdfrydedd ac i sylweddoli mor ogoneddus oedd y dasg o feithrin eneidiau yn y ffydd, yr oedd Paul yntau'n ceisio calonogi Timotheus yn ei waith fel cenhadwr ac arweinydd eglwys. Gwnâi Paul hynny trwy rannu ei brofiad ei hun o'r gras a'r nerth a gafodd gan Dduw. Os mai newyddion da'r bendigedig Dduw i'r byd yw'r Efengyl, mae'n dilyn mai'r anrhydedd fwyaf yw cael cyflwyno'r Efengyl honno i eraill a gweld ei heffeithiau, o ran newid bywydau, codi pobl o afael pechod a drygioni, a'u tywys i fywyd newydd yn Iesu Grist.

Mae Paul yn mawrhau'r fraint ei fod ef ei hun yn gynnyrch yr Efengyl, a hefyd yn gennad iddi. Y ddwy fendith fwyaf all ddod i unrhyw berson yw cael profiad personol o rym a gorfoledd yr Efengyl, a chael y fraint o gyflwyno'r Efengyl honno i eraill. Roedd Paul yn esiampl o un a gafodd y ddwy fendith hyn, ac mae'n mynegi ei ddiolchgarwch am y bendithion a ddaeth iddo yn eu sgil.

Diolch am drugaredd a gras

Peth cyffredin yw bod pobl yn diolch am gael eu harbed rhag profiadau creulon, a rhag dioddefaint neu erledigaeth. Ond mae Paul yn diolch am y nerth a'r gras a gafodd i wynebu dioddefaint a sarhad, ac am y gallu i barhau ei weinidogaeth. Mae'n cyfeirio'n benodol at dri pheth. Yn gyntaf, *mae'n diolch am nerth*: 'Yr wyf yn diolch i Grist Iesu ein Harglwydd, yr hwn a'm nerthodd' (1 Tim. 1:12). Cyn sôn am ei waith a'r problemau a wynebodd, mae'n diolch am y cryfder mewnol a gafodd i oresgyn pob anhawster a gwrthwynebiad. Byddai'n amhosibl iddo gyflawni ei weinidogaeth heb y nerth oddi uchod i'w gynnal. Yr un oedd ei brofiad pan weddïodd deirgwaith am iachâd oddi wrth y 'ddraenen' yn ei gnawd. Ateb Duw oedd, 'Digon i ti fy ngras i; mewn gwendid y daw fy nerth i'w anterth' (2 Cor. 12:9). Profiad cyffredin i Gristnogion yr oesau yw mai yn y cyfnodau o wendid a diymadferthedd y daw nerth Duw yn real ac yn weithredol yn eu bywydau.

Yn ail, *mae'n diolch fod Iesu wedi ymddiried digon ynddo i'w benodi i'w wasanaeth.* Yma, mae'n cyfeirio'n benodol at ei dröedigaeth ar ffordd Damascus. Rhyfeddod y profiad hwnnw oedd iddo gael ei ddewis gan Iesu i fod yn genhadwr iddo, er gwaethaf ei ymddygiad cyn hynny, 'yn ei gablu, yn ei erlid, ac yn ei sarhau' (1 Tim. 1:13). Wedi'r weledigaeth, daeth galwad. Ond nid am ei fod yn deilwng, nac am fod ganddo'r profiad a'r cymwysterau priodol i gyflawni swydd anrhydeddus y caiff ei benodi. I'r gwrthwyneb: i Paul, y rhyfeddod yw bod Iesu wedi ei ddewis ef, yr annheilwng, y cablwr, yr erlidiwr a'r trahaus, am mai mewn anwybodaeth ac anghrediniaeth y cyflawnodd y fath anfadwaith yn erbyn Crist a'i Eglwys. Yng ngalwad ei Arglwydd, ac nid mewn unrhyw allu na haeddiant o'i eiddo ei hun, y mae ei awdurdod. Mawredd trugaredd yr Arglwydd Iesu oedd iddo ddewis y cablwr yn genhadwr, yr erlidiwr yn efengylydd, a'r un a fu'n berwi o gasineb yn dyst i Efengyl cariad a chymod. Heb amheuaeth, roedd Iesu wedi gweld elfennau cudd yng nghymeriad Paul; ac o'u ffrwyno a'u hailgyfeirio, gallent fod yn gaffaeliad i'w wneud yn genhadwr effeithiol dros deyrnas Dduw.

Yn drydydd, *mae'n diolch am ras a thrugaredd.* O safbwynt dynol, nid oedd obaith i erlidiwr mor greulon â Paul dderbyn trugaredd. Ac eto, nid oedd y tu hwnt i drugaredd Duw. Ddwywaith mae'n defnyddio'r ymadrodd 'cefais drugaredd' (1:13 a 16). Mae'n awgrymu fod trugaredd yn un o fendithion gras. Mae'r gair 'gras' yn golygu agwedd gariadus Duw tuag at ei blant. Un mynegiant o'r agwedd honno yw ei drugaredd. Dywed Paul fod gras yn 'gorlifo': 'Gorlifodd gras ein Harglwydd arnaf, ynghyd â'r ffydd a'r cariad sy'n eiddo i ni yng Nghrist Iesu' (1:14). Fel y gorlifa afon gan ddyfrhau'r meysydd ar ei glannau, a'u gwneud yn doreithiog, y mae gras yn gorlifo'r galon gan ei gwneud hithau'n doreithiog o ffydd a chariad – ac o drugaredd.

Daw gweithgaredd gras â ni at galon yr Efengyl a phrofiad personol y Cristion.

Dyma air i'w gredu

O ddeall yr hyn a ddywed Paul am ras a thrugaredd, nid yw'n syndod iddo fynd ymlaen i ddyfynnu'r cyntaf o bum ymadrodd yn yr Epistolau Bugeiliol sy'n cychwyn â'r geiriau, 'Dyma air i'w gredu' (1 Tim. 1:15-17). Gwelir y pedwar arall yn 1 Tim. 3:1; 4:9; 2 Tim. 2:11 a Titus 3:8. Mae'r cyntaf ohonynt yma yn ddyfyniad a fyddai'n ddigon hysbys i aelodau'r eglwys. Mae rhythm y geiriau yn awgrymu fod Paul yn dyfynnu darn o emyn; ond mae'r geiriau'n grynhoad o'r Efengyl ac yn datgan mewn ychydig eiriau hanfod y ffydd. Mae yn 'air i'w gredu' am bedwar rheswm.

Yn gyntaf, *y mae'n wir o ran ei gynnwys.* Yn wahanol i syniadau ffuantus y Gnosticiaid a ffug athronyddu'r gau athrawon, mae'r Efengyl yn seiliedig ar ffeithiau. A'r ffaith sylfaenol yw, 'Daeth Iesu Grist i'r byd' (1:15). Yr Efengyl yw'r gwirionedd am Dduw ac am ddyn wedi ei ymgorffori mewn bywyd dynol, wedi ymddangos ar lwyfan hanes. Yr oedd yna bobl ar dir y byw a'i gwelodd ac a'i clywodd ac a ddaeth dan gyfaredd ei berson a'i ddylanwad achubol.

Yn ail, *y mae'n wir o ran ei apêl.* Neges elitaidd oedd dysgeidiaeth y Gnosticiaid, yn apelio at ychydig o bobl a oedd yn eu hystyried eu hunain yn fwy deallus na'r rhelyw. Ond y mae'r Efengyl 'yn teilyngu derbyniad llwyr' (1:15). Y mae'r llai na'r lleiaf o'r credinwyr, a'r lleiaf ei allu yn ogystal â'r galluocaf, wedi profi grym a bendithion yr Efengyl.

Yn drydydd, *y mae'n wir o ran ei effeithiau.* Hanfod cenadwri Paul a Timotheus, fel holl genhadon eraill yr Eglwys Fore, oedd y ffaith fod Iesu Grist wedi dod i'r byd i achub pechaduriaid. Ond nid neges haniaethol yw hon. Mae profiad personol Paul o amynedd a thrugaredd Iesu Grist tuag ato yn ei wneud yn esiampl o'r modd y gall Iesu ddelio hyd yn oed â'r 'blaenaf' o bechaduriaid: 'Ond cefais drugaredd, a hynny fel y gallai Crist Iesu ddangos ei faith amynedd yn fy achos i, y blaenaf, a'm gwneud felly yn batrwm i'r rhai fyddai'n dod i gredu ynddo a chael bywyd tragwyddol' (1:16).

Wrth gyfeirio at waith gras yn ei fywyd ei hun, a thrwy hynny ddangos gallu Crist i drawsnewid cablwr ac erlidiwr yn genhadwr, mae Paul yn ei osod ei hun yn enghraifft byw o'r modd y mae amynedd mawr yr Arglwydd Iesu Grist a'i drugaredd yn gweithredu ym mywyd unrhyw un sy'n barod i gredu. Cymaint yw ymdeimlad yr apostol o'i ddyled i Dduw am ei achub a'i anrhydeddu trwy ei alwad i fod yn genhadwr, fel na all beidio â gorfoleddu. Yn bedwerydd, felly, mae'n air i'w gredu am ei fod yn esgor ar foliant, ac y mae Paul yn pentyrru pob gogoniant ac anrhydedd i'r Arglwydd: 'Ac i Frenin tragwyddoldeb, yr anfarwol a'r anweledig a'r unig Dduw, y byddo'r anrhydedd a'r gogoniant byth bythoedd! Amen' (1:17). Yn wahanol i'r awdurdodau eraill sy'n ceisio dylanwadu ar fywydau pobl, gan Dduw yn unig y mae'r gallu i faddau pechodau ac i roi bywyd tragwyddol.

Siars i Timotheus
Wedi rhannu â Timotheus ei brofiad ysbrydol ei hun, daw Paul yn ôl at bwrpas ei lythyr, sef rhoi cyfarwyddyd i Timotheus ynglŷn â gwaith yr eglwys, gan mai Timotheus fyddai'n gyfrifol am y gwaith yn Effesus yn lle'r apostol. Mae wedi derbyn comisiwn oddi wrth Paul ei hun ac oddi wrth yr eglwys.

Yn y lle cyntaf, mae Paul yn ei atgoffa o *sail ei gomisiwn*, sef y 'dystiolaeth broffwydol' oedd yn dangos yn glir mai Timotheus oedd dewis yr Ysbryd Glân. Peth digon arferol yn yr Eglwys Fore oedd i eglwysi geisio barn a chyfarwyddyd gan broffwydi. Cyfeiria Paul at 'rhai yn broffwydi' (Eff. 4:11), fel swyddogaeth o fewn gweinidogaeth gyflawn yr eglwysi. Yn achos Timotheus, bu'r eglwysi, trwy'r rhai oedd â chyfrifoldeb am 'broffwydoliaethau', yn ceisio person teilwng i fod yn arweinydd ar yr eglwys yn lle Paul. Y mae Paul yn atgoffa Timotheus fod yr eglwys wedi cael ei harwain i osod arno ef y cyfrifoldeb o fod yn arweinydd, ac yn pwyso arno i ymroi i'r gwaith.

Wyneb yn wyneb ag ymddiriedaeth yr eglwys ynddo, mae Paul fel cadfridog yn galw'r arweinydd newydd i'r gad: 'ymddiried yn hyn a bydd lew yn y frwydr (1 Tim. 1:18). Mae'r dasg a roddir i Timotheus yn dasg anrhydeddus sy'n cynnwys brwydro yn erbyn gelynion yr eglwys, yn ogystal ag adeiladu'r eglwys gref yn ninas Effesus. Uchelgais Paul oedd gweld yr eglwys yn Effesus yn datblygu'n ganolfan o bwys i'r Efengyl yn Asia Leiaf, fel y byddai ei dylanwad yn lledu i'r ardaloedd cyfagos. Gan fod Timotheus wedi cael ei ddewis i arwain y filwriaeth genhadol hon, ac am fod ei benodiad wedi ei gadarnhau gan 'broffwydoliaeth', gallai fod yn sicr fod Duw eisoes wedi ei gynysgaeddu â'r arfau priodol ar gyfer y gwaith.

Cyfeirir at ei arfogaeth fel 'ffydd a chydwybod dda' (1:19). Pwysleisir *ffydd* fel un o'i arfau am mai rhan o'i dasg fyddai brwydro yn erbyn y rhai oedd yn gwyro oddi wrth y ffydd. Roedd yn bwysig, felly, ei fod ef ei hun yn gadarn ei safiad dros y gwirionedd. Gellir hefyd ystyried ffydd, nid yn yr ystyr o gredo gywir, ond fel ymddiriedaeth yn Nuw. Pan ddeuai cyfnodau anodd, byddai arno angen y ffydd sy'n ymddiried yn llwyr yn arweiniad a nerth Duw. Ofer fyddai unrhyw ymdrech heb fod y gwaith wedi ei wreiddio mewn ymddiriedaeth ddofn yn Nuw.

Yr arf arall yw *cydwybod dda*. Nid digon fyddai ffydd ac ymddiriedaeth heb ymrwymiad i'r Efengyl ac i deyrnas Iesu Grist. Cydwybod sy'n ein symbylu i droi ffydd yn waith. Mae Paul yn atgoffa Timotheus o rai oedd wedi diystyru cydwybod, fel y 'drylliwyd llong eu ffydd' (1:19). Am iddynt fethu ag ymateb i alwadau ymarferol ffydd, a mynd yn glustfyddar i lais cydwybod, fe drawodd eu ffydd y creigiau. Enghreifftiau o hynny oedd 'Hymenaeus ac Alexander' (1:20) - dau o aelodau eglwys Effesus oedd wedi cyfeiliorni trwy beidio â dilyn llais cydwybod, a gwrthod ymateb i alwadau moesol ac ymarferol ffydd. Diarddelwyd hwy o'r eglwys gan Paul, a'u traddodi 'i Satan, i'w disgyblu i beidio â chablu'. O'u troi allan o'r eglwys, maent yn colli noddfa rhag Satan. Ond ceir awgrym yr un pryd y gallent ddychwelyd wedi iddynt gael eu disgyblu a'u dysgu i beidio â chablu.

Cwestiynau i'w trafod

1. *Sut mae meithrin yn ein plith ni heddiw'r ymdeimlad o falchder ac anrhydedd o fod ynglŷn â gwaith y deyrnas?*

2. *A ydych yn cytuno fod dyfyniad Paul yn 1 Timotheus 1:15–17 yn grynhoad o'r Efengyl ac yn datgan mewn ychydig eiriau hanfod y ffydd?*

3. *A yw'n wir dweud fod ffydd yn dirywio ac yn darfod onid yw'n mynegi ei hun mewn gwaith ymarferol? A ddylid sicrhau fod pob aelod eglwysig yn cael rhyw fath o swydd i'w chyflawni yn yr eglwys?*

9. TREFN YR OEDFA

'Yn y lle cyntaf, felly, yr wyf yn annog bod ymbiliau, gweddïau, deisyfiadau a diolchiadau yn cael eu hoffrymu dros bawb, dros frenhinoedd a phawb sydd mewn awdurdod, inni gael byw ein bywyd yn dawel a heddychlon, yn llawn duwioldeb a gwedduster. Peth da yw hyn, a chymeradwy gan Dduw, ein gwaredwr, sy'n dymuno gweld pob un yn cael ei achub ac yn dod i ganfod y gwirionedd. Oherwydd un Duw sydd, ac un cyfryngwr hefyd rhwng Duw a dynion, sef Crist Iesu, yntau yn ddyn. Fe'i rhoes ei hun yn bridwerth dros bawb, yn dystiolaeth yn yr amser priodol i fwriad Duw. Ar fy ngwir, heb ddim anwiredd, dyma'r neges y penodwyd fi i dystio iddi fel pregethwr ac apostol, yn athro i'r Cenhedloedd yn y ffydd ac yn y gwirionedd.

'Y mae'n ddymuniad gennyf, felly, fod y gwŷr ymhob cynulleidfa yn gweddïo, gan ddyrchafu eu dwylo mewn sancteiddrwydd, heb na dicter na dadl; a bod y gwragedd, yr un modd, yn gwisgo dillad gweddus, yn wylaidd a diwair, ac yn eu harddu eu hunain, nid â phlethiadau gwallt a thlysau aur a pherlau a gwisgoedd drud, ond â gweithredoedd da, fel sy'n gweddu i wragedd sy'n honni bod yn dduwiol. Rhaid i wragedd gymryd eu dysgu yn dawel gan lwyr ymostwng. Ac nid wyf yn caniatáu i wragedd hyfforddi, nac awdurdodi ar y gwŷr; eu lle hwy yw bod yn dawel. Oherwydd Adda oedd y cyntaf i gael ei greu, ac wedyn Efa. Ac nid Adda a dwyllwyd; y wraig oedd yr un a dwyllwyd, a chwympo drwy hynny i drosedd. Ond caiff ei hachub drwy ddwyn plant – a bwrw y bydd gwragedd yn parhau mewn ffydd a chariad a sancteiddrwydd, ynghyd â diweirdeb' (1 Timotheus 2:1–15).

Yn ail bennod y Llythyr Cyntaf mae Paul yn rhoi cyfarwyddiadau manwl i Timotheus ynghylch addoli a threfn gwasanaethau yn yr eglwys. Ac nid i Timotheus yn unig y mae hyn ond i'r eglwysi sydd dan ei ofal ac i arweinwyr eglwysi eraill hefyd. Gan fod Paul yn rhoi cymaint o gyfarwyddiadau ynghylch ffydd a threfn ac arweinyddiaeth eglwys, gelwir y ddau lythyr at Timotheus a'r llythyr at Titus yn 'Epistolau Bugeiliol'. Yn y bennod gyntaf, mae'n rhoi cyfarwyddiadau ynghylch athrawiaeth, gan annog Timotheus i gywiro syniadau cyfeiliornus a pharhau'n ffyddlon i'r ffydd apostolaidd. Yma, yn yr ail bennod, mae'n troi ei sylw at addoliad cyhoeddus.

'Yn y lle cyntaf ...' (1 Tim. 2:1), meddai. Nid 'cyntaf' o ran amser, ond o ran pwysigrwydd. Cynulliad o bobl yw'r eglwys sy'n dod ynghyd, yn gyntaf ac yn flaenaf, i addoli Duw. Beth yw prif waith yr eglwys? Yn ôl rhai, cenhadu. Yn ôl eraill, efengylu ac achub eneidiau. Yn ôl eraill wedyn, gwasanaethu'r anghenus, bwydo'r newynog ac ymgyrchu dros heddwch a chymod yn y byd. Ond er pwysiced yr holl agweddau hyn ar fywyd a gwaith yr eglwys, does yr un ohonynt i gymryd blaenoriaeth ar *addoli*. Mae hynny'n golygu fod rhaid rhoi sylw gofalus i addoliad cyhoeddus. Oni wnawn hynny, bydd ein hoedfaon yn ddi-raen, yn ddifywyd ac yn annheilwng o ras a gogoniant y Duw byw.

Gweddïau dros bawb

Yn ei gyfarwyddiadau, mae Paul yn dechrau gyda gweddi. Gweddi yw anadl einioes bywyd yr eglwys. Pan yw'r eglwys yn esgeuluso gweddi, mae'n peidio â bod yn gymdeithas ddwyfol ar y ddaear.

Cyfeiria Paul at ddwy wedd ddiddorol i weddi'r eglwys: sut mae gweddïo, a thros bwy y dylid gweddïo. Yn gyntaf, felly, sut mae gweddïo? Defnyddir pedwar gair i ddynodi agweddau ar weddi, sef 'ymbiliau, gweddïau, deisyfiadau a diolchiadau' (1 Tim. 2:1). Nid yw'n hawdd gwahaniaethu rhwng pob un o'r elfennau hyn, ond y mae i weddi gyhoeddus rannau penodol. Mae 'ymbiliau' yn golygu gweddïo drosom ein hunain, dros ein cynnydd mewn gras a ffydd a chariad. Yr ydym i fod i ymbil am nerth i dyfu mewn sancteiddrwydd ac ufudd-dod fel dilynwyr da i Iesu Grist.

Y mae 'deisyfiadau' yn golygu eiriolaeth dros eraill – dros y byd, yr anghenus, y gwan a'r tlawd, dros heddwch byd, a thros bawb sydd mewn awdurdod ac yn llywodraethu ar eraill. Hon yw swyddogaeth offeiriadol yr Eglwys. Er i'r byd fod yn ddi-hid ohoni a'i gwaith, ac er ei fod ar adegau yn gwrthwynebu ei dylanwad a hyd yn oed yn ei herlid, dyletswydd yr Eglwys yw parhau i weddïo dros bawb a thros y byd i gyd. Tueddwn i feddwl am yr Eglwys Fore fel cymdeithas ynysig a oedd yn byw ei bywyd yn gwbl ar wahân i'r byd. Ond yn ôl anogaeth Paul, mae pob dyn i rannu bendithion deisyfiadau'r Eglwys. Mae'n bwysig ein bod ninnau cofio heddiw mai ein braint a'n dyletswydd yw gwasanaethu'r gymdeithas o'n cwmpas, a'r byd cyfan yn ei angen, trwy weddïo dros y byd a'i bobl.

Elfen bwysig arall mewn gweddi gyhoeddus yw 'diolchgarwch'. Gweithred o ddathlu yw addoli – dathlu'r hyn a wnaeth Duw drosom ym mywyd, aberth ac atgyfodiad yr Arglwydd Iesu Grist; dathlu ei ofal drosom, ei arweiniad a'i amddiffyn, a dathlu ein ffydd a'n bywyd o fewn cymdeithas yr Eglwys. Dylai llawenydd fod yn nodwedd ganolog o addoliad pobl Dduw, a chyfrinach y llawenydd hwnnw yw diolch ym mhob dim. 'Y gŵr duwiol', meddai Williams Law, 'yw nid yr un sy'n gweddïo llawer, ond yr un sy'n diolch llawer.' Tasg yr Eglwys yw bod yn gyfrwng dathliad a llawenydd a diolchgarwch y cread cyfan. Oherwydd hynny, dylai diolchgarwch gael lle amlwg yng ngweddïau'r Eglwys.

Dros frenhinoedd a llywodraethwyr

Ac yn ail, dros bwy y mae'r Eglwys i weddïo. Mae Paul yn ein cynghori i weddïo dros bawb. Mae hynny'n cynnwys gweddïo 'dros frenhinoedd a phawb sydd mewn awdurdod' (1 Tim. 2:2). Yn Effesus, fel ym mhob dinas arall, roedd yna awdurdodau gwleidyddol yn elyniaethus i'r Ffydd Gristnogol. Roedd yno hefyd bobl yn byw bywydau moesol o safon isel. Mae'n bosibl mai'r ymerawdwr Rhufeinig ar y pryd oedd Nero, a fu'n gyfrifol am erlid a dienyddio Cristnogion, yn arbennig yn ninas Rhufain. Ac eto, cymhellir yr Eglwys i ddwyn Nero a'i debyg – y da a'r drwg, y bach a'r mawr, y cyfeillgar a'r gelyniaethus, y cyfiawn a'r gormesol – gerbron gorsedd gras. Cyfrifoldeb yr Eglwys yw dwyn pawb a grëwyd gan Dduw gerbron y Crëwr mawr mewn gweddi, a hynny fel rhan o'i gwasanaeth i'r byd.

Ceir tystiolaeth fod sawl un o'r tadau cynnar wedi dilyn cyfarwyddyd Paul. Un ohonynt oedd Clement o Rufain a gyfansoddodd weddi, yn niwedd y ganrif gyntaf, dros lywodraethwyr a'r awdurdodau gwladol: 'Caniatâ iddynt, Arglwydd, iechyd, heddwch, a chytgord, i weinyddu'n deg a chyfiawn yr awdurdod a roddaist ti iddynt'. Ac meddai Tertullian, tua'r flwyddyn O.C. 200, ac yntau'n byw mewn cyfnod o erlid chwerw: 'Gweddïwn dros frenhinoedd, dros eu swyddogion a'r rhai mewn awdurdod, ar i'w teyrnasiad barhau mewn heddwch a llonyddwch'.

Rhoddir tri rheswm dros weddïo ar ran y byd a'r rhai mewn awdurdod. Yn gyntaf, *'inni gael byw ein bywyd yn dawel a heddychlon'* (2:2). Gall hynny olygu bod gweddi'n creu cymdeithas sefydlog sydd er lles pawb, a'i bod hefyd yn gymorth i bawb nesáu at Dduw a thyfu mewn duwioldeb. Mae gweddi'n hybu trefn yn y byd, ac y mae trefn yn y byd yn hyrwyddo tyfiant ysbrydol i'r Eglwys ac i'r byd.

Yn ail, mae bywyd tawel a heddychlon *'yn gymeradwy gan Dduw, ein Gwaredwr'* (2:3). Caiff gweddïo dros eraill ei gymeradwyo gan Dduw ei hun. Dadl Paul yw bod gweddi dros eraill a thros y byd yn hybu heddwch a sefydlogrwydd ac yn hyrwyddo duwioldeb, a'i bod felly'n gyson â chymeriad a bwriad Duw.

Ac yn drydydd, mae gweddïo dros y byd a'i arweinwyr yn *rhan o genhadaeth yr eglwys.* Mae Paul yn mynnu mai peth cymeradwy gan Dduw yw hybu cymdeithas heddychlon, gan fod hynny'n cyd-fynd â chymeriad Duw ac yn creu amgylchfyd ffafriol i ledaeniad yr Efengyl. Dywed fod Duw yn 'dymuno gweld pob un yn cael ei achub ac yn dod i ganfod y gwirionedd' (2:4). Ewyllys Duw yw i'r holl fyd ddod i'w adnabod, ac y mae bendith yr Efengyl ar gyfer pawb. Roedd yn wir fod heddwch yn gymorth i gyflwyno'r Efengyl i eraill. Roedd y *pax romana* (heddwch yr ymerodraeth Rufeinig) yn ffactor amlwg yn llwyddiant y genhadaeth Gristnogol ac yn nhwf yr Eglwys. Roedd felly'n briodol i Gristnogion weddïo dros yr awdurdodau gwladol gan mai hwy oedd yn cadw'r heddwch oedd yn hybu'r dystiolaeth Gristnogol.

Dyna oedd sail athrawiaeth Paul am y berthynas rhwng Eglwys a gwladwriaeth, hyd yn oed pan oedd y wladwriaeth yn elyniaethus i Gristnogaeth, fel y digwyddai o bryd i'w gilydd. Cyfrifoldeb yr Eglwys oedd gweddïo dros y wladwriaeth; cyfrifoldeb y wladwriaeth oedd amddiffyn yr Eglwys a hybu ei gwaith. Dylai'r naill fel y llall gydnabod swyddogaeth grefyddol ei gilydd. Gan mai un Duw sydd, a'i fod ef wedi trefnu un cyfryngwr rhwng Duw a dyn, sef y dyn Crist Iesu, dylai'r berthynas rhwng y byd a'r Eglwys adlewyrchu'r undod cysegredig hwnnw (2:5–7).

Dyna oedd y ddelfryd. Ond dros y canrifoedd bu'r berthynas rhwng yr awdurdod gwladol a'r awdurdod eglwysig ymhell o fod yn dangnefeddus. Cafwyd mwy nag un enghraifft yn ystod yr ugeinfed ganrif – y tyndra rhwng y llywodraeth Natsiaidd a'r Eglwys Efengylaidd yn yr Almaen, a'r elyniaeth rhwng llywodraeth Gomiwnyddol Rwsia a'r Eglwys Uniongred.

Dyrchafu dwylo mewn sancteiddrwydd

Credai Paul ym mhwysigrwydd trefn a gweddustra mewn addoliad, ac yr oedd am i Timotheus ei efelychu yn hyn o beth. Ble bynnag y byddai credinwyr yn ymgynnull – yn nhai ei gilydd gan amlaf – dylai'r dynion roi sylw gofalus i dri pheth. Yn gyntaf, 'dyrchafu dwylo sanctaidd' (1 Tim. 2:8). Yr arferiad oedd iddynt sefyll ar eu traed i weddïo, gan godi eu dwylo tua'r nefoedd. Mewn mwy nag un man yn y Beibl, cyfeirir at ddwylo glân, agored. 'Y glân ei ddwylo a'r pur ei galon, yr un sydd heb osod ei feddwl ar dwyll' (Salm 24:4). Ni ddylid nesáu at y Duw byw heb ddwylo glân, a'r rheini'n arwydd o burdeb moesol ac ysbrydol.

Yn ail, rhaid nesáu at Dduw 'heb ddicter'. Mae'n amhosibl i neb weddïo'n ddidwyll os yw ei galon yn berwi o ddicter. Rhybuddiodd Iesu rhag y dicter sy'n dod rhyngom a Duw ac a'n gilydd. 'Myn gymod yn gyntaf â'th frawd' (Mth. 5:24). Nid yw'r dyn dialgar, dicllon ar donfedd cariad a thrugaredd Duw i fedru canfod Duw ac ymagor i'w ras.

Yn drydydd, rhaid nesáu heb 'ddadl'. Dylid gweddïo gan gredu yn ddiysgog yn Nuw, gwrandäwr gweddi. Nid amser i ddadlau a chweryla yw'r awr weddi, ond amser i ddisgwyl gan Dduw, i wrando ar ei lais ac i agor ein calonnau ger ei fron. Dylai gweddi'r Eglwys gael ei hoffrymu gan rai pur eu hysbryd, pur eu cymhelliad a phur eu buchedd.

Yn adnodau 9 i 15, rhoddir cyfarwyddiadau gwahanol ynglŷn â'r gwragedd. Dyma un o adrannau mwyaf dadleuol o holl weithiau Paul. Cyn beirniadu safbwynt a chyfarwyddiadau'r apostol, rhaid deall cefndir Iddewig a Groegaidd y cyfnod. Safle israddol oedd i wragedd yn y synagogau. Eistedd a gwrando yn unig a ddisgwylid ganddynt. Yr unig wragedd a fynychai'r temlau paganaidd oedd puteiniaid, ac mewn dinas fel Effesus yr oedd y rheini'n niferus ac yn amlwg iawn o ran eu gwisgoedd a'u lleisiau. Mae cofio cefndir felly yn esbonio i raddau agwedd Paul at wragedd yn yr Eglwys.

Mae gan Paul sawl peth i'w ddweud am le'r gwragedd yn yr addoliad cyhoeddus. Y maent i wisgo dillad gweddus; y maent i ymddwyn yn wylaidd; ac nid ydynt i'w harddu eu hunain 'â phlethiadau gwallt a thlysau aur a pherlau a gwisgoedd drud' (1 Tim. 2:9). Nid ydynt i hyfforddi, ond yn hytrach i fod yn dawel a chymryd eu hyfforddi gan eu gwŷr. Mewn ymgais i gyfiawnhau ei safbwynt, mae Paul yn dadlau fod y wraig yn israddol i'w gŵr gan mai Adda a grëwyd gyntaf ac mai'r wraig oedd yn gyfrifol am gwymp dyn (1:13–14).

Beth bynnag am stori Llyfr Genesis, mae'n amlwg nad bwriad Paul oedd deddfu ar gyfer yr Eglwys yn gyffredinol, ond yn hytrach roi cyfarwyddiadau i eglwys Effesus. Rhaid cytuno â William Barclay pan ddywed, 'Rheolau dros dro i ddelio â sefyllfa benodol yw cynnwys y bennod hon drwyddi'. Yn sicr, mae'n anodd eu cysoni â geiriau Paul wrth y Galatiaid, 'Nid oes rhagor rhwng ... gwryw a benyw, oherwydd un person ydych chwi oll yng Nghrist Iesu' (Gal. 3:28).

Cwestiynau i'w trafod

1. Pa newidiadau hoffech chi eu gweld er mwyn adfywio oedfa'r Sul?

2. A ddylid rhoi mwy o le i eiriolaeth yn ein gweddïau cyhoeddus, yn enwedig dros lywodraethwyr ac awdurdodau gwladol?

3. Sut, yn eich barn chi, fyddai gwragedd Cristnogol Effesus wedi ymateb i orchymyn Paul iddynt fod yn ddistaw ac yn wylaidd yn yr eglwys?

10. CYMWYSTERAU AROLYGYDD

'Dyma air i'w gredu: "Pwy bynnag sydd â'i fryd ar swydd arolygydd, y mae'n chwennych gwaith rhagorol." Felly, rhaid i arolygydd fod heb nam ar ei gymeriad, yn ŵr i un wraig, yn ddyn sobr, disgybledig, anrhydeddus, lletygar, ac yn athro da. Rhaid iddo beidio â bod yn rhy hoff o win, nac yn rhy barod i daro. I'r gwrthwyneb, dylai fod yn ystyriol a heddychlon a diariangar. Dylai fod yn un a chanddo reolaeth dda ar ei deulu, ac yn cadw ei blant yn ufudd, â phob gwedduster. Os nad yw rhywun yn medru rheoli ei deulu ei hun, sut y mae'n mynd i ofalu am eglwys Dduw? Rhaid iddo beidio â bod yn newydd i'r ffydd, rhag iddo droi'n falch a chwympo dan y condemniad a gafodd y diafol. A dylai fod yn un â gair da iddo gan y byd oddi allan, rhag iddo gwympo i waradwydd a chael ei ddal ym magl y diafol' (1 Timotheus 3:1–7).

Wedi trafod pwysigrwydd credo onest ym mhennod gyntaf y Llythyr Cyntaf, ac wedi gosod cyfarwyddiadau ynglŷn ag addoliad yn yr ail bennod, mae Paul yn y drydedd bennod yn troi at drefn y weinidogaeth. Er mai ei fwriad pennaf yw rhoi cyfarwyddyd i Timotheus, fel prif arweinydd eglwys Effesus, ynglŷn ag ethol a chymhwyso ymgeiswyr priodol i fod yn arweinwyr bugeiliol, y mae'n awyddus i weld eglwysi eraill yn dilyn yr un canllawiau.

Yn yr Epistolau Bugeiliol, ceir darlun o eglwys y mae ei bywyd a'i harweinyddiaeth yn datblygu. Yn y blynyddoedd cynnar, roedd yr awdurdod wedi ei ganoli yn yr apostolion. Ond fel y lledaenodd yr Eglwys ac yr ehangodd ei gwaith, roedd angen swyddogion eraill yn oruchwylwyr ei gwahanol weithgareddau. Pwrpas y gwahanol agweddau ar y weinidogaeth oedd gwasanaethu'r Eglwys, hybu ei chenhadaeth a diogelu ei hundod. Rhoddir sylw yn y llythyr hwn i dair swydd, arolygwyr, henuriaid a diaconiaid.

Yn gyntaf, felly, *arolygwyr (episkopoi),* a gyfieithir hefyd 'esgobion' neu 'lywodraethwyr'. Er i'r swydd hon ddatblygu ymhen amser yn esgob oedd â chyfrifoldeb bugeiliol dros nifer o eglwysi dros ddarn o wlad (tebyg i esgobion heddiw), yr oedd yr esgob yn wreiddiol yn gyfrifol am athrawiaeth a threfn, a chanddo ef yr oedd yr awdurdod i geryddu ac i ddisgyblu.

Yn ail, henuriaid *(presbyteroi).* Yng nghyfnod Paul a Timotheus, defnyddid gair arall i ddynodi'r un swydd â'r arolygwyr neu'r esgobion, sef *presbyteroi,* neu 'henuriaid'. Er bod y gair yn awgrymu henaint, nid oes a fynno'r gwaith ddim oll ag oedran. Benthyciodd yr Eglwys Fore'r enw a'r swydd oddi wrth Iddewiaeth. Fel yn y synagogau, yr henuriaid fyddai'n cynnal y gwasanaethau cyhoeddus, hyfforddi'r bobl a chadw trefn. Cefndir Groegaidd oedd i'r gair *episkopos* (esgob), a chefndir Iddewig i *presbyteros* (henuriad), ond yr un oedd ystyr y ddwy swydd, sef arolygu, rheoli a chadw trefn.

Yn drydydd, diaconiaid *(diakonoi).* Gair a ddefnyddir i ddynodi gwedd arall ar weinidogaeth yr Eglwys yw diacon (*diakonos).* Gwreiddyn y gair hwn yw 'gwasanaeth'. Y diaconiaid fyddai'n gyfrifol am bethau materol yr eglwys, y cyllid a'r trefniadau ymarferol. Hwy hefyd fyddai'n gofalu am y tlodion, y gweddwon a'r anghenus. Sonnir am ethol diaconiaid trwy bleidlais gan y gynulleidfa (Ac. 6:1–6), ac am eu hawdurdodi (eu hordeinio) gan yr apostolion. Camgymeriad yw tybio bod trefn y weinidogaeth wedi ei sefydlu erbyn dyddiau Paul a Timotheus, ond ceir awgrym yn yr Epistolau Bugeiliol fod patrwm yn dechrau datblygu, er ei fod yn amrywio o le i le.

Yr arolygydd a'i deulu

Y dasg a ymddiriedwyd i Timotheus oedd gosod yr eglwys yn Effesus ar sylfeini cadarn. Fel llawer cymdeithas arall, roedd rhaid i eglwys wrth arweinwyr cymwys. Gan fod yr arolygwyr yn cael eu dewis yn gyhoeddus, a bod ganddynt ofal cyffredinol dros fuddiannau'r eglwys, yr oedd anrhydedd a chyfrifoldeb yn perthyn i'r swydd.

Gan ddechrau gyda'r ymadrodd poblogaidd, 'Dyma air i'w gredu' (sy'n dangos fod ganddo ddatganiad pwysig i'w wneud), dywed Paul fod y sawl sydd â'i fryd ar fod yn arolygydd (neu esgob) yn 'chwennych gwaith rhagorol' (1 Tim. 3:1). Roedd rhaid iddo ef, a'r rhai y byddai yn eu dewis, sylwi ar y cymwysterau arbennig a oedd yn angenrheidiol ar gyfer cyflawni'r swydd. Nid pawb oedd yn gymwys i arwain addoliad, a gweithredu disgyblaeth, a dysgu'r aelodau, a llywodraethu'n ddoeth a theg.

Rhaid i'r arolygydd fod yn un na all neb ei gyhuddo o drosedd moesol. Rhaid iddo fod yn uchel ei barch a heb nam ar ei gymeriad. Rhaid iddo fod 'yn ŵr i un wraig' (3:2), ac yn cadw rheolaeth ar ei deulu a'i blant. Dros y canrifoedd, bu cryn ddadlau dros ystyr y cymal, 'yn ŵr i un wraig'. Un ddadl yw bod Paul *yn gwahardd unrhyw un dibriod*, ac yn mynnu y dylai arolygydd fod â gwraig a theulu, er mwyn i drefn a phatrwm ei deulu fod yn esiampl i eraill. Nid oes unrhyw awgrym fod bod yn ddibriod yn fwy rhinweddol. Nid yw Iesu na'r Apostol Paul yn mynnu hynny. I'r gwrthwyneb, y mae rhai wedi eu galw i ddibriodrwydd ac eraill i fywyd priodasol (Mth. 19:10–11; 1 Cor. 7:7).

Ail ddehongliad yw bod Paul yn gwahardd *amlwreiciaeth*. Mae ei waharddiad yn sicr yn cynnwys hynny, ond nid oes unrhyw dystiolaeth fod amlwreiciaeth yn broblem yn yr Eglwys Fore. Bu am gyfnod yn nodwedd amlwg o'r Mormoniaid yn America.

Ceir trydydd dehongliad gan y bobl sy'n dadlau mai gwahardd rhai a *ysgarwyd ac a ailbriododd* y mae Paul. Roedd ysgaru yn gyffredin yng nghyfnod Paul, a gellid tybio bod llawer, yn wŷr a gwragedd, oedd wedi eu hysgaru yn dod i berthyn i'r eglwys ac yn cael eu derbyn. A yw'n debygol y byddai disgwyl safon uwch oddi wrth arolygwyr neu esgobion nag oddi wrth aelodau? Peth cyffredin erbyn heddiw yw derbyn i'r weinidogaeth rai a ysgarwyd. Genhedlaeth neu fwy yn ôl, byddai hynny'n gwbl annerbyniol, ond y mae agwedd fwy goddefgar ac agored ein cyfnod ni'n caniatáu i rai a fu trwy brofiad ysgytwol ysgariad ddod â'u profiad a'u doniau i weinidogaeth yr Eglwys, ac yn arbennig i ofal bugeiliol ymysg y nifer fawr yn ein cymdeithas gyfoes sy'n mynd trwy'r un gwewyr.

Y pedwerydd dehongliad sydd agosaf at yr hyn oedd ym meddwl Paul. Ni ellid derbyn rhai *sy'n euog o fod yn anffyddlon* i'w gwragedd. Disgwylid i arolygwr fod yn ffyddlon ym mhob agwedd o'i waith, ac yn sicr yn ffyddlon i'w wraig. Yr oedd rheidrwydd ar y sawl a alwyd i ddysgu, gweinyddu disgyblaeth ac arwain gwaith yr Eglwys, i fod yn ffyddlon o fewn ei deulu a'i briodas. Dyna yw ystyr tebycaf yr ymadrodd 'yn ŵr i un wraig'.

Daw cymeriad person fel goruchwyliwr da i'r amlwg yn bennaf ar ei aelwyd ei hun. Dylai ymdrechu i wneud ei gartref yn feithrinfa gras a daioni. Onid yw'n abl i roi trefn ar ei aelwyd, pa obaith sydd y llwydda i ofalu am eglwys: 'Os nad yw rhywun yn medru rheoli ei deulu ei hun, sut y mae'n mynd i ofalu am eglwys Dduw?' (1 Tim. 3:5). I Paul, mae cyfatebiaeth rhwng teulu'r arolygwr ac eglwys Dduw. Mae'n defnyddio'r gair 'teulu' (*oikos)* ar gyfer yr eglwys a'r teulu cyffredin (3:4, 5, 15).

Y mae'n arwyddocaol fod llawer o'r termau a ddefnyddir o fewn ein geirfa Gristnogol yn tarddu o'r cartref a'r teulu. Er enghraifft, cyfarchwn Dduw fel 'Tad', Iesu fel ein 'Brawd', y gymdeithas Gristnogol fel 'teulu', a'r nefoedd fel ein 'cartref' tragwyddol. Mae'r arolygwr priod wedi ei osod yn ben ar ddau deulu: ei deulu ei hun a theulu Duw, gyda'r naill a'r llall yn cydweithio ac yn cynnal ei gilydd.

Un enghraifft o broffwyd yn yr Hen Destament a fethodd â chadw trefn ar ei deulu oedd Eli. Roedd ganddo ddau fab, Hoffni a Phinees; ac er eu bod yn offeiriaid i Dduw, roedd y ddau yn anonest ac yn ddihid o ofynion Duw. Oherwydd eu hymddygiad ofer daeth barn ar dŷ Eli, 'oherwydd gwyddai fod ei feibion yn melltithio Duw, ac ni roddodd daw arnynt' (1 Sam. 3:13). Mae'r ymadrodd 'ni roddodd daw arnynt' yn cyfuno'r syniad o 'ofal' a 'disgyblaeth'. Yn yr un modd, rhaid i weinidogaeth fugeiliol gyfuno gofal am aelodau a rheoli a diogelu trefn o fewn yr eglwys. Onid yw'r arolygwr yn llwyddo i wneud hynny yn ei gartref ei hun, go brin y bydd yn llwyddo i fugeilio ac arwain ei eglwys.

Er bod Paul yn cyflwyno darlun delfrydol o'r teulu Cristnogol, gyda'r tad yn ben a'r plant yn ufudd ac yn ymddwyn yn dawel a chyfrifol, y mae hwn yn ddarlun afreal i lawer yn yr oes hon. Mae cymaint o ddylanwadau yn milwrio yn erbyn y syniad o gartref Cristnogol: plant yn aeddfedu'n iau; rhai yn gwrthryfela ac yn mynnu mynd eu ffordd eu hunain. Yn ôl ysgrif yn y *Church Times* (Ionawr 19, 2018), mae'r mwyafrif o bobl ifanc yn rhoi'r gorau i fynychu eglwys neu gapel erbyn eu bod yn 14 mlwydd oed. Tasg anodd i rieni yw sefydlu patrwm o deulu Cristnogol sefydlog yn yr unfed ganrif ar hugain. Yn sicr, mae angen cymorth a chefnogaeth yr eglwys arnynt yn eu hymdrech i wneud hynny.

Yr arolygydd a'r gymdeithas

Elfen bwysig yn y dystiolaeth Gristnogol yw ymddygiad ac esiampl aelodau'r eglwys o fewn y gymdeithas yn gyffredinol, ac yn arbennig felly arweinwyr yr eglwys. Dylai arweinydd Cristnogol fod yn un na all neb ei gyhuddo o drosedd foesol, yn uchel ei barch, heb fod dim amheus ynghylch ei gymeriad. Yn 1 Timotheus 3, mae Paul yn rhestru ei nodweddion. Gellir cysylltu'r tair nodwedd gyntaf sy'n nodi y dylai arolygydd fod 'yn ddyn sobr, disgybledig, anrhydeddus' (1 Tim. 3:2), sef yn ŵr hunanddisgybledig. Y mae i'r gair 'sobr' ystyr gyfoethocach na pheidio â gor-yfed, er ei fod yn cynnwys hynny. Mae'n golygu hunanfeistrolaeth sy'n cadw pob chwant a themtasiwn dan reolaeth. Mae byw yn 'ddisgybledig' ac yn 'anrhydeddus' yn brawf allanol o reolaeth fewnol. Yn yr adnod nesaf, dywed Paul fod rhaid i'r arolygwr 'beidio â bod yn rhy hoff o win' (3:3). Roedd yn arfer yn y cyfnod hwnnw i yfed gwin wedi ei gymysgu â dŵr; ac yn nes ymlaen, mae'r apostol yn cynghori Timotheus i yfed gwin at ei stumog a'i 'aml anhwylderau'

(5:23). Y peth pwysig yng ngolwg Paul oedd hunanreolaeth. 'Ffrwyth yr Ysbryd,' meddai, 'yw hunanddisgyblaeth' (Gal. 5:23).

Mae Paul yn mynd yn ei flaen i restru nodweddion yr arolygydd yn ei ymwneud â phobl eraill. Caiff 'lletygarwch' le amlwg fel un o'i rinweddau, fel cyfle i weithredu cymwynasgarwch at ddieithriaid a phererinion. Dylai fod drws agored yng nghartref yr arolygydd, a chroeso calon-agored i'r digartref. Roedd rhaid iddo hefyd wrth y ddawn o ddysgu eraill, gan ei bod yn ddyletswydd arno i adeiladu credinwyr newydd yn y ffydd. Ond yn sylfaen i'w holl ymwneud â phobl oedd 'bod yn ystyriol a heddychlon a diariangar' (1 Tim. 3:3). Roedd rhaid iddo hefyd ymatal rhag taro neb. Ni ddylai ildio i ysbryd cwerylgar. Yn hytrach, dylai fod yn dirion gan drin pawb ag ysbryd cyfeillgar. Pan fydd anghytundebau ac anawsterau'n codi mewn eglwys ac yn cynhyrfu'r dyfroedd, rhaid i'r arolygydd atal ei law a'i dafod a gwneud popeth i ddiogelu undod a heddwch y gymdeithas. Mae'r geiriau 'nac yn rhy barod i daro' yn awgrymu y gallai dadleuon arwain ar adegau at gwffio go iawn, hyd yn oed yn yr Eglwys Fore!

Profiad ysbrydol yr arolygydd

Nid oedran naturiol yr arolygydd sydd i gyfrif, ond ei oedran fel Cristion: 'Rhaid iddo beidio â bod yn newydd i'r ffydd' (1 Tim. 3:6). Nid yw hon yn swydd i ruthro iddi'n ddibrofiad. Mae'n rhaid i'r ymgeisydd fod wedi ei wreiddio a'i drwytho yn y ffydd.

Rhoddir dau reswm am hynny. Yn gyntaf, 'rhag iddo droi'n falch'. Mae yna bob amser berygl i'r person a ddyrchefir yn rhy gyflym fynd yn hunanbwysig, ac i awdurdod ac uchelgais personol fynd yn bwysicach na lles y gymdeithas. Yr 'hunan' yw'r rhwystr pennaf bob amser i genhadaeth Eglwys Iesu Grist. Ac yn ail, rhag i'r arolygydd 'gwympo dan y condemniad a gafodd y diafol' (3:6). Gallai hynny olygu naill ai ei fod, oherwydd ei falchder, yn syrthio fel y diafol o ran ei berthynas â Duw, neu fod ei falchder yn achosi tramgwydd ymhlith y credinwyr a hynny'n atal gwaith a ffyniant yr eglwys. Ond gellir crynhoi cymwysterau'r arolygydd trwy ddweud fod rhaid iddo fod yn berson a all ennill parch oddi allan i'r eglwys. Rhaid i'r gymdeithas oddi allan ei adnabod fel dyn da a didwyll, fel bod modd, trwyddo ef, ddod i adnabod ei Arglwydd a'i Waredwr, Iesu Grist.

Cwestiynau i'w trafod

1. A oes modd byw fel teulu Cristnogol yn y Gymru sydd ohoni? Beth yw ei nodweddion?

2. Ai'r un cymwysterau sy'n angenrheidiol i arweinydd neu arolygydd eglwysig heddiw ag yn nyddiau Paul a Timotheus?

3. Pam nad oes rhagor o bobl ifanc heddiw'n ymateb i'r alwad i'r weinidogaeth ordeiniedig?

11. Y DIACONIAID

'Yn yr un modd, rhaid i ddiaconiaid ennyn parch; nid yn ddauwynebog, nac yn drachwantus am win, nac yn chwennych elw anonest. A dylent ddal eu gafael ar ddirgelwch y ffydd gyda chydwybod bur. Dylid eu rhoi hwythau ar brawf ar y cychwyn, ac yna, o'u cael yn ddi-fai, caniatáu iddynt wasanaethu. Yn yr un modd dylai eu gwragedd fod yn weddus, yn ddiwenwyn, yn sobr, ac yn ffyddlon ymhob dim. Rhaid i bob diacon fod yn ŵr i un wraig, a chanddo reolaeth dda ar ei blant a'i deulu ei hun. Oherwydd y mae'r rhai a gyflawnodd waith da fel diaconiaid yn ennill iddynt eu hunain safle da, a hyder mawr ynglŷn â'r ffydd sy'n eiddo i ni yng Nghrist Iesu.

'Yr wyf yn gobeithio dod atat cyn hir, ond rhag ofn y caf fy rhwystro, yr wyf yn ysgrifennu'r llythyr hwn atat, er mwyn iti gael gwybod sut y mae ymddwyn yn nheulu Duw, sef eglwys y Duw byw, colofn a sylfaen y gwirionedd. A rhaid inni'n unfryd gyffesu mai mawr yw dirgelwch ein crefydd:
'Ei amlygu ef mewn cnawd,
ei gyfiawnhau yn yr ysbryd,
ei weld gan angylion,
ei bregethu i'r Cenhedloedd,
ei gredu drwy'r byd,
ei ddyrchafu mewn gogoniant" (1 Timotheus 3:8–16).

Fel y nodwyd eisoes ar ddechrau'r bennod flaenorol, yr oedd gweinidogaeth yr Eglwys Fore'n dechrau datblygu patrwm arbennig. Gwelsom fod y rhai a elwid yn 'arolygwyr' neu'n 'esgobion' (*episkopoi*) yn gyfrifol am arolygu bywyd ysbrydol a bugeiliol yr Eglwys, a bod y rhai a elwid yn 'henuriaid' (*presbyteroi*) yn gyfrifol am arwain yr addoliad a dysgu'r credinwyr newydd. Ar y dechrau, dau air gwahanol am yr un swydd oedd *episkopoi* a *presbyteroi,* y naill yn tarddu o gefndir

Groegaidd a'r llall o gefndir Iddewig y synagog. Ymhen amser, daeth y ddau i ddisgrifio dwy swydd wahanol – yr 'esgob' neu'r 'arolygydd', a'r 'henuriad' neu'r 'gweinidog'. Ond o'r dechrau, bu cyfeiriadau at drydedd swydd, sef 'diaconiaid' (diakonos). Yn wahanol i'r arolygwyr a'r henuriaid, ni osodwyd ar y 'diaconiaid' gyfrifoldeb i ddysgu nac i lywodraethu'r Eglwys. Ystyr wreiddiol y gair 'diacon' oedd 'un yn gweini ar fyrddau', ond daeth i olygu gwasanaeth ymarferol o unrhyw fath. Er bod y syniad o 'was' ac o gyflawni mân oruchwylion ymarferol ynghlwm wrth y darlun o ddiacon, nid swydd i edrych i lawr arni oedd hon. Yr oedd yn swydd gyfrifol a alwai am wybodaeth o drefniadaeth ymarferol a bugeiliol yr eglwysi. Yn aml, byddai galw ar y diaconiaid i gynorthwyo'r arolygwyr, a cheir awgrym yng nghyfarwyddiadau Paul fod diaconiaid ar adegau'n cynorthwyo fel athrawon ac yn cyfrannu at weinidogaeth addysgol yr eglwys. 'A dylent ddal eu gafael ar ddirgelwch y ffydd gyda chydwybod bur' (1 Tim. 3:9). Felly, yn hytrach na gwahaniaethu'r arolygwyr oddi wrth y diaconiaid, neu wahaniaethu athrawon oddi wrth weithwyr cymdeithasol, mwy cywir fyddai meddwl am ddiaconiaid fel rhai oedd ar gael i gynorthwyo pob agwedd ar fywyd eglwys. Wedi dweud hynny, gwasanaethu oedd prif ddyletswydd y diaconiaid, nid yn yr ystyr o fod yn weision bach i bawb ond fel rhai oedd yn cyflawni goruchwylion ymarferol cwbl angenrheidiol. Hwy, yn anad neb, oedd yn gyfrifol am estyn cymorth i'r tlodion a'r anghenus.

Yn Actau 6:1–7, ceir disgrifiad manwl o eglwys Jerwsalem yn sefydlu grŵp o ddiaconiaid i drefnu a gweinyddu gwasanaeth yr eglwys i'r gweddwon. Gan fod gweddwon Groeg eu hiaith yn cwyno fod gweddwon Hebreig yn cael gwell gwasanaeth na hwy, galwodd y deuddeg apostol y gynulleidfa ynghyd a dweud, 'Nid yw'n addas ein bod ni'n gadael gair Duw, i weini wrth fyrddau' (Ac. 6:2). Canlyniad hyn oedd i'r eglwys ddewis saith o ddynion ac ymddiried iddynt hwy'r gwaith o ddarparu ar gyfer y tlodion a'r gweddwon. Un o'r saith oedd Steffan. Er na ddefnyddir y gair 'diaconiaid' i ddisgrifio'r saith, yr oedd eu gwaith o ofalu a gwasanaethu'n cyfateb i waith y diaconiaid a ddaeth yn ddiweddarach yn amlycach ac yn fwy swyddogol.

Y cefndir Iddewig

Dichon i'r patrwm a sefydlwyd yn eglwys Jerwsalem ysgogi eglwysi eraill i ddilyn ei hesiampl. Ond yr oedd trefn effeithiol o estyn cymorth i'r tlawd eisoes yn bodoli yn y synagogau, a gwyddai'r Cristnogion o gefndir Iddewig yn dda am y drefn honno. Roedd y synagogau'n pwysleisio cyfrifoldeb yr Iddewon i ofalu am eu cyd-Iddewon anghenus, ac yr oedd gan y synagogau drefniadaeth ar gyfer delio ag anghenion y tlodion, yn enwedig y gweddwon. Bob dydd Gwener, byddai dau swyddog o'r synagog yn mynd o dŷ i dŷ ac i'r marchnadoedd i gasglu cyfraniadau, mewn arian ac mewn nwyddau, i'w dosbarthu ymhlith y tlodion. Gan y ddau swyddog yr oedd yr hawl i benderfynu pwy oedd mewn angen gwirioneddol, ac yr oedd hawl ganddynt i benodi un neu ddau eraill atynt pan oedd y gwaith yn drwm a hwythau angen cymorth.

Rhoddwyd digon o fwyd i bob teulu anghenus i'w cynnal am wythnos, sef pedwar pryd ar ddeg, digon ar gyfer dau bryd y dydd. Enw'r gronfa fwyd oedd y *Kuppah* neu'r *fasged.* Pe bai argyfwng yn codi a bod angen cymorth brys, gwnaed casgliad ychwanegol ganol yr wythnos er mwyn darparu un pryd y dydd i bob teulu. Enw'r gronfa ychwanegol hon oedd y *Tamhul* neu'r *hambwrdd.* Etifeddodd yr Eglwys Gristnogol y drefn effeithiol hon o gynorthwyo'r anghenus, a gwaith a chyfrifoldeb y diaconiaid oedd ei gweinyddu.

Yr oedd diaconiaid yr Eglwys Fore'n amlwg yn gwasanaethu mewn ffyrdd eraill. Wrth ysgrifennu at eglwys Philipi, mae Paul yn cyfeirio ato'i hun ac at Timotheus fel 'gweision Crist Iesu ... ynghyd â'r arolygwyr a'r diaconiaid' (Phil. 1:1), sy'n awgrymu fod gwaith y ddau ddosbarth yn debyg. Er hynny, yr oedd y diaconiaid ar lefel is na'r arolygwyr, ond bod disgwyl iddynt gynorthwyo yn ôl y galw. Os mai'r arolygwyr oedd y prif weinyddwyr yn yr eglwysi, mae'n debygol mai'r diaconiaid oedd eu cynorthwywyr. Golyga hynny fod eu gwaith a'u dyletswyddau'n eu gwneud yn wŷr cyfrifol a dibynadwy; a dyna pam fod Paul yn y bennod hon yn dilyn ei restr o gymwysterau arolygydd â chymwysterau diacon.

Cymwysterau Diacon

Disgwylid i ddiaconiaid gyflawni dyletswyddau ymarferol a bugeiliol fel swyddogion cynorthwyol i'r arolygwyr. Byddai'r angen am eu gwasanaeth yn cynyddu fel y byddai'r eglwys yn ehangu ei gweithgareddau dyngarol a chymdeithasol. Cyfeirir yn benodol at bedwar cymhwyster mewn diacon.

Y cymhwyster cyntaf ar gyfer diacon yw *hunanddisgyblaeth,* a hynny'n cynnwys peidio â bod yn ddauwynebog nac yn drachwantus am win nac yn ceisio elw anonest (1 Tim. 3:8). Rhaid iddo fod yn ŵr cywir, yn gywir ei ymddygiad ac yn gywir ei air. Wnâi mo'r tro iddo fod yn 'ddauwynebog', yn dweud un peth ac yn meddwl peth arall, neu'n dweud un peth wrth un person a rhywbeth gwahanol wrth berson arall. Gallai 'dauwynebog' hefyd olygu cario clecs. Wrth fynd o dŷ i dŷ, cai gyfle i hel straeon ac i fradychu cyfrinachau. Gellir dychmygu'r difrod a wnâi wrth fynd o un person i'r llall gan newid ei stori wrth bob un! Bu'r math hwn o ymddygiad anghyfrifol yn achos helynt a gofid mewn sawl eglwys.

Elfen arall mewn hunanddisgyblaeth yw peidio â bod yn drachwantus am win ond yn hytrach, fel gyda'r arolygydd, fod yn gymedrol ac osgoi'r demtasiwn o borthi chwantau personol. Ond yr elfen bwysicaf mewn hunanddisgyblaeth yw bod yn gwbl onest wrth drin arian gan mai rhan bwysig o'i waith fyddai gofalu am fuddiannau ariannol yr eglwys, yn enwedig yr arian a gesglid i fwydo'r tlodion. Roedd temtasiwn i bocedu rywfaint o'r arian iddo'i hun. 'They are not to be addicted to pilfering' yw cyfieithiad James Moffatt.

Nid oedd y diacon i ddefnyddio arian chwaith 'i chwennych elw anonest' (3:8). Yn achlysurol, clywir am achosion o swyddogion cyhoeddus, mewn llywodraeth leol, mewn busnes, neu mewn eglwys yn syrthio i'r fagl o ladrata arian cyhoeddus. Wrth benodi diaconiaid, rhaid argraffu arnynt hwy ac ar yr eglwys bwysigrwydd gofal a chywirdeb mewn swydd sy'n gofyn am onestrwydd wrth drin arian cyhoeddus.

Gyda'r ail gymhwyster ar gyfer swydd diacon, symudir at ofynion crefyddol y swydd. Yn ogystal â bod yn wŷr busnes gonest a dibynadwy, rhaid i ddiaconiaid hefyd fod *yn wŷr o brofiad ysbrydol:* 'dylent ddal eu gafael ar ddirgelwch y ffydd gyda chydwybod bur' (3:9). Os oes rhaid i'r diacon fod yn ddidwyll wrth drafod arian, mae'n rhaid iddo hefyd fod yn ddidwyll ei gred ysbrydol. Y mae'n llawer mwy tebygol o fod yn onest a chywir wrth drin pethau materol yr eglwys os yw'n ŵr o argyhoeddiad cadarn ac yn ffyddlon i'w Arglwydd yn ogystal ag i'w eglwys. Ystyr 'dirgelwch y ffydd' yw holl gynnwys y ffydd. Yn wahanol i'r gau athrawon oedd wedi cefnu ar rai o erthyglau pwysicaf y ffydd ac wedi llithro i ofergoel a gau athrawiaeth, y mae'r diacon i lynu'n ffyddlon wrth y gwir. Ac fel petai Paul am atgoffa Timotheus o hanfod y ffydd honno, mae'n dyfynnu rhan o emyn Cristnogol cyfarwydd sy'n cyfeirio at ddirgelwch crefydd: dirgelwch ymgnawdoliad Crist, ei ymddangosiad ar y ddaear, ei genhadaeth fawr i'r Cenhedloedd, ei gyffesu gan bobl drwy'r byd, a'i ddyrchafu mewn gogoniant (3:16).

Y trydydd cymhwyster yw bod 'yn ddi-fai'. Mae'n amlwg y byddai disgwyl i ddarpar ddiaconiaid fod ar ryw fath o brawf am gyfnod er mwyn i'r eglwys weld bod ganddynt y cymwysterau o ran cymeriad a gallu i gyflawni'r swydd (3:10). Nid oes unrhyw gyfeiriad yma at ddull yr eglwys o ethol diaconiaid, ond cyn galw neb i'r swydd byddai raid i'r eglwys mewn rhyw ffordd gael prawf o'i addasrwydd i'r gwaith. Ni chawn wybod chwaith pwy oedd yn arolygu'r broses o ethol. Beth oedd swyddogaeth Timotheus ei hun? A oedd ganddo awdurdod i bwyso a mesur cymwysterau ymgeiswyr cyn i'r gynulleidfa eu hethol? Mae'n ymddangos oddi wrth gyfarwyddiadau manwl Paul ei fod yn disgwyl i Timotheus gymryd yr arweiniad fel prif arolygydd eglwys Effesus. Mae'n ymddangos hefyd ei bod yn fwriad gan Paul i ymweld ag Effesus cyn hir, ond ei fod yn anfon y llythyr hwn rhag ofn iddo gael ei rwystro. 'Yr wyf yn gobeithio dod atat cyn hir, ond rhag ofn y caf fy rhwystro, yr wyf yn ysgrifennu'r llythyr hwn atat, er mwyn iti gael gwybod sut y mae ymddwyn yn nheulu Duw, sef eglwys y Duw byw, colofn a sylfaen y gwirionedd' (3:14–15). Golyga hynny ei fod yn ymddiried yn Timotheus i weithredu yn ôl cyfarwyddiadau'r llythyr hwn.

A'r pedwerydd cymhwyster yw y dylai *ymddygiad gwragedd diaconiaid* fod yn weddus. Dywed rhai esbonwyr mai cyfeiriad sydd yma at *ddiaconesau*, ond mae'n fwy cyson â'r testun i dderbyn mai cyfeirio at wragedd diaconiaid a wna Paul. Mae'r pwyslais yma ar y ffaith fod gwaith diaconiaid yn gofyn am ymddygiad arbennig gan eu gwragedd hefyd. Ni allai'r wraig fod yn ddi-hid o alwedigaeth ei gŵr, ac fel gwraig dda byddai'n rhoi cymorth ymarferol i'w gŵr yn ei waith yn yr eglwys. Yn arbennig, rhybuddir y gwragedd i 'fod yn weddus, yn ddiwenwyn, yn sobr, ac yn ffyddlon ym mhob dim' (3:11). A yw Paul yn awgrymu bod gwragedd yn fwy agored i'r temtasiynau hyn na dynion?

Eglwys y Duw byw

Y mae bod yn ddiacon da yn arwain at ddau beth. Yn gyntaf, *ennill safle da,* sef codi'n uwch yng ngolwg ei gyd-aelodau yn yr eglwys, a thyfu mewn dirnadaeth o'r ffydd ac o waith yr eglwys. Yn ail, *ennill hyder mewn ffydd* trwy fod yn fwyfwy sicr o wirionedd yr Efengyl a thyfu'n fwy argyhoeddedig o werth ei weinidogaeth fel diacon yn yr eglwys.

Gwneir apêl ar i Timotheus a'i gyd-aelodau ymddwyn yn deilwng o fewn yr Eglwys. Y mae ymddygiad yn golygu dangos i'r gymdeithas baganaidd oddi amgylch fod gwerthoedd moesol ac ysbrydol arbennig i fywyd y Cristion ac i'w berthynas â phobl. Yr hyn sy'n ysgogi'r ymddygiad teilwng hwn yw cymeriad arbennig yr Eglwys. Y mae'n 'deulu Duw', sef cymdeithas o frodyr a chwiorydd wedi eu clymu ynghyd gan gariad Duw yn Iesu Grist. Y mae hefyd yn 'golofn a sylfaen y gwirionedd' (1 Tim. 3:15), yn cynnal y gwirionedd yn ei chyffes a'i chenhadaeth i'r byd.

Cwestiynau i'w trafod

1. Sut ddylai'r Eglwys heddiw wasanaethu'r gymdeithas? Er enghraifft, a ddylai gynnal clybiau cinio, banciau bwyd i'r tlawd a'r digartref, ac ati?

2. A fuasech yn cytuno y dylai blaenoriaid neu ddiaconiaid heddiw fynychu cyrsiau hyfforddi a mynd trwy dymor o brawf?

3. Beth, dybiwch chi, oedd cyfrifoldeb arbennig Timotheus ei hun yn y broses o ethol a pharatoi arolygwyr a diaconiaid?

12. SIARS I WEINIDOG

'Os dygi di'r pethau hyn i sylw'r gynulleidfa, byddi'n was da i Grist Iesu, yn dy feithrin dy hun â geiriau'r ffydd, a'r athrawiaeth dda yr wyt wedi ei dilyn. Paid â gwrando ar chwedlau bydol hen wrachod, ond ymarfer dy hun i fod yn dduwiol. Wrth gwrs, y mae i ymarfer corff beth gwerth, ond i ymarfer duwioldeb y mae pob gwerth, gan fod ynddo addewid o fywyd yn y byd hwn a'r byd a ddaw. Dyna air i'w gredu, sy'n teilyngu derbyniad llwyr. I'r diben hwn yr ydym yn llafurio ac yn ymdrechu, oherwydd rhoesom ein gobaith yn y Duw byw, sy'n Waredwr i bawb, ond i'r credinwyr yn fwy na neb.

'Gorchymyn y pethau hyn i'th bobl, a dysg hwy iddynt. Paid â gadael i neb dy ddiystyru am dy fod yn ifanc. Yn hytrach, bydd di'n batrwm i'r credinwyr mewn gair a gweithred, mewn cariad a ffydd a phurdeb. Hyd nes imi ddod, rhaid i ti ymroi i'r darlleniadau a'r pregethu a'r hyfforddi. Paid ag esgeuluso'r ddawn sydd ynot ac a roddwyd iti trwy eiriau proffwydol ac arddodiad dwylo'r henuriaid. Gofala am y pethau hyn, ymdafla iddynt, a bydd dy gynnydd yn amlwg i bawb. Cadw lygad arnat ti dy hun ac ar yr hyfforddiant a roddi, a dal ati yn y pethau hyn. Os gwnei di felly, yna fe fyddi'n dy achub dy hun a'r rhai sy'n gwrando arnat' (1 Timotheus 4:6–16).

Mewn gwasanaeth sefydlu gweinidog mewn gofalaeth, mae'n arferiad i weinidog arall draddodi siars i'r sawl a gaiff ei sefydlu ac i'r eglwysi dan ei ofal. Diben y siars yw atgoffa'r gweinidog newydd a'i bobl o'r ymrwymiad a ddisgwylir oddi wrthynt er mwyn cynnal a chynorthwyo'i gilydd yn y gwaith. Yn y rhan uchod o'r Llythyr Cyntaf, mae Paul yn rhoi siars i Timotheus, gweinidog ifanc eglwys Effesus. Mae'r cyffyrddiadau personol, a natur y cynghorion sydd gan Paul i'w gyfaill ifanc, yn cadarnhau'r ddadl dros gredu mai Paul ei hun oedd awdur y llythyr hwn a'i fod yn cyfarch un yr oedd yn ei adnabod yn dda ac un yr oedd yn ddigon agos ato fel cyfaill a chydweithiwr i fedru rhoi'r cyfarwyddiadau iddo. Wedi dweud hynny, y mae ei eiriau'n berthnasol i bob arweinydd neu arolygydd o fewn yr Eglwys Fore a'r Eglwys heddiw. Mae'r gwersi sydd gan Paul i'w dysgu i Timotheus yn wersi y mae Timotheus wedyn i'w dysgu i'r arweinwyr eraill. Dyna orchymyn Paul yn ei Ail Lythyr ato: 'Cymer y geiriau a glywaist gennyf fi yng nghwmni tystion lawer, a throsglwydda hwy i ofal pobl ffyddlon a fydd yn abl i hyfforddi eraill hefyd' (2 Tim. 2:2).

Ar ddechrau 1 Timotheus 4, ceir rhybudd gan Paul 'y bydd rhai mewn amserau diweddarach yn cefnu ar y ffydd' wrth iddynt gael eu hudo gan gau ddysgeidiaeth a chan ddylanwad syniadau Gnosticaidd twyllodrus a ddysgai bod mater yn hanfodol ddrwg ac wedi ei greu gan y diafol (4:1). Yr oedd hynny'n arwain at y gred fod y corff dynol hefyd yn hanfodol ddrwg a bod pob greddf gnawdol yn bechadurus. O ganlyniad, roedd rhaid ymwrthod ag ymborth corfforol ac ymatal rhag priodi. Yn ôl Paul, amarch ar Dduw oedd gwrthod y pethau a ddarparodd ef ar gyfer yr hil ddynol: 'Oherwydd y mae pob peth a greodd Duw yn dda, ac ni ddylid gwrthod dim yr ydym yn ei dderbyn â diolch iddo ef' (4:4).

Yr her i Timotheus a'i gyd-arweinwyr oedd atal y cefnu ar y ffydd a'r Eglwys, a dysgu cyfoeth Efengyl yr ymgnawdoliad. I'w galluogi i wneud hynny, roedd rhaid i Timotheus ymroi i fod yn was da i Iesu Grist trwy ddefnyddio'i ddoniau i ddysgu eraill, ymarfer duwioldeb a bod yn esiampl deilwng i'r Eglwys ac i'r gymdeithas oddi allan iddi.

Dysgu eraill

Y mae'r anogaeth i ddwyn y 'pethau hyn i sylw'r gynulleidfa' (2 Tim. 4:6) yn golygu fod Timotheus, wrth ddysgu yn cymell, awgrymu, cynghori ac yn trin ei wrandawyr gyda pharch ac amynedd. Nid yw ei swydd yn rhoi iddo'r hawl i arglwyddiaethu dros neb nac i orfodi neb i dderbyn yr hyn sydd ganddo i'w ddweud. Y mae pob athro da yn ennyn diddordeb a chydweithrediad ei ddosbarth. Ni all fod yn 'was da i Grist Iesu' (1:6) ac ar yr un pryd fod yn feistr caled yn ei eglwys. Ond ni all yr un athro rannu gwybodaeth â'i ddisgyblion heb iddo ef ei hun hefyd dderbyn gwybodaeth. Rhaid i'r sawl sy'n dysgu fod yn ddysgwr ei hun; rhaid iddo fwydo'i feddwl ei hun cyn y gall fwydo meddyliau eraill: 'dy feithrin dy hun â geiriau'r ffydd, a'r athrawiaeth dda yr wyt wedi ei dilyn' (4:6). Yr oedd Timotheus wedi derbyn ymborth ysbrydol fel un o ddilynwyr Paul ac fel aelod o'r Eglwys. Ond os oedd am arwain yr Eglwys, roedd rhaid iddo ymborthi'n gyson yng Ngair Duw ac yng ngwirioneddau'r ffydd. Y mae eisoes wedi bod yn dilyn hyfforddiant yn yr Efengyl, ond rhaid iddo ddal ati i gynyddu mewn gwybodaeth a ffydd.

Wrth barhau i'w addysgu ei hun, mae Paul yn cynghori Timotheus i lynu wrth y wir ffydd, ac i ymwrthod â phob dysg gyfeiliornus. Rhaid oedd osgoi'r ffansïol a'r chwedlonol; 'Paid â gwrando ar chwedlau bydol hen wrachod' (4:7), sef storïau chwedlonol a adroddai gwragedd wrth eu plant, neu'r storïau plentynnaidd, ofergoelus nad oedd neb ond hen wragedd yn eu credu. Y mae elfen gref o ddirmyg yng ngeiriau Paul. Mae'n cyffelybu gau athrawiaeth a storïau di-sail a disylwedd y Gnosticiaid â'r math o storïau y byddai hen wrachod yn eu hadrodd i ddiddanu plant. Dylai Timotheus osgoi'r elfennau ffôl a chelwyddog oedd yn gallu ennill troedle yn addysg yr Eglwys, a chanoli yn hytrach ar brif erthyglau'r Efengyl, sef bywyd yr Arglwydd Iesu Grist, ei ddysgeidiaeth, ei weithredoedd nerthol, ei aberth ar y groes a'i atgyfodiad.

Gan fod llawer yn ymuno â'r Eglwys fel ymholwyr ac yn awyddus i ddysgu mwy am yr Arglwydd Iesu ac am ystyr ei groes a'i atgyfodiad, yr oedd gwaith addysgol yn cael lle amlwg ym mywyd yr Eglwys Fore. Roedd perygl y byddai gau athrawon yn manteisio ar hynny ac yn dechrau cynnal eu dosbarthiadau eu hunain a thanseilio addysg gywir ac uniongred arweinwyr yr Eglwys.

Y mae'r Eglwys dros y canrifoedd wedi rhoi pwyslais ar addysg. O eglwysi a mynachlogydd yr Oesoedd Canol y deilliodd llawer o ysgolion a phrifysgolion. Rhoddodd Protestaniaeth bwyslais arbennig ar ddysgu pobl i ddarllen y Beibl ac ar dyfu mewn gwybodaeth a deall o hanfodion y ffydd. Dyna oedd amcan Griffith Jones, Llanddowror a Thomas Charles, y Bala, wrth sefydlu eu hysgolion cylchynol. Ac allan o'r rheini y tyfodd mudiad yr Ysgol Sul, a ddatblygodd i fod yn 'goleg y werin'. A'r eglwysi fu'n bennaf cyfrifol am sefydlu a chynnal ysgolion i blant yn y bedwaredd ganrif a'r bymtheg. Erbyn heddiw, aeth addysg bron yn gyfan gwbl yn gyfrifoldeb i'r wladwriaeth, ond mewn oes a chymdeithas secwlar aeth yn fwyfwy hanfodol i'r Eglwys ymgymryd ag addysg grefyddol. Y mae'n gwneud hynny trwy gynnal ysgolion Sul, grwpiau a chyrsiau hyfforddiant a dosbarthiadau beiblaidd. Ond y mae llawer iawn mwy i'w wneud er mwyn hyfforddi pobl heddiw yng nghynnwys ac ystyr y Ffydd Gristnogol.

Ymarfer duwioldeb

Cynghorir Timotheus i droi oddi wrth fanion chwerthinllyd dysgeidiaeth y gau athrawon, ac 'ymarfer dy hun i fod yn dduwiol' (2 Tim. 4:7). Mae Paul yn troi oddi wrth y darlun o blant yn gwrando hen chwedlau i'r athletwr yn ymarfer yn y gymnasiwm. Yno, wedi diosg ei ddillad , gall ymarfer ei holl gorff. Er mwyn bod o fudd, rhaid i ymarfer corfforol wrth ddisgyblaeth a chysondeb. A rhaid wrth yr un ymroddiad i ymarfer duwioldeb.

Er mor llesol yw ymarfer corff, y mae ymarfer duwioldeb yn rhagori. Mantais gymharol fychan, na phery ond am gyfnod byr, a geir o ymarfer corff; ond y mae ymarfer ysbrydol yn galluogi person i dyfu'n gytbwys – gorff, enaid ac ysbryd. Y mae felly'n fuddiol i'r bywyd hwn ac i'r byd a ddaw: 'Y mae i ymarfer y corff beth gwerth, ond i ymarfer duwioldeb y mae pob gwerth, gan fod ynddo addewid o fywyd yn y byd hwn a'r byd a ddaw' (4:8). Ystyr hynny yw bod ymarfer y bywyd ysbrydol yn dwyn ei wobr ar y ddaear, ond hefyd yn ennill gwobr dragwyddol yn y nefoedd.

Pobl dduwiol yw pobl sy'n gosod Duw yn egwyddor lywodraethol eu meddwl a'u gwaith. Y maent wedi profi'r chwyldro a ddaw o ganlyniad i dderbyn a dilyn Iesu Grist, sef gosod Duw yn lle'r hunan yn ganolbwynt eu bywyd a'u buchedd. 'Ymarfer duwioldeb' yw meithrin a chyfoethogi perthynas â Duw; tyfu i'w adnabod, cerdded yn ei gwmni, a dyfnhau'r adnabyddiaeth bersonol ohono. Nid yw Paul yn egluro sut y dylid ymarfer y berthynas hon, ond y mae traddodiad ysbrydol y canrifoedd yn ein dysgu ei fod yn cynnwys darllen a myfyrio yng Ngair Duw, ymarfer gweddi, dysgu gwrando am lais yr Ysbryd yn y distawrwydd, a rhoi llais i'n heiriolaeth dros y byd a'i bobl.

Pe gofynnid i Paul pam yr oedd yn barod i lafurio ac ymdrechu i ymarfer disgyblaeth ysbrydol, byw bywyd da a chymeradwyo'r bywyd hwnnw i eraill, un ateb fyddai ganddo sef, bod y Cristion wedi angori ei obaith yn Nuw. 'Oherwydd rhoesom ein gobaith yn y Duw byw, sy'n Waredwr i bawb, ond i'r credinwyr yn fwy na neb' (4:10). Yn Nuw, ac yn Nuw yn unig y mae ei obaith, ac felly ynddo ef y mae ei ymddiriedaeth.

Bod yn esiampl i eraill

Fel arweinydd ifanc wynebai Timotheus nifer o broblemau. Yn gyntaf, ei oedran: roedd yn amlwg fod rhai yn ei ystyried yn rhy ifanc i fod yn gyfrifol am arolygu bywyd yr eglwys. Ym marn rhai, nid oedd ganddo'r profiad na'r doniau angenrheidiol. Wrth draddodi araith yn Nhŷ'r Cyffredin pan nad oedd ond tri deg a thair blwydd oed, dywedodd William Pitt yr Hynaf ei fod yn euog o 'the atrocious crime of being a young man'. Roedd Timotheus wedi'i benodi gan Paul yn arweinydd ar eglwys Effesus gyda'r cyfarwyddyd, 'Gorchymyn y pethau hyn i'th bobl, a dysg hwy iddynt' (2 Tim. 4:11). Mae Paul yn defnyddio'r ymadrodd 'y pethau hyn' saith o weithiau yn y llythyr hwn wrth gyfeirio at y gorchmynion a'r cyfarwyddiadau yr oedd am i Timotheus eu dysgu i'r bobl. Rhoddai hynny'r awdurdod i Timotheus i bregethu a dysgu yn enw'r apostol ei hun.

Fodd bynnag, yn ei dridegau yr oedd Timotheus o hyd, ac yr oedd rhai o aelodau hŷn yr eglwys yn tueddu i'w ddilorni oherwydd ei ieuengrwydd. Hwyrach fod rhai'n genfigennus ohono am ei fod wedi'i benodi o'u blaen hwy. At ei gilydd, caiff pobl hŷn anhawster i dderbyn arweiniad gan berson ifanc, er mai dynion ifanc sydd wedi bod yn gyfryngau adfywiad yn yr Eglwys dros y canrifoedd. Meddai Paul, 'Paid â gadael i neb dy ddiystyru am dy fod yn ifanc' (4:12); ac mae'n cynghori Timotheus, 'Yn hytrach, bydd di'n batrwm i'r credinwyr mewn gair a gweithred, mewn cariad a ffydd a phurdeb' (4:12). Fe all Timotheus dawelu ei feirniaid trwy fod yn esiampl deilwng i bawb. Os oedd yn ifanc ei oed, gallai ddangos aeddfedrwydd yn ei fywyd a'i ymddygiad.

Crybwyllir rhai o'r cylchoedd y gallai ragori ynddynt: 'mewn gair a gweithred', fel athro, ac yn ei ffordd o ymdrin â phobl; 'mewn cariad', fel bugail a chyfaill yn ei berthynas â'i gyd-aelodau; 'mewn ysbryd', trwy fod yn amyneddgar a charedig yn ei agwedd, beth bynnag fo agwedd pobl eraill ato ef; 'mewn ffydd', sef mewn ffyddlondeb a theyrngarwch i Grist a'r Efengyl; 'mewn purdeb', sef purdeb meddwl a chymhelliad. Nid trwy fod yn ymosodol, yn ymffrostgar ac yn awdurdodol yr enillai barch, ond trwy fyw ac ymddwyn yn ostyngedig ac yn Grist-debyg.

Yn y cyfamser, hyd nes y deuai Paul i Effesus i'w weld, dylai Timotheus ddal ati yn ei waith, yn enwedig yn y tri gorchwyl canolog: 'y darlleniadau a'r pregethu a'r hyfforddi' (4:13). Mae'r pwyslais ar ddarllen a dehongli'r ysgrythurau yn y gwasanaeth cyhoeddus, fel yr arferid â gwneud yn y synagogau. Yn dilyn y darllen a'r pregethu mae'r 'hyfforddi': nid peth i'w ddarllen ac i wrando arno'n unig yw Gair Duw, ond rhywbeth i'w weithredu a'i fyw. A rhan bwysig o waith gweinidog yw annog ei bobl i droi gwirionedd y gair yn fywyd a gweithredu ymarferol.

Atgoffir Timotheus i beidio ag esgeuluso'r ddawn sydd ganddo i ddysgu a phregethu – dawn sydd wedi ei chysegru a'i grymuso gan eiriau proffwydol ac wedi ei chadarnhau trwy'r weithred o 'arddodi dwylo' gan yr henuriaid, sef ei ordeiniad. Ni ddywedir pryd nac i ba swydd yr ordeiniwyd Timotheus, ond pwysleisir i'r dyn ifanc hwn gael ei ddonio gan Dduw, ei alw gan yr eglwys, a'i ordeinio gan yr henuriaid i weinidogaethu yn yr eglwys yn Effesus. Anogir Timotheus i feddwl yn ddifrifol am y pethau hyn ac i barhau i'w hymarfer.

Cwestiynau i'w trafod

1. A oes darpariaeth ddigonol yn yr Eglwys heddiw ar gyfer addysgu aelodau yn y ffydd?

2. A roddir digon o bwys heddiw ar bwysigrwydd gweddi, defosiwn a meithrin y bywyd ysbrydol?

3. Pa gyfraniad sydd gan bobl ifanc i'w wneud i fywyd a thystiolaeth yr Eglwys, ac a roddir cyfle iddynt wneud y cyfraniad hwnnw?

13. GOFAL AM WEDDWON

'Paid â cheryddu hynafgwr, ond ei gymell fel petai'n dad i ti, y dynion ifainc fel brodyr, y gwragedd hŷn fel mamau, a'r merched ifainc â phurdeb llwyr fel chwiorydd.

'Cydnabydda'r gweddwon, y rheini sy'n weddwon mewn gwirionedd. Ond os oes gan y weddw blant neu wyrion, dylai'r rheini yn gyntaf ddysgu ymarfer eu crefydd tuag at eu teulu, a thalu'n ôl i'w rheini y ddyled sydd arnynt, oherwydd hynny sy'n gymeradwy gan Dduw. Ond am yr un sy'n weddw mewn gwirionedd, yr un sydd wedi ei gadael ar ei phen ei hun, y mae hon â'i gobaith wedi ei sefydlu ar Dduw, ac y mae'n parhau nos a dydd mewn ymbiliau a gweddïau. Y mae'r weddw afradlon, ar y llaw arall, gystal â marw er ei bod yn fyw. Gorchymyn di y pethau hyn hefyd, er mwyn i'r gweddwon fod yn ddigerydd. Ond pwy bynnag nad yw'n darparu ar gyfer ei berthnasau, ac yn arbennig ei deulu ei hun, y mae wedi gwadu'r ffydd ac y mae'n waeth nag anghredadun. Ni ddylid rhoi gwraig ar restr y gweddwon os nad yw dros drigain oed, ac a fu'n wraig i un gŵr. A rhaid cael prawf iddi ymroi i weithredoedd da: iddi fagu plant, iddi roi llety i ddieithriaid, iddi olchi traed y saint, iddi gynorthwyo pobl mewn cyfyngder, yn wir iddi ymdaflu i bob math o weithredoedd da. A phaid â chynnwys y rhai iau ar restr y gweddwon, oherwydd cyn gynted ag y bydd eu nwydau yn eu dieithrio oddi wrth Grist, daw arnynt chwant priodi, a chânt eu condemnio felly am dorri'r adduned a wnaethant ar y dechrau. At hynny, byddant yn dysgu bod yn ddiog wrth fynd o gwmpas y tai, ac nid yn unig yn ddiog ond hefyd yn siaradus a busneslyd, yn dweud pethau na ddylid. Fy nymuniad, felly, yw bod gweddwon iau yn priodi, yn magu plant ac yn cadw tŷ, a pheidio â rhoi cyfle i unrhyw elyn i'n difenwi. Oherwydd y mae rhai gweddwon eisoes wedi mynd ar gyfeiliorn a chanlyn Satan. Dylai unrhyw wraig sy'n gredadun, a chanddi

weddwon yn y teulu, ofalu amdanynt. Nid yw'r gynulleidfa i ddwyn y baich mewn achos felly, er mwyn iddynt allu gofalu am y rhai sy'n weddwon mewn gwirionedd' (1 Timotheus 5:1–16).

Yn y bennod hon cawn olwg manwl ar un wedd ar waith bugeiliol dyngarol yr Eglwys Fore, sef ei gofal am weddwon. O ystyried manylder cyfarwyddiadau Paul, mae'n bur debyg fod gan Timotheus gyfrifoldeb arbennig dros weinidogaeth eglwys Effesus i'w haelodau a adawyd yn weddw. Ond cyn trafod y ddyletswydd arbennig honno, mae gan Paul sylw byr i'w wneud ynghylch gweinyddu disgyblaeth. Dylid trin hynafgwr gyda sensitifrwydd, yn union 'fel petai'n dad iti', dynion ifanc fel brodyr, gwragedd hŷn fel mamau, a merched ifanc fel chwiorydd (1 Tim. 5:1–2). Rhaid cofio'r berthynas arbennig sy'n bod o fewn teulu'r ffydd, ac felly ni ddylai swyddogion eglwys ruthro i geryddu neb yn chwyrn, ond eu cynghori gyda thynerwch a chariad. Y mae ganddynt gyfrifoldeb i ddiogelu purdeb yr Eglwys, ond y ffordd fwyaf effeithiol o wneud hynny yw annog, calonogi a chynorthwyo aelodau gwan.

Y wir weddw a'r weddw afradlon

Mae gan Gristnogaeth ac Iddewiaeth draddodiad hir ac anrhydeddus o ofalu am yr anghenus, yn enwedig am weddwon. Ond yn yr Eglwys Fore, roedd rhaid gwahaniaethu rhwng y rhai oedd yn weddwon mewn gwirionedd a'r rhai oedd yn cymryd mantais annheg o ddarpariaeth yr Eglwys. Os oedd gan weddw blant neu wyrion, eu cyfrifoldeb hwy fyddai gofalu amdani, yn enwedig os oedd yn llesg ac yn fethedig. Roedd hynny'n ddyletswydd grefyddol: 'Dylai'r rheini [sef y plant neu'r wyrion] yn gyntaf ddysgu ymarfer eu crefydd tuag at eu teulu' (1 Tim. 5:4). Y mae dyletswydd plant tuag at weddw'n ddyletswydd foesol, sef 'talu'n ôl i'w rhieni y ddyled sydd arnynt, oherwydd hynny sy'n gymeradwy gan Dduw' (5:4). Ac felly, nid yw elusen yr Eglwys yn esgusodi plant o'u cyfrifoldeb dros eu rhieni. Mae hynny'n codi'r cwestiwn dadleuol, a ddylai plant heddiw ysgwyddo rhagor o gyfrifoldeb dros eu rhieni, yn hytrach na rhoi'r baich o'u cynnal ar y wladwriaeth?

Mater arall oedd rhoi cymorth i weddwon gwir anghenus. Y mae'r weddw nad oes ganddi neb ond Duw i bwyso arno am gynhaliaeth, ac sy'n wraig wir dduwiol ei hysbryd a ffyddlon i'r eglwys, yn haeddu cael ei chynnal o gyllid yr eglwys ac yn deilwng o le anrhydeddus o'i mewn.

Y mae, er hynny, ambell weddw nad yw'n haeddu'r fath gefnogaeth. Caiff rhai felly eu galw gan Paul y 'weddw afradlon' (5:6). Gallai 'afradlon' olygu un o ddau beth. Naill ai gwraig weddw gymharol dda ei byd am fod ganddi arian trwy ewyllys ei gŵr; ni fyddai angen i'r eglwys estyn cymorth i weddw sydd uwchben ei digon. Neu wraig weddw sy'n ei chynnal ei hun trwy droi at buteindra yn hytrach na meithrin duwioldeb a glynu'n ffyddlon wrth yr eglwys ac ymarfer ei chrefydd.

Y mae Paul yn feirniadol o deuluoedd sy'n esgeulus o'u cyfrifoldeb at eu perthnasau oedrannus. 'Pwy bynnag nad yw'n darparu ar gyfer ei berthnasau, ac yn arbennig ei deulu ei hun, y mae wedi gwadu'r ffydd ac y mae'n waeth nag anghredadun' (5:8). Rhoddir pwyslais arbennig ar ddyletswydd y Cristion tuag at ei deulu. Rhoddai Cyfraith Israel a dysgeidiaeth foesol y Groegiaid bwyslais mawr ar ofalu am rieni oedrannus a gweddwon. Trwy gydol yr Hen Destament, pwysleisir cyfiawnder a gofal am weddwon a'r amddifad a'r dieithryn am eu bod yn ddiamddiffyn ac yn teilyngu gofal a thosturi. Disgrifir Duw fel 'Tad yr amddifad ac amddiffynnydd y gweddwon' (Salm 68:5), ac fel un sy'n 'gwylio dros y dieithriaid, ac yn cynnal y weddw a'r amddifad' (Salm 146:9). Gan mai dyna yw natur Duw, cyfrifoldeb ei bobl yw ymddwyn yn debyg iddo. Rhybuddir barnwyr i fod yn deg wrth drin achos gweddw (Deut. 27:19). Gorchmynnir amaethwyr i roi caniatâd i dlodion loffa yn eu meysydd (Deut. 14:28–29).

Gwelir yr un consyrn am weddwon yng ngweinidogaeth Iesu. Y mae'n adfer unig fab y weddw o Nain (Lc. 7:11–12). Y mae'n canmol y weddw daer a fu'n pledio am gyfiawnder gan farnwr di-hid, a'r weddw dlawd sy'n rhoi ei dwy hatling olaf yn nhrysorfa'r deml (Lc. 18:1ym;

Mc. 12:41–42). Ac oddi ar y groes, cyflwynodd ei fam drallodus i ofal Ioan (In. 19:26–27). Etifeddodd yr Eglwys Fore'r traddodiad o ofalu'n dosturiol am y gweddwon a'r amddifad oddi wrth yr Hen Destament a gweinidogaeth Iesu.

Peth cwbl naturiol fyddai i blant ddangos yr un gofal a chariad at y rhai a'u magodd pe digwyddai i'r rheini ddod yn weddw ac yn anghenus. Wedi dweud fod hynny'n beth cymeradwy, dywed Paul fod esgeuluso'r gofal hwnnw gan Gristion yn beth gwarthus. Os oedd esgeulustod yng ngolwg y byd yn drosedd, pa faint mwy o drosedd oedd i Gristion esgeuluso gofalu am ei berthnasau hen a gwan? Dywedir yn bendant fod y sawl sy'n euog o hynny 'wedi gwadu'r ffydd' (1 Tim. 5:8). Ni allai fod yn aelod o deulu Duw os oedd yn gwadu gofynion ei deulu naturiol.

Rhestr y gweddwon
Fel y nodwyd eisoes, yr oedd mwy nag un math o weddw yn yr Eglwys. Caed rhestr o'r gweddwon a ddylai dderbyn cymorth ariannol, a rhestr arall o'r gweddwon a oedd yn cyflawni dyletswyddau arbennig ym mywyd yr Eglwys. Ni ddywedir beth yn union oedd y dyletswyddau hynny, ond y mae'n amlwg eu bod yn ddyletswyddau benywaidd, fel ymweld â chleifion, cynghori gweddwon ifanc, a gofalu am blant, yn enwedig plant yr amddifad. Caed hanes yn ddiweddarach am ddosbarth o wragedd a gyflawnai'r swyddi hynny o fewn yr Eglwys yn cael eu galw'n *ddiaconesau*, er nad oes unrhyw sôn amdanynt yn cael eu hordeinio'n arbennig i'r gwaith.

Cyn y gellid gosod enw gweddw ar y rhestr 'gwasanaeth', roedd rhaid iddi fod dros drigain oed (ac felly'n annhebygol o ail briodi) ac wedi cyrraedd aeddfedrwydd ysbrydol. Mae'n debyg fod trigain yn cael ei ystyried yn oedran delfrydol ar gyfer ymryddhau oddi wrth alwadau'r byd a chanolbwyntio ar bethau ysbrydol, ac yn arbennig ar waith yr Eglwys. Yn ei bywyd priodasol, byddai'n rhaid iddi fod wedi bod yn ffyddlon i'w gŵr; a byddai ei phrofiad yn ei gwneud yn addas i gynghori gweddwon iau.

Rhestrir chwech o gymwysterau ar gyfer bod yn weddw wasanaethgar yn yr eglwys (1 Tim. 5:10). Yn gyntaf, ei bod eisoes wedi dangos dawn a diddordeb yn y gwaith y disgwylid iddi ei wneud, sef 'ymroi i weithredoedd da'. Yn ail, gan mai un o'i dyletswyddau fyddai gofalu am blant, byddai o fantais iddi fod wedi cael profiad fel mam o fagu ei phlant ei hun a gofalu am eu gwahanol anghenion. Yn drydydd, rhoi llety i ddieithriaid. Yr oedd cadw drws agored i groesawu'r dieithryn yn un o'r rhinweddau Cristnogol pwysicaf, fel yr oedd o fewn Iddewiaeth. Yn bedwerydd, 'golchi traed y saint'. Roedd yn rhaid i weddw fod yn barod i estyn croeso i ymwelwyr, a rhan o'r croeso hwnnw oedd golchi eu traed – y gwaith lleiaf rhamantus, a gwaith a gyflawnid yn arferol gan weision. Y patrwm i'r weddw Gristnogol oedd Iesu yn yr oruwch ystafell yn dangos i'w ddisgyblion mai mewn gostyngeiddrwydd y mae canfod gwir fawredd. Y pumed, yn ogystal â gostyngeiddrwydd a pharodrwydd i wasanaethu, dylai'r weddw fedru dangos cydymdeimlad, sef 'iddi gynorthwyo pobl mewn cyfyngder'. Am wahanol resymau, byddai rhai'n dioddef cystudd corff ac ysbryd, rhai mewn carchar, rhai'n dioddef erledigaeth, rhai yn unig ac eraill wedi eu gadael yn ddiymgeledd gan eu gwŷr. Gellid dychmygu y byddai galw mawr am y math yma o weinidogaeth ymhlith gweddwon eraill, yn enwedig rhai a fyddai'n dioddef trais gan eu gwŷr am iddynt droi at y ffydd Gristnogol. Yn chweched, dylai fod â'r ddawn i ddal ati, sef i ymateb i bob galw: i 'ymdaflu i bob math o weithredoedd da'. Un peth yw helpu yn ysbeidiol; peth arall yw bod yn barod i gydweithio'n barhaus.

Y mae'r cynghorion hyn yn fanwl ac yn dangos bod disgwyl cryn ymrwymiad i'w dyletswyddau oddi wrth y gweddwon. Y mae rhai esbonwyr yn credu bod y 'rhestr' o weddwon yn Effesus yn ddechrau ar urdd swyddogol o ddiaconesau yn yr Eglwys Fore'n gyffredinol. Ceir tystiolaeth fod urdd o weddwon neu ddiaconesau yn bodoli mewn rhai mannau, yn Syria er enghraifft, gan fod Ignatius, yn ei lythyr at yr eglwys honno, yn anfon ei gyfarchion yn benodol at y 'gweddwon'. Ond go brin y gellir hawlio, ar sail cynghorion Paul i Timotheus, fod y fath drefn wedi ei sefydlu'r pryd hynny yn Effesus.

Problem y gweddwon ifanc

Y mae rhai gweddwon na ellir, am wahanol resymau, eu cynnwys ar y rhestr swyddogol. Yn eu plith y mae'r rhai iau, a hynny am y rheswm syml y byddai eu greddfau naturiol, fel gwragedd ifanc, yn eu gwneud yn anesmwyth yn y gwaith. 'Oherwydd cyn gynted ag y bydd eu nwydau yn eu dieithrio oddi wrth Grist, daw arnynt chwant priodi' (1 Tim. 5:11).

Un canlyniad i hynny fyddai iddynt fwynhau moethusrwydd a chysur a chyfoeth bywyd priodasol. Nid bod dim o le ar hynny fel y cyfryw, ond y byddent wedi eu colli i wasanaeth arbennig yr eglwys, ac wrth gwrs ni fyddant chwaith ar dir i dderbyn cymorth ariannol oddi wrth yr eglwys. Ond byddent yn agored i feirniadaeth am dorri'r adduned a wnaethant ar y dechrau, fel y mae lleian sy'n penderfynu ymadael â'r lleiandy a dychwelyd i'r byd yn euog o dorri ei chyfamod â'i hurdd ac â'i Harglwydd.

Canlyniad arall yn achos rhai gweddwon ifanc fyddai iddynt ddechrau mwynhau segura a cherdded o dŷ i dŷ, gan wneud gwaith yr eglwys yn ddim ond cyfleustra i glebran a hel straeon: 'yn siaradus a busneslyd, yn dweud pethau na ddylid' (5:13). Y peth callaf i'r rhain fyddai iddynt briodi, cadw tŷ a magu plant. Byddai hynny'n fywyd mwy addas iddynt. Doedd y gynulleidfa ddim i ddwyn y cyfrifoldeb o ofalu am rai mewn achosion felly, ond yn hytrach i ofalu am rai mewn angen gwirioneddol.

Y mae'r adran hon yn delio â rhai egwyddorion sylfaenol y dylai'r Eglwys ym mhob oes eu cadw mewn golwg. Yn gyntaf, mae gan yr Eglwys gyfrifoldeb tuag at rai mewn angen, mewn tlodi neu mewn profedigaeth.

Yng nghyfnod yr Eglwys Fore, pan nad oedd gwladwriaeth les na chynllun pensiwn o unrhyw fath ar gyfer gweddwon, yr Eglwys oedd yr unig sefydliad a allai gynorthwyo'r anghenus ymhlith ei haelodau ei hun. Ar yr un pryd, roedd rhaid i'r Eglwys weithredu'n ddoeth a theg, gan wahaniaethu rhwng y rhai oedd mewn gwir angen a'r rhai yr oedd eu teuluoedd yn gallu eu cynnal. Mae'n bosibl fod Paul yn teimlo nad oedd eglwys Effesus yn gweithredu yn ôl y drefn arferol a bod angen ei hatgoffa, drwy Timotheus, o'r rheolau.

Cwestiynau i'w trafod

1. Beth yw'r problemau cymdeithasol a dyngarol y dylai'r eglwys heddiw fod yn ymateb iddynt?

2. A ydych yn cytuno â'r canllawiau a amlinellir gan Paul ar gyfer gwahaniaethu rhwng y gweddwon mewn gwir angen a'r rhai y gallai eu teuluoedd eu cynnal?

3. Beth yw prif waith yr Eglwys – achub eneidiau neu wasanaethu'r anghenus?

14. HENURIAID A CHAETHWEISION

'Y mae'r henuriaid sy'n arweinwyr da yn haeddu cael dwbl y gydnabyddiaeth, yn arbennig y rhai sydd yn llafurio ym myd pregethu a hyfforddi. Oherwydd y mae'r ysgrythur yn dweud: "Nid wyt i roi genfa am safn ych tra bydd yn dyrnu", a hefyd: "Y mae'r gweithiwr yn haeddu ei gyflog." Paid â derbyn cyhuddiad yn erbyn henuriad os na fydd hyn ar air dau neu dri o dystion. Y rhai ohonynt sy'n dal i bechu, cerdda hwy yng ngŵydd pawb, i godi ofn ar y gweddill yr un pryd. Yr wyf yn dy rybuddio, yng ngŵydd Duw a Christ Iesu a'r angylion etholedig, i gadw'r rheolau hyn yn ddiragfarn, a'u gweithredu ar bob adeg yn ddiduedd. Paid â bod ar frys i arddodi dwylo ar neb, a thrwy hynny gyfranogi ym mhechodau pobl eraill; cadw dy hun yn bur. Bellach, paid ag yfed dŵr yn unig, ond cymer ychydig o win at dy stumog a'th aml anhwylderau. Y mae pechodau rhai pobl yn eglur ddigon, ac yn eu rhagflaenu i farn, ond y mae eraill sydd â'u pechodau yn eu dilyn. Yn yr un modd, y mae gweithredoedd da yn eglur ddigon, a hyd yn oed os nad ydynt, nid oes modd eu cuddio.

'Y mae'r rhai sy'n gaethweision dan yr iau i gyfrif eu meistri eu hunain yn deilwng o wir barch, fel na chaiff enw Duw, na'r athrawiaeth Gristionogol, air drwg. Ac ni ddylai'r rhai sydd â'u meistri'n gredinwyr roi llai o barch iddynt am eu bod yn gyd-gredinwyr. Yn hytrach, dylent roi gwell gwasanaeth iddynt am mai credinwyr sy'n annwyl ganddynt yw'r rhai fydd yn elwa ar eu hymroddiad' (1 Timotheus 5:17 – 6:2).

Wrth roi cynghorion i Timotheus ynghylch trefnu bywyd eglwys, mae Paul yn troi oddi wrth ddyletswyddau diaconiaid a gofal am weddwon at gynnal y weinidogaeth, sef yr *henuriaid* a'u gwaith. Defnyddir y gair 'henuriaid' (*presbyteroi*) yma yn yr ystyr swyddogol, i ddynodi'r rhai a etholwyd i dasgau arbennig o fewn yr Eglwys. Ar sail y cyfeiriad at 'henuriaid sy'n arweinwyr da' a'r rhai 'sydd yn llafurio ym myd pregethu a hyfforddi' (1 Tim. 5:17), daeth John Calvin i'r casgliad fod dau fath o henuriaid yn yr Eglwys Fore, sef y rhai oedd yn arwain a rheoli, a'r rhai oedd yn pregethu a dysgu; a chynlluniodd batrwm o weinidogaeth i ddinas Genefa a oedd yn cynnwys henuriaid addysgol a henuriaid llywodraethol. Y dosbarth cyntaf oedd y gweinidogion a oedd yn pregethu ac yn arwain addoliad, a'r ail ddosbarth oedd y blaenoriaid a oedd yn trefnu a rheoli bywyd yr eglwysi.

Nid yw pob esboniwr yn cytuno fod Paul yn cyfeirio at ddau fath gwahanol o henuriaid, ond gellir bod yn sicr i'r henuriaid *(presbyteroi)* ddatblygu ymhen amser yn weinidogion neu'n offeiriaid ordeiniedig. Yn hytrach na'i fod yn cyfeirio at ddau fath o henuriaid, mae'n fwy tebygol fod Paul yn sôn am un math, a oedd yn rheoli a phregethu. Yn yr adran hon, mae'n gorfod dioddef canlyniadau methiant rhai, ac y mae'n cynghori Timotheus sut i ymwneud â henuriaid mewn perthynas â thalu, disgyblu a phenodi.

Goruchwylio henuriaid

Gwaith anodd fyddai i Timotheus, fel arweinydd ifanc, orfod delio â chwynion yn erbyn rhai henuriaid, yn enwedig a hwythau'n hŷn nag ef o rai blynyddoedd. Yma, mae Paul yn awgrymu rhai canllawiau iddo. Y cyntaf yw *gwerthfawrogiad.* Hawdd fyddai i henuriad suddo i ddigalondid oherwydd diffyg ymateb, neu hyd yn oed wrthwynebiad ystyfnig i'w arweiniad. Yn hytrach na'i feirniadu, dylid gwerthfawrogi llafur arweinydd da a'i wobrwyo am ei waith trwy roi iddo 'dwbl y gydnabyddiaeth' (1 Tim. 5:17). Nid yw cydnabyddiaeth yn golygu taliad ariannol o angenrheidrwydd, ond yn hytrach barch a thâl. Credai Paul ei bod yn bwysig i dalu henuriaid am eu gwaith. Meddai yn ei lythyr at y Galatiaid: 'Y mae'r sawl sy'n cael ei hyfforddi yn y gair i roi cyfran o'i holl feddiannau i'w hyfforddwr' (Gal. 6:6). Ei sail dros fynnu rhoi cydnabyddiaeth deilwng i bregethwyr am eu gwaith yw dwy adnod o'r Ysgrythur. Yn ôl Deuteronomium 25:4, ni ddylid cau safn yr ych sydd yn dyrnu'r ŷd. Wrth i ychen sathru ŷd, dylent fedru bwyta peth ohono wrth gerdded o amgylch a'i falu. Daw'r adnod arall o Luc 10:7, sef geiriau Iesu: 'Y mae'r gweithiwr yn haeddu ei gyflog'. Os yw Paul yn dyfynnu geiriau Iesu, golyga hynny fod ei dywediadau Iesu, ac o bosibl rai o'i ddamhegion, mewn cylchrediad cyn llunio'r efengylau. Yn y naill gyfeiriad fel y llall, gosodir pwyslais ar hawl yr henuriaid i gydnabyddiaeth, yn arbennig i werthfawrogiad o'u gwaith.

Yr ail ganllaw i'w ddilyn yw *tegwch*. Sut ddylai Timotheus ddelio â chwynion yn erbyn henuriad? Cyngor cyntaf Paul yw i Timotheus beidio â derbyn cwynion oddi wrth un person yn unig: 'Paid â derbyn cyhuddiad yn erbyn henuriad os na fydd hyn ar air dau neu o dystion' (1 Tim. 5:19). Doeth fyddai mabwysiadu cyfarwyddyd y gyfraith Iddewig, sef na ddylid derbyn unrhyw feirniadaeth oni fyddai o leiaf ddau dyst yn cytuno yn eu tystiolaeth yn ei erbyn. Roedd hynny'n ddull teg, ac yr oedd yn diogelu henuriaid rhag achwyniad o genfigen brawd at frawd a swyddog at swyddog, neu rhag sibrydion di-sail yn erbyn ei ymddygiad. Ond os caed henuriad yn euog, dylid ei ddisgyblu'n gyhoeddus yng ngŵydd pawb. Mae'n amlwg nad oedd popeth yn ddelfrydol hyd yn oed yn yr Eglwys Fore, ac fe gaed ambell dro henuriaid oedd yn anghymwys i'r swydd. Gwerth cerydd cyhoeddus oedd ei bod yn tynnu sylw at ddifrifwch y drosedd, codi cywilydd ar y troseddwr a rhybuddio eraill rhag syrthio i'r un bai.

Y trydydd canllaw oedd bod yn ddiduedd. Mae'n holl bwysig, wrth ddelio â chwynion yn erbyn henuriaid, i fod yn gwbl *ddiduedd*. Ni ddylid dangos unrhyw ragfarn na ffafriaeth. Y mae Paul yn apelio am agwedd deg a diragfarn, 'yng ngŵydd Duw a Christ Iesu a'r angylion etholedig' (5:21). Hynny yw, nid o flaen yr eglwys yn unig y mae achosion o gamymddwyn i'w trafod, ond o flaen y Duw cyfiawn, Crist Iesu, pen mawr yr Eglwys, a'r angylion, sef yr eglwys anweledig yn y nef. A'r anogaeth yw iddynt 'gadw'r rheolau hyn yn ddiragfarn, a'u gweithredu ar bob adeg yn ddiduedd' (5:21). Un o'r beiau mwyaf ym mywyd yr Eglwys dros y canrifoedd fu ffafriaeth, sef esgobion neu uchel swyddogion yn penodi perthnasau neu gyfeillion i swyddi bras a dylanwadol, neu hyd yn oed yn derbyn llwgrwobrwyon yn gyfnewid am ddyrchafiad i swydd. Nid oes lle i ymddygiad o'r fath o fewn yr Eglwys.

Y pedwerydd canllaw yw *pwyll*, sef bod yn ochelgar a gwyliadwrus. Ni ddylid rhuthro i ordeinio neb i swydd cyn bod sicrwydd fod ganddo'r cymwysterau a'r addasrwydd ar ei chyfer. A chamgymeriad hefyd fyddai mynd ati'n rhy fuan i adfer i'w wasanaeth un a droseddodd ac a diarddelwyd. O wneud hynny, byddai Timotheus ei hun yn gorfod wynebu canlyniadau methiant y rhai a gafodd eu hadfer yn rhy fuan. Er mwyn ei enw da ei hun, roedd yn ofynnol iddo ofalu bod y rhai a ddewiswyd ganddo'n gywir a didwyll.

Y mae'r cyngor sy'n dilyn yn rhyfedd: 'cymer ychydig o win at dy stumog a'th aml anhwylderau' (5:23). Does dim cyswllt amlwg rhwng y geiriau hyn a'r rhai blaenorol, er i rai esbonwyr awgrymu na ddylai'r anogaeth iddo'i gadw ei hun yn bur arwain at asgetiaeth eithafol ac ymwrthod yn llwyr â phob math o alcohol. Mae'n bosib fod Timotheus, er esiampl i'r credinwyr, wedi mynd yn llwyrymwrthodwr, ond bod Paul yn ei gynghori i gymryd ychydig o win at ei stumog am ei fod yn dioddef o ddoluriau'r cylla. Yr oedd cred gyffredinol y pryd hynny fod gwin yn gymorth i dreulio bwyd ac yn llesol at rai doluriau. Mae'n bosibl bod Paul yn pryderu nad oedd Timotheus yn gofalu amdano'i hun fel y dylai, a bod cyflwr ei iechyd yn effeithio ar ei effeithiolrwydd fel arweinydd eglwys.

Rhag i neb gyhuddo Paul o farnu eraill yn annheg, mae'n cyfaddef nad yw'n hawdd adnabod pobl trwy eu gweithredoedd, ond na fydd yn y diwedd unrhyw beth cuddiedig na chaiff ei ddwyn i'r amlwg. Mae ambell berson yn pechu'n gwbl agored yng ngŵydd pawb, ac fe ŵyr pawb ei ddiwedd. Mae eraill yn euog o bechodau cuddiedig, ond ni fyddant yn dianc rhag canlyniadau eu pechodau. Daw dydd o brysur bwyso i bawb. Y mae'r un peth yn wir am weithredoedd da pobl. Mae rhai sy'n gwneud llawer iawn o ddaioni o'r golwg, heb gael unrhyw glod gan eraill, ond yn y diwedd daw eu daioni i'r amlwg. Dyna pam y mae Paul yn annog Timotheus i fod yn ofalus cyn penodi neb i swydd. Mor hawdd fyddai dewis rhywun sy'n ymddangos yn deilwng, ac anwybyddu rhywun sy'n wir deilwng am nad yw ei ddaioni'n amlwg. Dyna reswm arall dros wneud y pedwar canllaw bugeiliol - gwerthfawrogiad, tegwch, bod yn ddiduedd a bod yn bwyllog - yn hanfodol bwysig i arweinydd eglwys, yn enwedig yn y gwaith o benodi rhai i swyddi cyfrifol fel henuriaid.

Caethweision a'u meistri

I'r meddwl modern, mae agwedd oddefol yr Eglwys Fore at gaethwasiaeth yn ddirgelwch. Pam na welodd Paul ac arweinwyr eraill yr Eglwys fod cadw caethion yn gwbl groes i ysbryd yr Efengyl? Ond o gofio fod rhai miliynau o gaethion yn yr Ymerodraeth Rufeinig, roedd yr awdurdodau bob amser ar eu gwyliadwriaeth rhag i gaethion wrthryfela. Lluniwyd rheolau clir ynglŷn ag atal unrhyw derfysg. Rhoddwyd hawl i feistri arteithio a dienyddio caethion a godai yn erbyn y drefn. Pe bai'r Eglwys wedi annog caethweision i wrthryfela, byddai rhyfel cartref wedi dilyn gyda chanlyniadau erchyll. Byddai canrifoedd yn mynd heibio cyn y deuai Cristnogion i ddeall pa mor greulon oedd caethwasiaeth, ac ymgyrchu i'w ddiddymu.

Yn y cyfamser, roedd Paul ac arweinwyr eraill yn yr Eglwys Fore'n teimlo rheidrwydd i roi cynghorion i gaethion Cristnogol. Beth oedd dyletswydd caethwas a oedd wedi ymrwymo i ddilyn Iesu Grist? Ei gyfrifoldeb cyntaf oedd bod yn gaethwas da a chydwybodol. Hyd yn oed os nad oedd ei feistr yn Gristion, yr oedd y caethwas i ddangos gwir barch: 'Y mae'r rhai sy'n gaethweision dan yr iau i gyfrif eu meistri eu hunain yn deilwng o wir barch' (1 Tim. 6:1). A'r rheswm a roddir am hynny yw, 'fel na chaiff enw Duw, na'r athrawiaeth Gristnogol, air drwg'. Byddai i'r Eglwys arwain gwrthryfel agored yn erbyn y drefn yn gyfystyr ag achosi rhyfel a thywallt gwaed ar raddfa eang. Byddai'r Eglwys yn cael ei hystyried yn fudiad terfysgol, gwrthryfelgar; byddai'n colli ei hygrededd yn y gymdeithas ac yn dwyn anfri ar Dduw a'r

Efengyl. Yn ôl dealltwriaeth arweinwyr yr Eglwys ar y pryd, ni ddylai credinwyr aflonyddu ar drefn y gymdeithas o'i hamgylch.

Ond sut oedd caethion Cristnogol i ymddwyn os oedd eu meistri yn gredinwyr? Mewn sefyllfa felly, byddai perygl i'r caethion geisio manteisio ar y berthynas rhyngddynt fel cyd-aelodau o'r un eglwys, gan obeithio cael triniaeth fwy maddeugar am unrhyw fethiant. Ond dywed Paul nad yw'r caethion i geisio elwa ar y berthynas ysbrydol sydd rhyngddynt. Yn hytrach, mae'n ddyletswydd arnynt roi gwell gwasanaeth am fod y meistri yn frodyr iddynt yn y ffydd. Yn fwy na hynny, byddai'r meistri Cristnogol hyn 'yn elwa ar eu hymroddiad' (6:2). Gall hynny olygu fod y caethion i roi gwell gwasanaeth fel rhai sydd wedi cyfranogi o fendith fawr yr Efengyl, neu fel rhai sy'n mwynhau caredigrwydd meistri Cristnogol. Mae un peth yn sicr: dylai caethion Cristnogol weithio'n gydwybodol a bod yn weision ffyddlon ac ymroddgar. Ceir hanes am C. H. Spurgeon yn gofyn i forwyn fach sut y gwyddai ei bod wedi'i hachub. Ei hateb oedd, ei bod yn awr ar ôl ei thröedigaeth yn sgubo o dan y matiau, ac nid o'u cwmpas! Un o effeithiau amlwg gras yw bod person yn gwneud ei waith yn well. Yn yr un modd, cyfrifoldeb caethwas o Gristion yw bod yn well caethwas, er mwyn yr Eglwys ac fel tystiolaeth i'r Efengyl.

Roedd caethwasiaeth yn sylfaenol i strwythur ac economi'r ymerodraeth. Ac er y sylweddolai Paul y byddai unrhyw ymgyrch i'w ddiddymu yn arwain at chwyldro gwaedlyd, y mae rhai o'i sylwadau am gaethwasiaeth yn cynnwys elfennau a fyddai ymhen amser yn arwain at ddileu'r fasnach ddieflig. Yn nechrau'r llythyr hwn, dywed fod y rhai sy'n 'herwgipio', sef y rhai sy'n dwyn a gwerthu pobl i gaethwasiaeth, 'yn groes i'r athrawiaeth iach sy'n perthyn i'r Efengyl' (1 Tim. 1:10). Mewn llythyrau eraill, mae'n rhybuddio meistri i roi'r gorau i fygwth eu caethion (Eff. 6:9), ac i roi i'w caethion 'yr hyn sy'n gyfiawn a theg, gan wybod fod gennych chwithau hefyd Feistr yn y nef' (Col. 4:1). A'r egwyddor sy'n sail i berthynas caethion a'u meistri, yn ogystal â pherthynas Iddewon a Groegiaid, dynion a merched, yw bod pawb drwy ffydd yn blant Duw yng Nghrist Iesu: 'Nid oes rhagor rhwng Iddewon a Groegiaid, rhwng caeth a rhydd, rhwng gwryw a benyw, oherwydd un person ydych chwi oll yng Nghrist Iesu' (Gal. 3:28). Dyna eiriau a fyddai, ymhen amser, yn chwalu cyfundrefn greulon caethwasiaeth yn ulw. Ond byddai canrifoedd yn mynd heibio cyn i Gristnogion weld a deall yn llawn her yr Efengyl i'r fasnach greulon hon, ac ymgyrchu i'w dileu. Gwaetha'r modd, mae tystiolaeth fod caethwasiaeth yn bodoli o hyd yn rhai o wledydd y byd, yn caethiwo merched a phlant yn arbennig, yn aml iawn i ddibenion rhywiol.

Cwestiynau i'w trafod

1. A yw'r canllawiau a awgrymir gan Paul i oruchwylio gwaith henuriaid yn berthnasol i'r weinidogaeth ac i arweinwyr eglwysig heddiw?

*2.	Pam y bu'r Eglwys Gristnogol mor hir cyn deffro i ormes a chreulondeb caethwasiaeth?*

*3.	Ym mha ystyr y mae'r Efengyl yn dileu rhaniadau rhwng pobloedd?*

15. CREFYDD A CHYFOETH

'... pobl sydd â'u meddyliau wedi eu llygru ac sydd wedi eu hamddifadu o'r gwirionedd, rhai sy'n tybio mai modd i ennill cyfoeth yw bywyd duwiol. Ac wrth gwrs, y mae cyfoeth mawr mewn bywyd duwiol ynghyd â bodlonrwydd mewnol. A'r ffaith yw, na ddaethom â dim i'r byd, ac felly hefyd na allwn fynd â dim allan ohono. Os oes gennym fwyd a dillad, gadewch inni fodloni ar hynny. Y mae'r rhai sydd am fod yn gyfoethog yn syrthio i demtasiynau a maglau, a llu o chwantau direswm a niweidiol, sy'n hyrddio pobl i lawr i ddistryw a cholledigaeth. Oherwydd gwraidd pob math o ddrwg yw cariad at arian, ac wrth geisio cael gafael ynddo crwydrodd rhai oddi wrth y ffydd, a'u trywanu eu hunain ag arteithiau lawer.

'Ond yr wyt ti, ŵr Duw, i ffoi rhag y pethau hyn, ac i roi dy fryd ar uniondeb, duwioldeb, ffydd, cariad, dyfalbarhad ac addfwynder. Ymdrecha ymdrech lew y ffydd, a chymer feddiant o'r bywyd tragwyddol. I hyn y cefaist dy alw pan wnaethost dy gyffes lew o'r ffydd o flaen tystion lawer. Yng ngŵydd Duw, sy'n rhoi bywyd ym mhob peth, ac yng ngŵydd Crist Iesu, a dystiodd i'r un gyffes lew o flaen Pontius Pilat, yr wyf yn dy gymell i gadw'r gorchymyn yn ddi-fai a digerydd hyd at ymddangosiad ein Harglwydd Iesu Grist, a amlygir yn ei amser addas gan yr unig Bennaeth bendigedig, Brenin y brenhinoedd, Arglwydd yr arglwyddi. Ganddo ef yn unig y mae anfarwoldeb, ac mewn goleuni anhygyrch y mae'n preswylio. Nid oes neb wedi ei weld, ac ni ddichon neb ei weld. Iddo ef y byddo anrhydedd a gallu tragwyddol! Amen' (1 Timotheus 6:5–16).

Pwy fyddai'n meddwl defnyddio crefydd i wneud arian? Er mor wrthun yw'r syniad i ni, y mae rhai sydd, dros y canrifoedd, wedi ceisio troi crefydd a'i defodau yn elw iddyn nhw eu hunain. A hwythau ar genhadaeth yn Samaria daeth Pedr ac Ioan ar draws rhyw ŵr o'r enw Simon, dewin a chanddo allu anghyffredin ym marn y bobl. Rhyfeddodd Simon o weld y gallu oedd gan yr apostolion a gofynnodd am gael prynu rhywfaint o'u hawdurdod fel y gallai elwa ohono. Ond meddai Pedr, 'Melltith arnat ti a'th arian, am iti feddwl meddiannu rhodd Duw trwy dalu amdani' (Ac. 8:20). O enw'r gŵr hwn y daw'r gair 'simoniaeth', sef gwerthu swyddi ac anrhydeddau crefyddol am arian - arferiad a fu'n bla yn yr Eglwys yn ystod y Canol Oesoedd. Protest Luther yn erbyn prynu a gwerthu maddeuebau a roddodd gychwyn i'r Diwygiad Protestannaidd.

Un o broblemau'r eglwys yn Effesus oedd bod rhai o'r gau athrawon yn synied am grefydd yn unig fel ffordd o wneud elw. Fel canolfan addoliad y dduwies Diana, roedd llawer o grefftwyr yn gwneud arian trwy gynhyrchu a gwerthu cysegrau arian i Diana. Roedd y crefftwyr a'r masnachwyr wedi hen arfer â manteisio ar wyliau a chyltiau crefyddol i wneud arian. Hwy oedd yn protestio fod dylanwad Paul a'i gyfeillion yn niweidio'u masnach.

O gofio'r cefndir paganaidd hwn, mae'n hawdd deall sut y byddai gau athrawon yn dysgu yn yr eglwysi gan ddisgwyl cael eu cydnabod am wneud hynny. Mae Paul wedi cyhoeddi hawl y gweithiwr i'w gyflog (1 Tim. 5:17–18). Ond yma, mae'n condemnio'n hallt y bobl sydd â chyflog, a chyflog yn unig, yn eu cymell i wasanaethu.

Cyfoeth y bywyd duwiol

Y mae defnyddio crefydd i hyrwyddo amcanion hunanol yn haeddu'r cerydd pennaf, ac y mae gwasanaethu Duw er mwyn elw personol yn gwbl wrthun. Dywed Paul fod gau athrawon a'u bryd ar ymgyfoethogi yn 'bobl sydd â'u meddyliau wedi eu llygru ac sydd wedi eu hamddifadu o'r gwirionedd, rhai sy'n tybio mai modd i ennill cyfoeth yw bywyd duwiol' (1 Tim. 6:5). Ond yn hytrach na'u condemnio mae'r apostol yn gweld eironi yn eu hagwedd. Meddai, 'Ac wrth gwrs, y mae cyfoeth mawr mewn bywyd duwiol ynghyd â bodlonrwydd mewnol' (6:6), ond bod y cyfoeth hwnnw'n gwbl wahanol i arian ac eiddo a phethau materol. Yn hytrach, y mae'n gyfoeth sy'n deillio o stad o 'fodlonrwydd mewnol'.

Ystyr 'bodlonrwydd' yn y cyswllt hwn yw bod yn annibynnol ar bethau materol. Y mae'n gyflwr mewnol, nad yw'n dibynnu ar arian nac eiddo na meddiannau allanol. Yn ei Lythyr at y Philipiaid, mae Paul yn datgan nad oes angen dim arno, 'oherwydd yr wyf fi wedi dysgu bod yn fodlon, beth bynnag fy amgylchiadau. Gwn sut i gymryd fy narostwng, a gwn hefyd sut i fod uwchben fy nigon' (Phil. 4:11–12). Nid yw ei fodlonrwydd yn dibynnu o gwbl ar ei amgylchiadau. Gwyddai am dangnefedd mewnol a'i gwnâi'n annibynnol arnynt.

Roedd y gair a gyfieithir 'bodlonrwydd' (*autarkeia*) yn derm a ddefnyddiwyd gan yr athronwyr Stoicaidd i gyfleu'r syniad o fod yn hunanddigonol, heb ddibyniaeth ar unrhyw amgylchiadau allanol. Nid yw bodlonrwydd Cristnogol chwaith yn dibynnu ar bethau na moethau nac eiddo allanol. Ond nid oddi mewn iddo'i hun y mae'r Cristion yn canfod y bodlonrwydd hwn, ond yn ei berthynas ag Iesu Grist. 'Y mae gennyf gryfder at bob gofyn' meddai Paul, 'trwy yr hwn sydd yn fy nerthu' (Phil. 4:13). Cyfrinach bodlonrwydd y Cristion yw nid bod yn *hunangynhaliol* ond bod yn *Grist-gynhaliol*. Y mae crefydd yn estyn ei bendithion i'r sawl sydd wedi rhoi heibio uchelgais bydol a gwerthoedd materol gan orseddu Crist yn y galon. Nid bod crefydd yn ystyried tlodi yn rhinwedd chwaith; ond ni all crefydd roi dedwyddwch a bodlonrwydd i neb sy'n mynnu gosod y gwerth mwyaf ar bethau materol. Y mae Paul yn crynhoi ei ddadl yn y geiriau, 'Ac wrth gwrs, y mae cyfoeth mawr mewn bywyd duwiol ynghyd â bodlonrwydd mewnol' (1 Tim. 6:6).

Cyfoeth y bywyd tlawd

Dywed Paul mai pethau dros amser yn unig yw pethau materol. Daw pawb i'r byd yn noeth, ac yn noeth yr aiff pawb o'r byd hefyd. Ceir yr un ymateb oddi wrth Job wedi iddo golli popeth. 'Yn noeth y deuthum o groth fy mam, ac yn noeth y dychwelaf yno. Yr Arglwydd a roddodd, a'r Arglwydd a ddygodd ymaith. Bendigedig fyddo enw'r Arglwydd' (Job 1:20–21). Pan ofynnir am berson ymadawedig, 'Faint adawodd ar ei ôl?' yr ateb yw, 'Y cwbl'!

Nodir dau beth angenrheidiol i gysur dyn ar y ddaear, sef bwyd a dillad. 'Os oes gennym fwyd a dillad, gadewch inni fodloni ar hynny' (1 Tim. 6:8). Dyna angenrheidiau materol ac elfennol bywyd. Mae'r Testament Newydd yn cydnabod fod angen y pethau sylfaenol hyn ar ddyn. 'Nid ar fara yn unig y bydd rhywun fyw', meddai Iesu adeg ei demtiad (Mth. 4:4); ond y mae arno er hynny angen bara. Nid yw'r Efengyl yn gwahardd dyn rhag mwynhau pethau da'r byd hwn. Fel y dywedwyd yn barod, y mae holl roddion Duw i'w mwynhau gyda diolchgarwch. Ond y mae dyn yn ei ddarostwng ei hunan i lefel isel os yw'n gosod ei holl fryd ar gyfoeth materol yn unig. Y mae'n disgyn i afael temtasiynau a maglau, i ariangarwch ac i gors o anobaith. Wrth geisio ennill y byd y mae dyn yn colli ei enaid ei hun.

Camgymeriad sylfaenol dyn yw ei *agwedd* at gyfoeth, nid cyfoeth ei hun. 'Oherwydd gwraidd pob math o ddrwg yw cariad at arian' (1 Tim. 6:10). Gall hynny fod yn wir am y tlotaf yn ogystal â'r cyfoethog. Mae'r tlawd yn disgyn i grafangau ariangarwch am eu bod yn brin o arian tra bo'r cyfoethog yn mynd yn gaeth i arian am ei fod yn methu cael digon ohono!

Byddai Paul yn ddigon cyfarwydd â'r ysgrythurau i wybod am eu rhybuddion rhag mynd yn gaeth i gyfoeth. 'Ni ddigonir yr ariangar ag arian, na'r un sy'n caru cyfoeth ag elw' (Preg. 5:10). Ac mae'r Salmydd yn tynnu sylw at y ffaith amlwg 'fod yr ynfyd a'r dwl yn trengi, ac yn gadael eu cyfoeth i eraill' (Salm 49:10). Mae awdur y Diarhebion yn gweddïo am iddo beidio â derbyn tlodi na chyfoeth 'rhag imi deimlo ar ben fy nigon, a'th wadu ... Neu rhag imi fynd yn dlawd, a throi'n lleidr, a gwneud drwg i enw fy Nuw' (Diar. 30:9). Yr un rhybudd sydd gan Paul, sef fod yr ariangar yn debygol o grwydro oddi wrth y ffydd

(1 Tim. 6:10). Yn wir, y mae'n cyfeirio at ddau fath o ddrygioni sy'n dod yn sgìl ariangarwch. Yn gyntaf, mae yna golli gafael ar y *moesol*. Mae'r ariangar mewn perygl o 'syrthio i demtasiynau a maglau, a llu o chwantau direswm a niweidiol' (6:9). Y demtasiwn fwyaf yw defnyddio dulliau anfoesol i sicrhau cyfoeth. Gall hynny fod yn wir am gamblo, sy'n peri gofid i'r gamblwr ei hun ac yn creu problemau enfawr i'w deulu. Ac fe all y cyfeiriad at 'hyrddio pobl i lawr i ddistryw a cholledigaeth' olygu fod yr awch am gyfoeth yn llethu dyn ac yn difetha'i fywyd yn llwyr. Ac yn ail, y mae i ddrygioni elfen *ysbrydol*. Nid ei ffydd sydd mwyach yn llywodraethu ym mywyd yr ariangar, ond ei ddyhead am gyfoeth. Ni all roi ei deyrngarwch i Dduw ac i arian, ac wrth ymwadu â'i ffydd y mae hefyd yn colli bendithion y ffydd honno. Y mae fel petai'n ei drywanu ei hun â chleddyf ac felly'n dioddef gofid dyblyg. Y mae'n colli cysgod y ffydd ac yn disgyn i'r pryder sy'n dod yn sgìl ariangarwch. Y mae'n cyfnewid y tangnefedd sy'n deillio o ffydd am y treialon sy'n dod o ofalu am bethau materol. Unig wobr ariangarwch yw mwy a mwy o ofidiau sy'n deillio o gydwybod anesmwyth ac o ofal am warchod a chynhyrchu mwy o arian.

Gornest y bywyd Cristnogol

Y mae Paul yn cyfarch Timotheus â'r teitl anrhydeddus 'gŵr Duw' ac yn ei annog i roi heibio'r 'pethau hyn', sef y beiau a'r drygau y mae wedi ei rybuddio i'w hosgoi, gan ganolbwyntio'n hytrach ar y rhinweddau Cristnogol a'u gwneud yn flaenaf yn ei fywyd. Y 'pethau' y dylai fel arweinydd osod ei fryd arnynt yw 'uniondeb, duwioldeb, ffydd, cariad, dyfalbarhad ac addfwynder' (1 Tim. 6:11). Ond nid yw'n hawdd rhoi'r flaenoriaeth i'r rhinweddau a'r grasusau hyn. Yn hytrach, mae'n ymdrech ysbrydol barhaus; ac anogaeth Paul i Timotheus yw, 'Ymdrecha ymdrech lew y ffydd' (6:12). Fel y bydd yr athletwr mewn mabolgampau'n defnyddio pob mymryn o egni sydd ganddo i gyrraedd y nod, rhaid i'r Cristion hefyd ymdrechu i ennill bywyd tragwyddol. Ac mae Paul yn nodi pedwar rheswm dros hynny.

Y rheswm cyntaf dros ymdrechu ymdrech y ffydd yw bod Timotheus trwy hynny yn *gwneud cyffes gyhoeddus ger bron yr eglwys*. Wrth gael ei dderbyn yn gyflawn aelod ohoni cyffesodd gerbron llu o dystion ei fod yn derbyn Iesu Grist yn Arglwydd arno'i hun. Gan iddo gychwyn mor addawol ar lwybr y ffydd fe ddylai ddal ati yn ei broffes a'i waith fel Cristion.

Yn ail, *oherwydd y gyffes a wnaeth Crist ei hun gerbron Pilat* (6:13) wrth iddo ddioddef y fflangell a'r gwatwar gan filwyr Pilat a marw ar y groes. Am iddo fod yn ffyddlon hyd angau, dylai Timotheus ei efelychu. Y mae yng ngeiriau Paul adlais o'r Gredo Apostolaidd y byddai credinwyr newydd yn ei hadrodd yn eu bedydd.

Yn drydydd, *y disgwyl am ailddyfodiad Iesu.* Gofynnir i Timotheus gadw'r gorchymyn a wnaeth yn nechrau ei fywyd Cristnogol, 'hyd at ymddangosiad ein Harglwydd Iesu Grist' (6:14). Roedd y disgwyliad am ailddyfodiad Crist yn ysbrydiaeth i'r credinwyr fyw yn deilwng, rhag i'w Harglwydd ddychwelyd a'u cael yn hepian. Pan fydd Crist yn dychwelyd, bydd yn dwyn pob gweithred i'r goleuni.

Yn bedwerydd, *cymeriad Duw ei hun.* Yn yr amser priodol, bydd y Tad yn cael ei ddatguddio yn ei ogoniant dwyfol fel 'yr unig Bennaeth bendigedig, Brenin y brenhinoedd, Arglwydd yr arglwyddi' (6:15). Caiff nodweddion Duw eu rhestru mewn cyferbyniad â'r duwiau paganaidd a'r ymerawdwr. Yn wahanol i Gesar, y mae Duw'n 'anfarwol'; ac yn wahanol i'r duwiau paganaidd, y mae'n 'anweledig' ac yn deilwng o 'anrhydedd a gallu tragwyddol' (6:16).

Y mae Paul yn diweddu ei lythyr trwy annog Timotheus i orchymyn cyfoethogion Effesus, yn enwedig y rhai sy'n perthyn i'r eglwys, i beidio ag ymfalchïo yn eu cyfoeth, i roi eu gobaith nid mewn cyfoeth ansicr ond yn Nuw, i ddefnyddio'u cyfoeth i wneud daioni, ac yn fwy na dim i ymgyfoethogi mewn gweithredoedd da yn hytrach nag mewn eiddo. Hynny fydd yn eu galluogi 'i feddiannau'r bywyd sydd yn fywyd yn wir' (6:19).

Cwestiynau i'w trafod

1. Ym mha ffordd y defnyddir crefydd gan rai i wneud arian?

2. 'Camgymeriad sylfaenol dyn yw ei agwedd at gyfoeth, nid cyfoeth ei hun.' Trafodwch.

3. Ym mha ystyr y gellid disgrifio'r bywyd Cristnogol fel 'ymdrech lew y ffydd'?

16. AIL LYTHYR PAUL

'Paul, apostol Crist Iesu trwy ewyllys Duw, yn unol â'r addewid am y bywyd sydd yng Nghrist Iesu, at Timotheus, ei blentyn annwyl. Gras a thrugaredd a thangnefedd i ti oddi wrth Dduw y Tad a Christ Iesu ein Harglwydd.

'Yr wyf yn diolch i Dduw, yr hwn yr wyf yn ei wasanaethu â chydwybod bur fel y gwnaeth fy hynafiaid, pan fyddaf yn cofio amdanat yn fy ngweddïau, fel y gwnaf yn ddi-baid nos a dydd. Wrth gofio am dy ddagrau, rwy'n hiraethu am dy weld a chael fy llenwi â llawenydd. Daw i'm cof y ffydd ddiffuant sydd gennyt, ffydd a drigodd gynt yn Lois, dy nain, ac yn Eunice, dy fam, a gwn yn sicr ei bod ynot tithau hefyd. O ganlyniad, yr wyf yn dy atgoffa i gadw ynghynn y ddawn a roddodd Duw iti, y ddawn sydd ynot trwy arddodiad fy nwylo i. Oherwydd nid ysbryd sy'n peri llwfrdra a roddodd Duw i ni, ond ysbryd sy'n peri nerth a chariad a hunanddisgyblaeth (2 Timotheus 1:1–7).

Mae'n bur debyg i flwyddyn neu ddwy fynd heibio cyn i Paul fynd ati i lunio ei Ail Lythyr at Timotheus. Yn ôl pob tebyg, dyma'r llythyr olaf i'r Apostol ei gyfansoddi, ac y mae'n llawn tynerwch a chyfeiriadau personol. Dywedodd yr Esgob Handley Moule ei fod yn cael anhawster darllen Ail Lythyr Paul at Timotheus heb deimlo'r dagrau'n cronni yn ei lygaid.

Rhaid ceisio dychmygu'r sefyllfa. Mae Paul yn hen ŵr, ac mewn carchar tywyll lleidiog yn Rhufain. Mae ei weithgarwch cenhadol wedi dod i ben ac yntau'n ymwybodol fod y diwedd yn agos. 'Oherwydd y mae fy mywyd i eisoes yn cael ei dywallt mewn aberth, ac y mae amser fy ymadawiad wedi dod' (2 Tim. 4:6). Yn awr, rhaid iddo wneud yn sicr fod y gwaith o ledaenu'r Efengyl, a gwarchod ei phurdeb a'i gwirionedd rhag ymosodiadau gan gau athrawon, yn ddiogel yn nwylo arweinwyr eraill iau. Y mae felly'n gwneud ei apêl olaf, daer i Timotheus i warchod yr hyn a dderbyniodd a throsglwyddo'r neges i eraill. 'Cymer y geiriau a glywaist gennyf fi yng nghwmni tystion lawer, a throsglwydda hwy i ofal pobl ffyddlon a fydd yn abl i hyfforddi eraill hefyd' (2:2).

Y mae esbonwyr yn rhanedig eu barn ynglŷn ag awduraeth a dyddiad y llythyr hwn, gyda nifer yn dadlau mai gwaith awdur diweddarach na Paul yw'r ddau lythyr at Timotheus. Sail eu dadleuon dros ddweud hynny yw bod rhannau helaeth o'r llythyrau mewn iaith, arddull a geirfa wahanol i lythyrau eraill Paul. Mae'r gyfundrefn eglwysig a ddisgrifir yn fwy diweddar na'r sefyllfa a fodolai yn ystod bywyd Paul. A dadleuir hefyd nad oedd yr un athrawiaeth gau a gondemnir yn y llythyrau yn blino'r Eglwys yn nyddiau Paul.

Ar yr un pryd, mae'n anodd dychmygu fod rhywun arall wedi cyfansoddi'r darnau personol, cyfeillgar a'r cyfeiriadau at symudiadau arweinwyr a chyfeillion. Ond i ateb hynny, awgrymir fod gan yr awdur yn ei feddiant lythyrau gan yr apostol at Timotheus, a'i fod wedi cynnwys rhannau ohonynt o fewn 'y llythyr olaf hwn' oddi wrth Paul. Ar y llaw arall, mae llawer o esbonwyr eraill yn gwrthod y dadleuon hyn ac yn mynnu bod digon o dystiolaeth i gredu mai Paul oedd awdur y ddau lythyr at Timotheus a'r llythyr at Titus.

Cefndir 2 Timotheus

I ddeall neges a bwriad y llythyr hwn rhaid deall ei gefndir. Y mae pedwar peth i'w cadw mewn cof. Yn gyntaf, *Paul ei hun yw awdur y llythyr.* Credai'r Tadau cynnar mai Paul oedd yr awdur: Clement o Rufain (tua O.C. 95), Ignatius, Polycarp (degawdau cyntaf yr ail ganrif) ac Irenaeus (diwedd yr ail ganrif). Parhaodd y traddodiad mai Paul oedd awdur yr Epistolau Bugeiliol hyd y bedwaredd ganrif ar bymtheg. Mae'r rhai sy'n dadlau dros awduraeth Paul yn credu bod awurdod a neges y llythyr yn fwy cadarn o dderbyn mai Paul yw'r awdur. Mae cyfarchion agoriadol y ddau lythyr yn datgan yn gwbl glir mai Paul a'u hanfonodd. 'Paul, apostol Crist Iesu trwy orchymyn Duw ... at Timotheus' (1 Tim. 1:1); 'Paul, apostol Crist Iesu trwy ewyllys Duw, yn unol â'r addewid am y bywyd sydd yng Nghrist Iesu, at Timotheus, ei blentyn annwyl' (2 Tim. 1:1).

Mae'n mynd ymlaen i gyfeirio at ei sêl fel erlidiwr yr Eglwys (1 Tim. 1:12–17), ei dröedigaeth a'i gomisiwn i fod yn apostol (2 Tim. 1:11), a'i ddioddefiadau dros Grist (1:12; 2:9; 3:10–11). Yn fwy na dim, daw ei bersonoliaeth i'r amlwg wrth iddo annog a chalonogi Timotheus i ddal ati yn y gwaith. Meddai Handley Moule, 'Y mae ei galon ddynol i'w gweld ym mhobman. Go brin y gallai chwedleuwr ddeall a chyfleu teimladau'r galon.'

Nid oes amheuaeth fod gan yr awdur wybodaeth drylwyr o gynnwys yr Efengyl a'i fod yn credu ynddi'n angerddol. Pryderai am broblemau'r Eglwys, ac ofnai bod syniadau cyfeiliornus yn dylanwadu'n niweidiol ar ei chredo a'i bywyd. Er mwyn sefyll yn gadarn mewn cyfnod felly, a rhoi arweiniad cywir i'r Eglwys, byddai raid dewis personau cymwys i ddiogelu'r Efengyl apostolaidd ac i osod trefn ar waith a gweinidogaeth yr Eglwys. Y person amlwg i roi cyfeiriad o'r fath, ac i sicrhau fod arweinwyr newydd yn dod i'r adwy, oedd yr Apostol Paul ei hun. Y mae dilysrwydd cynnwys ac awdurdod y llythyr yn mynd law yn llaw ag awduraeth yr Apostol. Yn sicr, nid yw'r dadleuon ieithyddol, diwinyddol ac eglwysig yn ddigon cryf i wrthbrofi awduraeth Paul o'r ddau Lythyr at Timotheus a'r Llythyr at Titus.

Carcharor dros Grist

Yr ail ffaith o bwys yw *mai carcharor yn Rhufain oedd Paul adeg ysgrifennu 2 Timotheus.* Y mae'n ei ddisgrifio'i hun fel 'ei garcharor ef' (2 Tim. 1:8). Dyma ei ail garchariad. Yn ei garchariad cyntaf, cawsai aros mewn tŷ a derbyn ymwelwyr. Yn niwedd Llyfr yr Actau cawn wybod mai Luc oedd un o'r ymwelwyr hynny. Gwyddom hefyd iddo gael ei ryddhau a mynd i deithio: i Creta i ymweld â Titus; i Effesus i ymweld â Timotheus; o bosibl i Colosae i weld Philemon; ac i Facedonia.

Y mae'n debygol mai ym Macedonia y lluniodd ei Lythyr Cyntaf at Timotheus yn Effesus. Wyddom ni ddim a lwyddodd i gyrraedd Sbaen fel yr oedd wedi gobeithio (Rhuf. 15:24, 28), ond cadwodd ei addewid i ymweld eto â Timotheus yn Effesus (1 Tim. 3:14–15). Oddi yno aeth i borthladd Miletus, lle gadawodd Troffimus oedd yn wael (2 Tim. 4:20); i Troas, lle arhosodd gyda Carpus a gadael ei fantell a rhai llyfrau ar ôl; i Corinth, lle gadawodd Erastus (4:20); ac ymlaen i Rufain.

Yn Rhufain, cafodd ei ail-arestio a'i ail-garcharu; ond y tro hwn, mewn amgylchiadau caeth ac enbyd o ddigysur. Cafodd Onesifforus anhawster i ddod o hyd iddo cyn ei ganfod mewn cadwynau (2 Tim. 1:16–17). Dywed Paul ei hun, 'Yng ngwasanaeth yr Efengyl hon yr wyf yn dioddef hyd at garchar, fel rhyw droseddwr, ond nid oes carchar i ddal gair Duw' (2:9). Yr oedd yr erlid dan yr Ymerawdwr Nero ar ei waethaf (O.C. 64). Credir i Paul a Pedr farw yn ystod yr erledigaeth honno – Paul trwy dorri ei ben a Phedr trwy ei groeshoelio (ben i waered). Dywed Dionysius o Gorinth i'r ddau farw'r un pryd. Lluniodd Paul y llythyr olaf hwn at Timotheus pan oedd cysgod merthyrdod drosto. Ei ddymuniad oedd y byddai Timotheus yn ymweld ag ef yn fuan. Yn ei unigrwydd, ac yn nhywyllwch ei gell yr oedd yn awyddus i weld ei gyfaill a'i ddisgybl ifanc Timotheus unwaith eto.

Y trydydd peth arwyddocaol yw ei fod *yn ysgrifennu at Timotheus oedd ar fin cael ei osod mewn swydd uchel a chyfrifol.* Am un mlynedd ar ddeg, ers ei dröedigaeth yn Lystra, bu Timotheus yn gydweithiwr cenhadol ffyddlon i Paul; bu'n gynrychiolydd iddo yn Thesalonica a Corinth, yn gydymaith iddo tua Jerwsalem, ac yn gwmni iddo yn ystod ei garchariad cyntaf yn Rhufain. Wedi hynny, trefnwyd iddo arolygu eglwys Effesus.

Yr oedd Paul yn arbennig o hoff o Timotheus, nid yn unig fel disgybl ond fel 'ei blentyn diledryw yn y ffydd' (1 Tim. 1:2), ac fel 'ein brawd a chydweithiwr Duw yn Efengyl Crist' (1 Thes. 3:2). Yn wir, oherwydd consyrn dwfn Timotheus am yr eglwysi, ac oherwydd iddo wasanaethu

Paul mor ffyddlon, aeth yr Apostol mor bell â dweud amdano, 'nid oes gennyf neb o gyffelyb ysbryd iddo ef' (Phil. 2:20), a neb tebyg iddo a allai ofalu am fuddiannau eglwys Philipi. Does ryfedd, felly, i Paul adael Timotheus ar ôl i ofalu am eglwys Effesus.

Roedd ei gyfrifoldebau yn niferus a'r problemau a'i hwynebai yn Effesus yn heriol - gau athrawon yn erydu ffydd y credinwyr, gwaith i'w wneud i ofalu am weddwon, dewis a hyfforddi henuriaid newydd yn flaenoriaeth, a gofalu am fuchedd a safonau moesol yr aelodau. Roedd Paul yn awr am osod rhagor o gyfrifoldeb ar ysgwyddau Timotheus trwy ei osod yn ben henuriad ar eglwys Effesus ac yn olynydd iddo ef ei hun. Roedd ganddo feddwl uchel o allu a doniau Timotheus fel arweinydd. Ond roedd ganddo hefyd ei wendidau a'i ddiffygion; a phrif amcan y llythyr oedd ei gyfarwyddo a'i gynghori.

Yr oedd Timotheus yn ifanc, ac o ganlyniad yr oedd rhai o aelodau hŷn eglwys Effesus yn amharod i dderbyn ei arweiniad. Yr oedd hefyd yn swil a dihyder, ac yr oedd Paul yn ei annog i ymwroli ac ennill cefnogaeth ei bobl trwy fod yn 'batrwm i'r credinwyr mewn gair a gweithred, mewn cariad a ffydd a phurdeb' (1 Tim. 4:12). Roedd Timotheus hefyd yn wan ei iechyd. Cyfeirir at ei anhwylderau, ac fe'i cynghorir i gymryd meddyginiaeth, yn cynnwys 'ychydig o win at dy stumog' (5:23). Awgrymir hefyd ei fod yn ofnus, yn enwedig o ddioddefaint. Yn aml yn ei Ail Lythyr, mae Paul yn ceisio'i gael i ymwroli (2 Tim. 1:7,8; 2:1,3; 3:12; 4:5). 'Cymer dy gyfran o ddioddefaint dros yr Efengyl, trwy'r nerth yr ydym yn ei gael gan Dduw' (1:8). Ond beth bynnag oedd gwendidau a diffygion Timotheus, yr oedd Paul yn gwbl argyhoeddedig mai ef oedd y dyn iawn i ddelio â phroblemau eglwys Effesus ac i arwain yr eglwys i'r dyfodol. Fel Moses a Jeremeia ac eraill o arwyr mawr y Beibl, yr oedd Timotheus yn teimlo'n annigonol i wynebu'r her. Ond fel hwythau, er iddynt fod yn wan ac anaeddfed a swil, os oedd Duw yn galw Timotheus i dasg arbennig, byddai hefyd yn sicr o'i arfogi a'i gynnal.

Os oedd Timotheus yn ansicr o'i gymhwyster ar gyfer y gwaith o arwain eglwys Effesus, y mae Paul yn ei atgoffa yn ei gyfarchiad ei fod ef ei hun, 'yn apostol trwy ewyllys Duw' (1:1). Nid ar gyfrif ei gymeriad, ei ddoniau, ei dras na'i deulu y mae yn apostol, ond ar gyfri'r ffaith i Dduw yn ôl ei ewyllys ei alw. Yn yr un modd, cael ei alw gan Dduw y mae Timotheus yntau.

Geiriau i galonogi

Mae Paul yn mynd ymlaen i nodi ffeithiau eraill i galonogi'r henuriad ifanc. Yn y lle cyntaf, *y mae'n ei sicrhau o'i weddïau cyson drosto,* a'i fod yn cofio amdano yn ei weddïau yn ddi-baid, nos a dydd' (2 Tim. 1:3). Ymarfer cyson ym mywyd Paul erioed fu ei weddi a'i ddefosiwn. Po fwyaf y cofiwn am ein gilydd mewn gweddi, mwyaf i gyd y bydd Duw yn ein cynnal a'n bendithio. Cofiai Paul am Timotheus – ei ieuenctid, ei gymeriad, ei ffydd, ei ddiffyg hyder a'i gyfrifoldeb – ac y mae pob cofio yn troi'n ddiolch. Pa ysbrydiaeth well i weithiwr ifanc na gwybod bod gweddïau ei dad yn y ffydd yn ei gynnal bob nos a bore.

Yn ail, *y mae'n ei atgoffa o wreiddiau dwfn ei ffydd.* Un wedi ei fagu ar aelwyd grefyddol oedd Timotheus, wedi ei feithrin yn yr Ysgrythurau gan ei nain Lois a'i fam Eunice. O'i fagu ar aelwyd felly, gwyddai Paul heb unrhyw amheuaeth fod Timotheus yn Gristion didwyll. Bu ffydd dwy genhedlaeth yn gefndir i'w brofiad ysbrydol, a dyna pam y mae Paul yn gallu bod mor sicr ohono.

Yn drydydd, *mae Paul yn atgoffa Timotheus o'r ddawn sydd ynddo.* Rhodd Duw yw'r ddawn honno. Ni ddywedir beth yn union yw'r ddawn, ond byddai'n sicr yn cynnwys y gallu i arwain, hyfforddi a dyfalbarhau yn wyneb anawsterau. Gwelodd yr eglwys gymhwyster arbennig ynddo, ac ar sail hynny yr ordeiniwyd ef gan Paul i'r gwaith yn Effesus.

Yn bedwerydd, *mae Paul yn atgoffa Timotheus o'r gwres a'r brwdfrydedd oedd yn ei galon,* ynghyd â'r sicrwydd fod Duw yn ei alw i'r gwaith. Mae'n rhaid iddo gadw'r argyhoeddiad hwnnw'n loyw,

123

a chadw'r fflam i losgi. Dyna fydd yn rhoi iddo'r nerth a'r cariad a'r hunanddisgyblaeth i ddal ati, hyd yn oed yn y cyfnodau anodd.

Cwestiynau i'w trafod

1. Pa wahaniaeth a wneir i'n dealltwriaeth o'r llythyr hwn o dderbyn mai Paul yw ei awdur?

2. Beth yw gwerth gweddi dros eraill?

3. Sut fath o ddarlun gawn ni o Timotheus o ddarllen cynghorion Paul iddo?

17. AMDDIFFYN YR EFENGYL

'Felly, na foed cywilydd arnat roi tystiolaeth am ein Harglwydd, na chywilydd ohonof fi, ei garcharor ef; ond cymer dy gyfran o ddioddefaint dros yr Efengyl, trwy'r nerth ydym yn ei gael gan Dduw. Ef a'n hachubodd ni, a'n galw â galwedigaeth sanctaidd, nid ar sail ein gweithredoedd ond yn unol â'i arfaeth ei hun a'i ras, y gras a roddwyd inni yng Nghrist Iesu cyn dechrau'r oesoedd, ond a amlygwyd yn awr drwy ymddangosiad ein Gwaredwr, Crist Iesu. Oherwydd y mae ef wedi dirymu marwolaeth, a dod â bywyd ac anfarwoldeb i'r golau trwy'r Efengyl. I'r Efengyl hon yr wyf fi wedi fy mhenodi'n bregethwr, yn apostol ac yn athro. Dyma'r rheswm, yn wir, fy mod yn dioddef yn awr. Ond nid oes arnaf gywilydd o'r peth, oherwydd mi wn pwy yr wyf wedi ymddiried ynddo, ac rwy'n gwbl sicr fod ganddo ef allu i gadw'n ddiogel hyd y Dydd hwnnw yr hyn a ymddiriedodd i'm gofal. Cymer fel patrwm i'w ddilyn y geiriau iachusol a glywaist gennyf fi, wrth fyw yn y ffydd a'r cariad sydd yng Nghrist Iesu. Cadw'n ddiogel, trwy nerth yr Ysbryd Glân sy'n trigo ynom, y peth gwerthfawr a ymddiriedwyd i'th ofal.

'Fel y gwyddost, y mae pawb yn Asia wedi cefnu arnaf, gan gynnwys Phygelus a Hermogenes. Ond dangosed yr Arglwydd drugaredd tuag at deulu Onesifforus, oherwydd cododd ef fy nghalon droeon, ac ni bu arno gywilydd fy mod mewn cadwynau. Yn wir, pan ddaeth i Rufain, aeth i drafferth fawr i chwilio amdanaf, a daeth o hyd imi. Rhodded yr Arglwydd iddo ddod o hyd i drugaredd gan yr Arglwydd yn y Dydd hwnnw. Fe wyddost ti yn dda gymaint o wasanaeth a roddodd ef yn Effesus'
(2 Timotheus 1:8–18).

Cyn troi at drafod y dasg o amddiffyn yr Efengyl ger bron y byd, y mae Paul yn annog Timotheus i beidio â bod â chywilydd o'r Efengyl, na chwaith o Paul fel tyst iddi. Y mae tri pheth y gall Cristnogion, fel Timotheus, gael eu temtio i deimlo cywilydd ohonynt: *enw Crist,* yr un y gelwir hwy i dystio iddo; *pobl Crist,* sef y rhai y maent yn perthyn iddynt; ac *Efengyl Crist* a drosglwyddwyd iddynt i'w lledaenu. Mae'n amlwg fod Timotheus, trwy ei swildod a'i ddiffyg hyder, wedi rhoi'r argraff fod ganddo gywilydd o'i alwad a'i neges. A thybed na theimlodd Paul rywfaint o'r cywilydd hwn, ac mai dyna a barodd iddo ddatgan gyda'r fath bendantrwydd, 'Nid oes arnaf gywilydd o'r Efengyl, oherwydd gallu Duw yw hi ar waith er iachawdwriaeth i bob un sy'n credu' (Rhuf. 1:16). Y mae pob un ohonom yn sensitif i farn pobl eraill, er ein bod yn amharod i gydnabod hynny. A gwyddai Iesu y byddai sefyllfaoedd yn codi pan fyddai pobl yn ymarhous i ddangos eu hochr. 'Pwy bynnag fydd â chywilydd ohonof fi ac o'm geiriau yn y genhedlaeth annuwiol a phechadurus hon, bydd ar Fab y Dyn hefyd gywilydd ohonynt hwy, pan ddaw yng ngogoniant ei Dad gyda'r angylion sanctaidd' (Mc. 8:38). Wrth ysgrifennu o'r carchar yn Rhufain, mae Paul yn dweud wrth Timotheus, 'Felly, na foed cywilydd arnat roi tystiolaeth am ein Harglwydd, na chywilydd ohonof fi, ei garcharor ef' (2 Tim. 1:8).

Y mae'r apostol yn gwahodd Timotheus i rannu ag ef y gogoniant o ddioddef dros yr Efengyl. Y mae pregethu'r Efengyl yn brofiad sy'n arwain at wrthwynebiad a chasineb o gyfeiriad rhai; ac y mae Paul yn estyn gwahoddiad i'w gyfaill ifanc i gyfranogi o'r profiad hwnnw: 'cymer dy gyfran o ddioddefaint dros yr Efengyl, trwy'r nerth yr ydym yn ei gael gan Dduw' (1:8). Y mae'r Cristion yng ngwasanaeth un a wawdiwyd ac a groeshoeliwyd, ac y mae ei weision yn aml yn ddirmygedig yng ngolwg y byd.

Yn dilyn hyn, ceir gan Paul ddisgrifiad cyfoethog o natur yr Efengyl y caiff y fraint o'i chyhoeddi ac o ddioddef drosti. 'Nerth yr ydym yn ei gael gan Dduw' (1:8) sydd yn ein galluogi i ddioddef trosti.

Cynnwys yr Efengyl

Mae Paul yn mynd yn ei flaen i ymhelaethu ar gynnwys yr Efengyl odidog hon y gelwir Timotheus i'w chyhoeddi ac i ddioddef drosti. Cyfeiria at ei phrif nodweddion (2 Tim. 1:9–10), ac yna at eu cyfrifoldeb fel ei chenhadon (1:11–14).

Y mae rhai esbonwyr yn awgrymu fod amlinelliad Paul o gynnwys yr Efengyl yn adnodau 9 a 10 wedi ei gymryd allan o un o emynau'r Eglwys Fore. Y mae'n dweud pedwar peth amdani. Yn gyntaf, *mae'n Efengyl sy'n achub.* 'Ef (sef Duw) a'n hachubodd ni' (1:9). O flaen popeth arall, newyddion da am iachawdwriaeth yw'r Efengyl. Gydol ei weinidogaeth, ni pheidiodd Paul â chyfeirio at yr Efengyl fel 'gair iachawdwriaeth' neu 'ffordd iachawdwriaeth' (Ac. 13:26; 16:17; Eff. 1:13). Yr Efengyl sy'n achub dyn oddi wrth bechod ac anobaith a methiant.

Yn ail, *gwaith gras yw'r Efengyl.* Nid oes a fynno hi o gwbl â'n rhinweddau ni. Gras Duw sydd ar waith yng Nghrist yn ein rhyddhau o'n beiau, nid ar sail unrhyw haeddiant o'n heiddo ni: 'nid ar sail ein gweithredoedd ond yn unol â'i arfaeth ei hun a'r ras' (2 Tim. 1:9). Roedd y pwrpas grasol hwn y cawn ein galw iddo wedi ei drefnu gan Dduw cyn llunio'r byd. Gan fod ein hachubiaeth wedi ei threfnu gan Dduw yn y nefoedd 'cyn dechrau'r oesoedd' mae'n amlwg nad oes a wnelo'r cyfan hyn â'n gweithredoedd da ni. Nid o ganlyniad i'n gweithredoedd da y cawn ein gwaredu; roedd ein gwaredigaeth wedi ei threfnu 'cyn llunio'r byd, cyn lledu'r nefoedd wen', ymhell cyn i ni fedru cyflawni unrhyw rinweddau er mwyn ennill iachawdwriaeth.

Yn drydydd, *mae'r Efengyl yn ddatguddiad.* Yn nyfodiad Iesu Grist yn y cnawd i'n daear ni, daeth bwriadau grasol Duw i'r amlwg; ac yng Nghrist, gwelwyd ei allu ar waith yn goresgyn marwolaeth ac yn rhoi ystyr a chyfeiriad newydd i fywyd: 'Y mae ef wedi dirymu marwolaeth, a dod â bywyd ac anfarwoldeb i'r golau trwy'r Efengyl' (1:10). Trwy ei atgyfodiad, dinistriodd Crist awdurdod angau a'r bedd. Nid yw angau mwyach ond drws i fywyd tragwyddol a chymdeithas annherfynol â Duw. Gan fod Crist wedi gorchfygu angau, y mae ei fuddugoliaeth hefyd yn goleuo llwybr bywyd yn y byd hwn. Trwy'r Efengyl, aeth glyn y cysgodion yn llwybr y goleuni.

Cyfrifoldeb y cennad

O gofio cynnwys rhyfeddol yr Efengyl, cyfrifoldeb pob credadun yw tystio iddi, a gwneud hynny mewn tair ffordd: ei chyhoeddi, dioddef drosti, a'i diogelu.

Yn gyntaf, *ei chyhoeddi* (2 Tim. 1:11). Mae Paul yn defnyddio tri gair i ddynodi ei berthynas ei hun â'r Efengyl, sef *pregethwr* (gair na cheir mohono ond yma ac yn 1 Tim. 2:7 a 2 Pedr 2:5), sef cyhoeddwr; *apostol,* sef un a alwyd ac a awdurdodwyd i'r gwaith gan Grist ei hun; ac *athro,* sef un a benodwyd gan yr Eglwys i hyfforddi credinwyr newydd yn y ffydd. Gellid dweud mai'r apostolion oedd yn diffinio'r ffydd, y pregethwyr oedd yn ei chyhoeddi, a'r athrawon oedd yn ei dysgu. Ceir awgrym yma a thraw yn y Testament Newydd mai tair swydd ar wahân oedd y rhain. Ond yr oedd gan rai arweinwyr, fel Paul ei hun, y gallu a'r awdurdod i gyflawni'r tair. Nid oes apostolion yn yr Eglwys heddiw. Hwy oedd yn gyfrifol am drosglwyddo'r ffydd i'r Eglwys yn y lle cyntaf. 'Yr ydych wedi eich adeiladu ar sylfaen yr apostolion a'r proffwydi' (Eff. 2:20). Ond y mae Duw'n galw rhai ym mhob oes i fod yn bregethwyr ac yn athrawon. Gwaith y pregethwr yw cyhoeddi'r newyddion da am Iesu Grist – ei ddysgeidiaeth, ei weithredoedd nerthol, ei aberth ar y groes a'i atgyfodiad – a elwir mewn astudiaethau beiblaidd y *kerygma.* Gwaith yr athro yw hyfforddi credinwyr yng nghynnwys y ffydd, ei hathrawiaethau a goblygiadau moesol ac ymarferol dilyn Crist yn y byd – a elwir y *didache.* Yn draddodiadol o fewn Ymneilltuaeth, cyflawnwyd y dysgu yn y Seiat, yr Ysgol Sul a'r Dosbarth Beiblaidd.

Yr ail ffordd o dystio i'r Efengyl yw *dioddef drosti* (2 Tim. 1:12). Mae Paul yn datgan eto nad oes arno gywilydd o'r cyflwr y mae ynddo oblegid yr Efengyl; ac y mae'n gwahodd Timotheus yntau i beidio â bod â chywilydd ohoni chwaith: 'Cymer dy gyfran o ddioddefaint dros yr Efengyl, trwy'r nerth yr ydym yn ei gael gan Dduw'(1 Tim. 1:8). Dywed iddo ddysgu ymddiried yn llwyr yng ngwirionedd yr Efengyl, ac o wneud hynny iddo gael nerth trwy ymddiried yn Arglwydd yr Efengyl.

Daw hynny â ni at y drydedd ffordd o dystio i'r Efengyl, sef *ei diogelu* (2 Tim 1:12b–14). Yn yr adnodau hyn, mae Paul yn cyfuno'r syniad o ymddiriedaeth yng Nghrist gydag ymddiriedaeth Crist yn Timotheus. Yn y ddau achos, defnyddir gair sy'n golygu 'peth a roddwyd i'w gadw' *(paratheken)*. Ei ystyr yw rhywbeth o werth a ymddiriedwyd i rywun arall, fel arian a roddir mewn banc, neu eiddo a roddir yng ngofal rhywun arall i'w ddiogelu. Ni fuasem yn ymddiried dim o bwys i ofal neb ond y rhai y mae gennym ymddiriedaeth lwyr ynddynt.

Y mae Paul wedi ymddiried ei fywyd i Grist: 'mi wn pwy yr wyf wedi ymddiried ynddo'. Ac y mae Crist yntau wedi ymddiried yr Efengyl a'i thrysorau i Paul: 'rwy'n gwbl sicr fod ganddo ef allu i gadw'n ddiogel hyd y Dydd hwnnw yr hyn a ymddiriedodd i'm gofal' (2 Tim. 1:12). Mewn ffydd a chariad, y mae Timotheus i efelychu Paul mewn dau beth: athrawiaeth iachus, 'y geiriau iachusol a glywaist gennyf fi'; ac ymroddiad i ddiogelu buddiannau'r Efengyl a'r Eglwys, 'y peth gwerthfawr a ymddiriedwyd i'th ofal' (1:14). Nid yw hynny'n bosibl ond trwy rym cariad Crist a nerth yr Ysbryd Glân.

Y ffyddlon a'r anffyddlon

Wedi sôn am yr Efengyl fel 'y peth gwerthfawr' a'r 'ymddiriedaeth' a drosglwyddwyd i'w gofal, y mae Paul tua diwedd y bennod hon yn rhoi adroddiad o ymateb gwahanol bobl i'r ymddiriedaeth honno. Y nodyn trist yn yr adroddiad yw'r sôn am rai'n troi'n anffyddlon ac yn cefnu ar yr apostol. Ond y mae yna un sy'n aros yn deyrngar iddo gan fynd allan o'i ffordd i gynorthwyo Paul pan oedd pawb arall wedi ei adael.

Mae'n amlwg fod y ffeithiau'n hysbys i Timotheus. Pan ddywed Paul fod 'pawb yn Asia' wedi cefnu arno (2 Tim 1:15), nid yw'n sôn am wrthgiliad mawr oddi wrth y ffydd, ond at weithred a ddigwyddodd yn Asia Leiaf. Nid troi oddi wrth ddysgeidiaeth Paul na'i awdurdod yw ystyr 'cefnu arnaf' yn y cyswllt hwn ond 'gwrthod apêl', ac yn arbennig apêl am gymorth. Mae cyferbynnu gwrthodiad y llawer â charedigrwydd yr un yn awgrymu fod yr apostol wedi apelio am gymorth a chynhaliaeth, a bod pawb ond Onisefforus wedi ei wrthod. Y mae'n bosibl iddo gael ei ddal gan yr awdurdodau yn Troas, a bod ei gyfeillion, oherwydd diffyg gwroldeb, wedi gwrthod ei gynorthwyo (4:16). Ac yntau'n ddinesydd Rhufeinig, ni ellid fod wedi carcharu Paul ond fel gelyn yr ymerodraeth, ac ni fuasai'n ddiogel i neb arall ei amddiffyn nac ochri ag ef.

Enwir dau o'r bobl a drodd eu cefn arno, sef Phygelus a Hermogenes. Dyma'r unig gyfeiriad atynt yn y Testament Newydd. Cawn eu henwau, a dim mwy na hynny ar wahân i'r cofnod hwn am eu bradwriaeth. Y mae'n bosibl i rywrai gael eu henwau yn y llyfrau hanes am lawer o resymau, ond dyma ddau a fyddai'n gwbl anhysbys oni bai am yr un weithred hon o lwfrdra a brad. Dyma ddau a anfarwolwyd am ladd cyfeillgarwch.

Yn wahanol i'r ddau hyn, roedd Onesifforus wedi mynd o'i ffordd i gynorthwyo'r apostol. Ychydig a wyddom am hwn hefyd, ond cadwyd cof byw amdano yn hanes yr Eglwys am iddo fod yn deyrngar i Paul dan amgylchiadau anodd, pan oedd pawb arall wedi cefnu arno. Mae Paul yn ceisio trugaredd yr Arglwydd i 'deulu Onesifforus' (2 Tim. 1:16) am fod Onesifforus wedi mynd o'i ffordd i ddod o hyd iddo pan oedd Paul mewn cadwynau. Mae'r cyfeiriad at y ffaith iddo godi calon Paul yn awgrymu iddo ymweld yn aml â'r apostol yn y carchar, gan ddod â bwyd a chysuron eraill iddo. Mae'n bosibl rhamantu ac awgrymu iddo farw wrth wasanaethu Paul yn y carchar yn Rhufain. Mae Paul yn cyfeirio at un arall o'i gefnogwyr yn ystod ei garchariad yn Rhufain, sef Epaffroditus: 'oherwydd bu yn ymyl marw er mwyn gwaith Crist pan fentrodd ei fywyd i gyflawni drosof y gwasanaeth na allech chwi mo'i gyflawni' (Phil. 2:30). Nid yw'n amhosibl i'r un peth ddigwydd i Onesifforus yn Rhufain.

Y mae geiriau caredig Paul am Onesifforus yn ein hatgoffa o werth gweinidogaeth y dinod o fewn yr Eglwys. Y mae'n canmol ei gyfaill am iddo'i galonogi. I Paul, yr oedd ymweliadau mynych y dyn hwn yn codi ei galon ac yn gymorth ymarferol iddo. Roedd Onesifforus yn barod i gyfathrachu ag un a ystyriwyd gan y Rhufeiniaid yn ddrwgweithredwr. Peth cywilyddus oedd bod mewn cadwynau; ond yr oedd Onesifforus yn barod i rannu'r cywilydd hwnnw. Rhoddwyd iddo le yn hanes yr Eglwys Fore am iddo gyflawni gweinidogaeth gwasanaeth. Meddai Paul amdano wrth Timotheus, 'Fe wyddost ti yn dda gymaint o wasanaeth a roddodd ef yn Effesus' (2 Tim. 1:18).

Cwestiynau i'w trafod

1. *Beth yw ystyr 'ymddiriedaeth' – ymddiriedaeth yng Nghrist ac ymddiriedaeth yn yr Efengyl?*

2. *Yn ôl y bennod, beth oedd cynnwys yr Efengyl a bregethodd Paul?*

3. *Beth oedd nodweddion gweinidogaeth Onesifforus?*

18. TROSGLWYDDO'R EFENGYL

'Felly ymnertha di, fy mab, yn y gras sydd yng Nghrist Iesu. Cymer y geiriau a glywaist gennyf fi yng nghwmni tystion lawer, a throsglwydda hwy i ofal pobl ffyddlon a fydd yn abl i hyfforddi eraill hefyd. Cymer dy gyfran o ddioddefaint, fel milwr da i Grist Iesu. Nid yw milwr sydd ar ymgyrch yn ymdrafferthu â gofalon bywyd bob dydd, gan fod ei holl fryd ar ennill cymeradwyaeth ei gadfridog. Ac os yw rhywun yn cystadlu mewn mabolgampau, ni all ennill y dorch heb gystadlu yn ôl y rheolau. Y ffermwr sy'n llafurio sydd â'r hawl gyntaf ar y cnwd. Ystyria beth yr wyf yn ei ddweud, oherwydd fe rydd yr Arglwydd iti ddealltwriaeth ym mhob peth.

'Cofia Iesu Grist: ei gyfodi oddi wrth y meirw, ei eni o linach Dafydd, yn ôl yr Efengyl yr wyf fi yn ei phregethu. Yng ngwasanaeth yr Efengyl hon yr wyf yn dioddef hyd at garchar, fel rhyw droseddwr, ond nid oes carchar i ddal gair Duw. Felly, yr wyf yn goddef y cyfan er mwyn ei etholedigion, iddynt hwythau hefyd gael yr iachawdwriaeth sydd yng Nghrist Iesu, ynghyd â gogoniant tragwyddol. Dyma air i'w gredu:
"Os buom farw gydag ef, byddwn fyw hefyd gydag ef;
os dyfalbarhawn, cawn deyrnasu hefyd gydag ef;
os gwadwn ef, bydd ef hefyd yn ein gwadu ninnau;
os ydym yn anffyddlon, y mae ef yn aros yn ffyddlon,
oherwydd ni all ef wadu ei hun"' (2 Timotheus 2:1–13).

Wedi sôn yn y bennod flaenorol am nifer o Gristnogion Asia Leiaf yn cefnu arno ef a'r Efengyl – ac eithrio Onesifforus a'i deulu oedd wedi glynu'n ffyddlon – mae Paul unwaith eto'n awr yn annog Timotheus i ddal ei dir. Mae'n apelio'n daer arno sawl gwaith i beidio â chael ei demtio i ddilyn y dyrfa. Y mae wedi ei alw i swydd gyfrifol yn yr Eglwys. Er mor ofnus a dihyder ydoedd, roedd rhaid i Timotheus 'ymnerthu', ond nid yn yr ystyr o'i ddisgyblu ei hun na thynnu ar ei adnoddau ei hun, ond yn hytrach gwneud defnydd llawn o'r nerth a roddodd Duw iddo: 'ymnertha ... yn y gras sydd yng Nghrist Iesu' (2 Tim. 2:1). Nid yn ei natur ei hun y caiff gryfder ond yng ngras yr Arglwydd Iesu; a chryfder i gyflawni'r gwaith a roddwyd iddo yw hwnnw. Hyd yma, cafodd Timotheus ei annog gan Paul i ddal gafael yn y gwirionedd ac i warchod y ffydd rhag cael ei llygru gan syniadau gau athrawon. Yn awr, mae'n galw arno i wneud mwy na hynny.

Pedwar cam yr olyniaeth

Rhaid iddo hefyd drosglwyddo'r ffydd honno i eraill, 'i ofal pobl ffyddlon a fydd yn abl i hyfforddi eraill hefyd' (2 Tim. 2:2). Os oedd peryglon gau athrawiaeth yn symbyliad i Timotheus ymdrechu i ddiogelu purdeb y ffydd yn Effesus, yr oedd y ffaith fod Paul ei hun yn dod i ddiwedd ei fywyd yn gwneud y gwaith o sicrhau fod y gwirionedd yn cael ei drosglwyddo'n gywir i'r genhedlaeth nesaf yn fater o frys.

Gwelai Paul bedwar cam i'r trosglwyddiad.

Yn gyntaf, cyflwynwyd y ffydd gan Iesu ei hun i Paul. Dyna a olygai Paul wrth 'yr hyn a ymddiriedodd i'm gofal' (1:12). Nid rhywbeth a ddyfeisiwyd ganddo'i hun na chan yr un person dynol yw'r 'ymddiriedaeth' hon, ond rhywbeth a ddaeth trwy ddatguddiad. Eglurodd hyn yn fanwl wrth ysgrifennu at y Galatiaid: 'Yr wyf am roi ar ddeall i chwi, gyfeillion, am yr Efengyl a bregethwyd gennyf fi, nad rhywbeth dynol mohoni. Oherwydd nid ei derbyn fel traddodiad dynol a wneuthum, na chael fy nysgu ynddi chwaith; trwy ddatguddiad Iesu Grist y cefais hi' (Gal. 1:11–12).

Yn ail, mae'r hyn a drosglwyddwyd gan yr Arglwydd Iesu i Paul wedi ei drosglwyddo yn awr gan Paul i Timotheus. Y mae ef bellach i gadw'n ddiogel y 'peth gwerthfawr' a ymddiriedwyd i'w ofal (2 Tim. 1:14). Cynnwys y 'peth gwerthfawr' yw'r 'geiriau iachusol' a glywodd o enau Paul – geiriau a glywodd ganddo 'yng nghwmni tystion lawer' (2:2) – ar lawer o wahanol achlysuron, megis pregethu i Iddewon a Chenedl-ddynion, dysgu mewn grwpiau yn y synagogau, ac mewn sgyrsiau personol rhwng dau neu dri.

Yn drydydd, mae'r hyn a drosglwyddwyd i Timotheus i'w drosglwyddo yn awr hefyd i 'bobl ffyddlon'. Ar waethaf dylanwad andwyol y gau athrawon, yr oedd yn Effesus nifer o wŷr dibynadwy a deallus a oedd wedi eu trwytho yn y ffydd. Mae'n bur debyg mai henuriaid oedd y rhain, a chanddynt gyfrifoldeb i bregethu a dysgu. Fel henuriaid y synagogau, eu dyletswydd hwy fyddai dysgu'r Gyfraith a gwarchod y traddodiadau. Yn ei lythyr at Titus, dywed Paul fod rhaid i henuriad neu arolygydd 'fod yn ddi-fai, ac yntau yn oruchwyliwr yng ngwasanaeth Duw ... Dylai ddal ei afael yn dynn yn y gair sydd i'w gredu' (Titus 1:7, 9). I wŷr ffyddlon o'r fath y mae Timotheus i ymddiried y wir ffydd.

Yn bedwerydd, mae'n angenrheidiol fod y fath rai 'yn abl i hyfforddi eraill hefyd' (2 Tim. 2:2). Y maent nid yn unig i warchod y ffydd a'i phregethu; rhaid iddynt hefyd fod â'r gallu i'w dysgu. Wrth ddisgrifio arolygydd cymwys, dywed Paul fod rhaid iddo fod yn berson disgybledig ac 'yn athro da' (1 Tim. 3:2).

Felly, dyna'r pedwar cam yn y broses o drosglwyddo'r gwirionedd: oddi wrth Grist i Paul, oddi wrth Paul i Timotheus, oddi wrth Timotheus i 'bobl ffyddlon', ac oddi wrth 'bobl ffyddlon' i 'eraill hefyd'. Dyna draddodiad y Ffydd sydd wedi ei throsglwyddo o genhedlaeth i genhedlaeth gan yr Eglwys dros y canrifoedd. Hon yw'r wir olyniaeth apostolaidd. Daw'r gair Saesneg *tradition* o'r Lladin *traditio,* sef yr hyn a drosglwyddir o genhedlaeth i genhedlaeth. Fel y siarsiwyd Timotheus gan Paul i drosglwyddo'r ffydd i eraill er mwyn iddynt hwythau yn eu tro ddysgu eraill eto, ein gwaith ninnau heddiw yw sicrhau ein bod yn trosglwyddo'r gwirionedd i'r genhedlaeth sy'n codi.

Tair eglureb
Er mwyn dangos fod gwarchod y gwirionedd a'i drosglwyddo i eraill – y dasg a ymddiriedodd i Timotheus – yn waith anodd, mae Paul yn

defnyddio tair eglureb. Daw'r gyntaf o *faes y gad.* 'Cymer dy gyfran o ddioddefaint, fel milwr da i Grist Iesu' (2 Tim. 2:3).

Byddai'r darlun o filwr yn ddigon cyfarwydd i rai a oedd yn byw o fewn yr ymerodraeth Rufeinig, a gwnaeth yr apostol lawer o ddefnydd ohono (gweler Eff. 6:10). Roedd Timotheus wedi ymrestru ym myddin Crist ac wedi ymuno yn y frwydr ysbrydol. Roedd hynny'n galw am ymroddiad llwyr. Roedd rhaid dysgu ymwrthod â gofalon y bywyd hwn. 'Nid yw milwr sydd ar ymgyrch yn ymdrafferthu â gofalon bywyd bob dydd, gan fod ei holl fryd ar ennill cymeradwyaeth ei gadfridog' (2 Tim. 2:4). Yr hyn a ddisgwylir oddi wrth filwr, yn fwy na dim arall, yw ufudd-dod di-gwestiwn. Y mae'r cyfrifoldeb am drefnu'r ymgyrch yn gyfan gwbl ar y cadfridog. Cyfrifoldeb y milwr cyffredin yw ufuddhau i hwnnw. Nid yw ar faes y gad yn bennaf i ennill brwydr, ond i ennill ymddiriedaeth y cadfridog trwy fod yn gwbl ufudd iddo. Cyfrifoldeb y Cristion yw bod yn ufudd i'w Arglwydd a gwneud ei ewyllys.

Daw'r ail eglureb o'r *maes chwarae.* Y mae bywyd y Cristion hefyd yn debyg i ymdrech ymgeisydd am goron ar y maes chwarae. 'Ac os yw rhywun yn cystadlu mewn mabolgampau, ni all ennill y dorch heb gystadlu yn ôl y rheolau' (2:5). Nid yw'n derbyn ei wobr heb iddo ymdrechu'n gyfreithlon. Rhaid iddo'i gymhwyso'i hun trwy ymarfer. Dyn ynfyd fyddai'n cystadlu mewn ras heb fod wedi ymarfer yn drylwyr. Mae'r cyfeiriad at gystadlu 'yn ôl y rheolau' yn golygu cadw at reolau'r ras. Nid am ennill y ceir coron, ond am ennill yn deg, cadw'r rheolau a pharchu eraill sydd hefyd yn cystadlu. Yn yr un modd, rhaid i'r Cristion wrth hunanddisgyblaeth, gan fod yn onest, yn gywir ac yn deg yn y cyfan a wna yn ei ymgyrch dros yr Efengyl.

Daw'r drydedd eglureb o *faes cynhaeaf.* Y tro hwn, cyffelybir y Cristion i ffermwr. Gwobr y ffermwr yw cnwd y cynhaeaf. Ond ni cheir cnwd heb lafur ac ymdrech. Rhaid paratoi'r tir; rhaid parchu rheolau a deddfau natur; rhaid wrth amynedd a chwys: 'Y ffermwr sy'n llafurio sydd â'r hawl gyntaf ar y cnwd' (2:6). Y ffermwr diwyd, yn hytrach na'r ffermwr diog sy'n gwastraffu ei amser, sydd â hawl i ffrwyth.

Yn yr un modd yn y bywyd ysbrydol, y gweithiwr gonest sy'n medi cynhaeaf ysbrydol. Ac meddai Paul wrth Timotheus, 'Ystyria beth yr wyf yn ei ddweud, oherwydd fe rydd yr Arglwydd iti ddealltwriaeth ym mhob peth' (2:7). Roedd yn bwysig i Timotheus ddeall ergyd yr hyn a ddywedai Paul, rhag ofn iddo gredu bod yna unrhyw rinwedd ynddo'i hun mewn dioddef. Yr hyn sy'n cyfiawnhau ufudd-dod di-gwestiwn y milwr yw'r fuddugoliaeth; yr hyn sy'n cyfiawnhau disgyblaeth yr athletwr yw'r goron; a'r hyn sy'n cyfiawnhau llafur y ffermwr yw'r cynhaeaf.

Yn yr eglurebau hyn, y 'goncwest', y 'goron', a'r 'cynhaeaf' yw'r ffydd sydd wedi ei gorseddu yn ei phurdeb yn eglwys Effesus; mwy a mwy o ddychweledigion yn troi at Grist; a bendith Duw ar eu llafur a'u hymroddiad fel arweinwyr. Ond y mae gwireddu hyn oll yn galw am ymdrech a gwaith caled. Mae bod yn filwr da, ac ennill ras yn y mabolgampau, a chynhyrchu cynhaeaf toreithiog yn galw am ymroddiad a llafur. Heddiw, fel erioed, y mae Duw yn galw arnom i dorchi llewys a gweithio o ddifrif calon dros y deyrnas. Trosglwyddo'r Efengyl yn ei phurdeb yw'r prif waith sy'n wynebu Timotheus yn Effesus, ac mae gofyn iddo roi o'i orau fel milwr ar faes y gad, fel athletwr ar y maes chwarae, ac fel ffermwr ar faes y cynhaeaf. Ni ellir disgwyl llwyddiant heb lafur, chwys a pharodrwydd i ddal ati'n ffyddlon yn y gwaith.

Esiampl dioddefaint Crist

I danlinellu ei bwysais ar gystudd y milwr a disgyblaeth y mabolgampwr a llafur yr amaethwr, mae Paul yn cyfeirio meddwl Timotheus at ddioddefaint a gogoniant Iesu Grist, ac at ei ddioddefaint ei hun dros yr Efengyl a'r gogoniant y gobeithiai ei rannu gyda Christ. Yn gyntaf oll, gelwir arno i gofio Iesu Grist (2 Tim. 2:8) – wedi ei eni o linach Dafydd, wedi ei groeshoelio ond wedi ei gyfodi oddi wrth y meirw.

Gorchymyn rhyfedd yw'r gorchymyn hwn i gofio Iesu Grist. Sut y gallai Timotheus fyth ei anghofio? Er mwyn sicrhau na fyddai ei ddilynwyr yn ei anghofio, sefydlodd Iesu ordinhad Swper yr Arglwydd – Gwledd y Cofio – yn ganolbwynt bywyd ac addoliad ei Eglwys. Ac eto, y mae ei bobl wedi ei anghofio'n aml yn y gorffennol mewn dadleuon diwinyddol di-fudd a defodau a gweithgareddau ymylol.

Dyna pam y mae trosglwyddo'r Efengyl yn ei gogoniant a'i gwirionedd mor hanfodol bwysig. Hynny sy'n sicrhau fod Timotheus yn cofio Iesu Grist.

Y Crist atgyfodedig yw calon yr Efengyl a bregethir gan Paul, a'r Efengyl y mae wedi ei garcharu am ei dystiolaeth iddi. Yn ei waith a'i ddioddefiadau, caiff Timotheus hefyd nerth ac ysbrydiaeth wrth gadw'r Crist hwn yn fyw yn ei feddwl.

Y mae Paul wedi ei garcharu yn Rhufain fel troseddwr. Ni wyddom beth oedd natur ei 'drosedd'. Ond dan deyrnasiad yr Ymerawdwr Nero, mae'n bosibl yr ystyrid cyfeillachu ag eraill yn enw Crist yn fygythiad i heddwch y ddinas. Ond y mae un peth yn cysuro Paul yn fawr: 'nid oes carchar i ddal gair Duw' (2:9). Ni ellir rhoi taw ar gyhoeddiad yr Efengyl. Os yw'r cennad mewn cadwynau, y mae'r gair yn rhydd. Os yw un cenhadwr mewn carchar, y mae cenhadaeth arall yn codi ei phen fan draw.

Y mae Paul yn ystyried bod ei ddioddefaint ynddo'i hun yn gyhoeddiad o'r Efengyl, a hynny er mwyn 'etholedigion' Duw, sef y rhai sydd wedi eu galw gan Dduw i fod yn Eglwys iddo. Os llwyddodd yr awdurdodau i'w rwystro rhag cerdded o le i le, mae tystiolaeth ei ddioddefaint yn cerdded fel tân i galonnau aelodau eglwys Rhufain fel eu bod hwy'n cael 'yr iachawdwriaeth sydd yng Nghrist Iesu, ynghyd â gogoniant tragwyddol' (2:10).

Daw Paul â'i anogaeth i Timotheus i ben gyda dyfyniad o un o emynau cynnar yr Eglwys mewn cyfnod o erledigaeth. Addewid canolog yr emyn yw y bydd y rhai sy'n rhannu ym marwolaeth Crist yn rhannu hefyd yn ei fywyd atgyfodedig; y bydd y rhai sy'n dyfalbarhau yn y gwaith yn cael teyrnasu gydag ef. Ond ceir ynddo hefyd yr addewid y bydd Crist yn ffyddlon hyd yn oed i'r rhai sy'n anffyddlon iddo. Nid yw eu diffyg ffydd yn effeithio ar y gwirionedd o gwbl, 'oherwydd ni all ef ei wadu ei hun' (2:13).

Cwestiynau i'w trafod

1. *Sut mae sicrhau ein bod ni'n trosglwyddo'r ffydd i'r genhedlaeth sy'n codi?*

2. *Pa wersi sydd i ni heddiw yn nhair eglureb Paul – y milwr, yr athletwr a'r amaethwr?*

3. *Prif wers yr adran hon yw bod llwyddiant yr Efengyl yn dibynnu ar waith caled a dyfalbarhad. A ydych yn cytuno?*

19. ADEILADYDD CREFFTUS A'R LLESTR GLÂN

'Dwg ar gof i bobl y pethau hyn, gan eu rhybuddio yng ngŵydd Duw i beidio â dadlau am eiriau, peth cwbl anfuddiol, ac andwyol hefyd i'r rhai sy'n gwrando.

'Gwna dy orau i'th wneud dy hun yn gymeradwy gan Dduw, fel gweithiwr heb achos i gywilyddio am ei waith, yn ddiwyro wrth gyflwyno gair y gwirionedd. Gochel siarad gwag rhai bydol, oherwydd agor y ffordd y byddant i fwy o annuwioldeb, a'u hymadrodd yn ymledu fel cancr. Pobl felly yw Hymenaeus a Philetus; y maent wedi gwyro oddi wrth y gwirionedd, gan honni fod ein hatgyfodiad eisoes wedi digwydd, ac y maent yn tanseilio ffydd rhai pobl. Ond dal i sefyll y mae'r sylfaen gadarn a osododd Duw, a'r sêl sydd arni yw: "Y mae'r Arglwydd yn adnabod y rhai sy'n eiddo iddo", a "Pob un sy'n enwi enw'r Arglwydd, cefned ar ddrygioni".

'Mewn tŷ mawr y mae nid yn unig lestri aur ac arian ond hefyd lestri pren a chlai, rhai i gael parch ac eraill amarch. Os yw rhywun yn ei lanhau ei hun oddi wrth y pethau drygionus hyn, yna llestr parch fydd ef, cysegredig, defnyddiol i'r Meistr, ac addas i bob gweithred dda. Ffo oddi wrth nwydau ieuenctid, a chanlyn gyfiawnder a ffydd a chariad a heddwch, yng nghwmni'r rhai sy'n galw ar yr Arglwydd â chalon bur. Paid â gwneud dim â chwestiynau ffôl a diddysg; fe wyddost mai codi cwerylon a wnânt. Ni ddylai gwas yr Arglwydd fod yn gwerylgar, ond yn dirion tuag at bawb, yn athro da, yn ymarhous, yn addfwyn wrth ddisgyblu'r rhai sy'n tynnu'n groes. Oherwydd pwy a ŵyr na fydd Duw ryw ddydd yn rhoi iddynt edifeirwch i ddod i ganfod y gwirionedd, ac na ddônt i'w pwyll a dianc o fagl y diafol, yr un a'u rhwydodd a'u caethiwo i'w ewyllys?' (2 Timotheus 2:14–26).

Yn ail ran y bennod hon (2 Tim 2:14–26) mae Paul yn parhau â'i bortread o'r Cristion fel un sy'n trosglwyddo'r ffydd i eraill. Y mae'n awyddus i argraffu ar Timotheus, a thrwy Timotheus ar bob arweinydd ac aelod o'r Eglwys, y cyfrifoldeb o ddysgu'r ffydd yn gywir. Unwaith eto, mae'n defnyddio tair eglureb: y gweithiwr neu'r adeiladydd crefftus (15), y llestr glân (21) a gwas yr Arglwydd (24).

Y mae trosglwyddo'r ffydd yn gywir a diwyro'n golygu rhoi taw ar y rhai oedd 'yn dadlau am eiriau' (2 Tim. 2:14), sef y rhai oedd yn pedlera gau athrawiaethau'n seiliedig ar y syniad Gnosticaidd mai ar lwybr gwybodaeth, a thrwy ddadlau ac ymresymu, yr oedd dod at y gwirionedd. Dim ond y deallus a'r gwybodus oedd ag unrhyw obaith o ddod i adnabyddiaeth o Dduw ac felly i sicrwydd o iachawdwriaeth trwy'r llwybr hwnnw. Roedd rhaid i Timotheus a'r arweinwyr eraill roi terfyn ar yr ymryson di-fudd a'r chwarae â geiriau, nid yn unig am fod y cyfan yn gwbl ddisylwedd, ond hefyd am ei fod yn cael effaith andwyol ar y rhai oedd yn gorfod gwrando ar yr hollti blew disynnwyr rhwng rhai oedd am brofi eu bod yn fwy deallus ac yn fwy clyfar na'r gweddill. Gallai hynny bellhau rhai oedd yn dechrau cymryd diddordeb yng nghenadwri Paul ac yn hanes ac arwyddocâd Iesu Grist: 'peth cwbl anfuddiol, ac andwyol hefyd i'r rhai sy'n gwrando' (2:14). Nid pwnc trafodaeth ymhlith y doeth yw ffydd, a gall clyfrwch dadleuon fod yn faen tramgwydd i ymholwyr a chredinwyr newydd.

Dau fath o weithiwr
Dylai Timotheus rybuddio'r rhai sy'n mynnu dadlau fod eu dadleuon yn gwbl anfuddiol. Yn enw Duw, rhaid iddo roi terfyn ar yr arfer. Y ffordd orau iddo wneud hynny yw bod yn esiampl i eraill o weithiwr cymeradwy gan Dduw - gweithiwr heb fod ag unrhyw gywilydd ganddo o ansawdd ei waith. Y mae'r iaith a'r ddelwedd yn adnod 15 wedi eu benthyg o fyd adeiladu. Yn wreiddiol, defnyddid yr ymadrodd a gyfieithir 'cyflwyno gair y gwirionedd' i ddynodi trin a thrafod cerrig neu briddfeini. Rhaid i waith Timotheus fel gweithiwr crefftus a gofalus dderbyn cymeradwyaeth Duw. Peth cywilyddus i weithiwr fyddai

gorfod wynebu cyhuddiad fod rhai o'i ddefnyddiau'n israddol, neu fod ei waith yn ddi-lun. Y mae 'cyflwyno gair y gwirionedd' (2 Tim. 2:15) yn golygu'n llythrennol wneud rhywbeth yn gywir, neu rannu neu dorri'n gelfydd. Defnyddid y gair am dorri neu naddu carreg yn gywir er mwyn iddi ffitio i adeilad. Yr hyn a geir yma yw siars i Timotheus, a thrwy Timotheus i arweinwyr eraill eglwys Effesus, i gyflwyno'r Efengyl yn gywir a chelfydd.

Mae eu gwaith hwy i fod yn gwbl wahanol i gleber bydol y gau athrawon sy'n gwneud dim mwy nag 'agor y ffordd ... i fwy o annuwioldeb' (2:16). Mae 'agor y ffordd' yn golygu symud rhwystrau i bobl deithio'n rhwydd; ond yn hytrach na symud i'r cyfeiriad cywir –tuag at Dduw a'r gwirionedd – mae'r rhain yn symud i'r cyfeiriad arall – oddi wrth Dduw ac i 'annuwioldeb'. Nid yw siarad ofer yn gwneud dim ond pellhau pobl oddi wrth Dduw. Yn nhermau'r adeiladydd, mae'r rhain fel adeiladwyr gwael sy'n adeiladu â cherrig sydd heb eu mesur yn gywir, ac nid yw gosod carreg ar ben carreg yn gwneud dim ond ychwanegu at ogwydd anghywir yr holl adeilad.

Cyfeirir yn benodol at ddau ddysgawdwr gau, na wyddom ni ddim amdanynt ond y gwyddai Timotheus ac arweinwyr eraill yr eglwys amdanynt, sef Hymenaeus a Philetus. Dywedir fod eu dysgeidiaeth hwy 'yn ymledu fel cancr' (2:17); y mae effaith eu dysgeidiaeth yn ddwbl niweidiol - yn eu pelau oddi wrth Dduw ac yn llygru a gwenwyno eu cymeriadau eu hunain. Ond yn ogystal â'u difetha hwy eu hunain, y mae eu dysgeidiaeth yn llygru bywyd yr eglwys.

Er na wyddom fawr am y gau athrawon, cawn un enghraifft o'u dysgeidiaeth gyfeiliornus: 'y maent wedi gwyro oddi wrth y gwirionedd, gan honni bod ein hatgyfodiad eisoes wedi digwydd' (2:18). Daliai'r rhain fod atgyfodiad y Cristion eisoes wedi digwydd, a hynny yn ei fedydd. Yr oeddent yn euog o gam esbonio'r hyn a ddywed Paul wrth gyffelybu bedydd i farwolaeth yr hen ddyn ac atgyfodiad y dyn newydd. Yn eu barn hwy, yr unig atgyfodiad oedd yr atgyfodiad i fywyd newydd yn y bedydd. Roedd y gau athrawon hyn yn gwadu'r gred yn yr atgyfodiad ar ôl marwolaeth am fod Gnosticiaeth yn mynnu bod y corff yn aflan a llygredig, a'r syniad am atgyfodiad y corff felly yn wrthun. Fel y Gnosticiaid gynt, mae rhai Cristnogion heddiw'n gwadu dysgeidiaeth Paul am atgyfodiad y corff ac yn ceisio dadfythu'r atgyfodiad a'i ddehongli fel codi i fywyd newydd ysbrydol yn y byd hwn. Yr oedd cyhoeddi cred o'r fath yn effeithio ar ffydd rhai trwy greu dryswch a chodi amheuon yn eu meddyliau.

Y mae Paul yn calonogi Timotheus trwy fynd yn ôl at y darlun o'r adeilad, gan ei sicrhau fod sylfaen gadarn yr Eglwys a osodwyd gan Dduw yn dal i sefyll, sef gwirionedd y ffydd. Y mae hi felly yn sefyll ac yn sefydlog fel craig, ac y mae ei sylfaen yn dwyn sêl sy'n dynodi ei bod yn eiddo i Dduw. Geiriau o Numeri 16:5 a Luc 13:25–27 yw'r sêl sydd arni (2:19).

Llestri aur ac arian a llestri pren a chlai

Wedi dweud fod yr Eglwys fel adeilad ac iddi sylfaen sy'n dal i sefyll yn gadarn, mae Paul yn troi i ddelio â phroblem y rhai annheilwng o'i mewn. Bu hynny erioed yn gwestiwn llosg. Y mae'n glynu wrth y darlun o adeilad. Mewn tŷ mawr (tebyg i'r Eglwys) y mae cryn wahaniaeth yng ngwerth y llestri, o ran eu deunydd ac o ran y defnydd a wneir ohonynt (2 Tim. 2:20). Defnyddir llestri gwerthfawr at ddibenion pwysig, ar gyfer gwledd neu i ddathlu digwyddiad o bwys. Ond defnyddir llestri cyffredin o bren neu o bridd at ddibenion cyffredin bob dydd.

Y 'tŷ mawr' yw'r Eglwys, a cheir yn yr Eglwys bobl sy'n amrywio o ran eu gwerth a'u defnyddioldeb. Ond pwy neu beth yw'r gwahanol 'lestri' hyn? Y mae'r defnydd o'r term mewn mannau eraill yn y Testament Newydd yn awgrymu ei fod yn cyfeirio, nid at aelodau'r Eglwys yn gyffredinol ond at y rhai sy'n athrawon yn yr Eglwys. Er enghraifft, dywed Iesu wrth Ananias fod Paul yn 'llestr dewis i mi ... i ddwyn fy enw gerbron y Cenhedloedd a'u brenhinoedd, a cherbron plant Israel' (Ac. 9:15). Yn ddiweddarach, disgrifiodd Paul ei hun a'i gydweithwyr fel 'llestri pridd' (2 Cor. 4:7) – nid yn bennaf oherwydd annheilyngdod Paul ond oherwydd ei wendid corfforol. Ym mhob un o'r cyfeiriadau hyn, y thema a bwysleisir yw anrhydedd gwasanaeth. Fel 'llestr', gwaith Paul yw cyflwyno hanes Crist a'i gariad i anghredinwyr.

Gellir dweud, felly, fod y ddau fath o lestri (yr aur a'r arian at ddefnydd anrhydeddus, a'r pridd a'r clai at ddibenion cyffredin bob dydd) yn cynrychioli, nid dau fath o aelodau – drwg a da – ond dau fath o athrawon yn yr Eglwys. Yn y paragraff blaenorol, mae Paul eisoes wedi gwahaniaethu rhwng yr athrawon da a diwyd fel Timotheus a'r athrawon drwg a pheryglus fel Hymenaeus a Philetus. Y mae'n mynd yn ei flaen i ddatgan yr anrhydedd o fod yn llestr effeithiol: 'llestr parch fydd ef, cysegredig, defnyddiol i'r Meistr, ac addas i bob gweithred dda' (2 Tim. 2:21). Ni ellir meddwl am anrhydedd uwch na bod yn gyfrwng yn llaw'r Arglwydd Iesu i hybu ei achos ac i estyn ei deyrnas yn y byd.

Nodweddion gwas

Gosodir un amod gan feistr y tŷ: rhaid i'r llestri a ddefnyddir fod yn lân. Ym mha ystyr y mae athro i'w 'lanhau ei hun oddi wrth y pethau drygionus hyn'? (2 Tim. 2:21). Nid yn yr ystyr fod athrawon i ymbellhau oddi wrth y gau athrawon na'u torri allan o gymdeithas yr Eglwys. Byddai hynny'n gwbl groes i ddameg Iesu am yr efrau ymysg yr ŷd (Mth. 13:24-30; 36–43). Rhagwelai Iesu y byddai aelodau annheilwng ac amherffaith yn dod i berthyn i'r Eglwys, a gwireddwyd hynny ym mhrofiad yr Eglwys Fore, gan gynnwys yr eglwys yn Effesus. Y broblem oedd gwybod pa ffordd oedd orau i ddelio â'r elfennau niweidiol hyn. Roedd rhai am gael gwared ohonynt a chreu eglwys 'bur' heb bechaduriaid na hereticiaid o'i mewn. Ond roedd Iesu'n gofyn am oddefgarwch.

Gwell eglwys gymysg, oddefgar ac agored nag eglwys sydd, wrth geisio bod yn bur, yn creu rhaniadau ac anghydfod. Droeon a thro yn ei hanes, mae'r Eglwys wedi mynd ati i gosbi pobl am syniadau cyfeiliornus gan ddefnyddio dulliau creulon – y stanc, poenydio a charcharu – i orfodi uniongrededd. Bu effeithiau hynny'n enbyd o niweidiol i hygrededd yr Eglwys erioed. Nid annog Timotheus a'i gydweithwyr i dorri pob cysylltiad â gau athrawon fel Hymenaeus a Philetus a wna Paul ond yn hytrach eu hannog i wrthod eu syniadau a'u dysgeidiaeth. 'Paid â gwneud dim â chwestiynau ffôl a di-ddysg: fe wyddost mai codi cwerylon a wnânt' (2 Tim. 2:23). Nid gofyn i Timotheus ymwrthod â'r gau athrawon a wna Paul, ond ymwrthod â'u dysgeidiaeth a'u 'cwestiynau ffôl'. Mae diogelu undod y gymdeithas ac osgoi cwerylon i ddod o flaen popeth.

Er mwyn gwneud hynny, roedd yn bwysig i Timotheus a'i gydweithwyr eu cadw eu hunain yn lân a di-fai a bod yn esiamplau byw o wirionedd ac ysbryd yr Efengyl yn eu bywyd a'u hymddygiad. Byddai eu buchedd yn llefaru'n gliriach na'u geiriau. Unwaith eto, ceir rhybudd i ffoi 'oddi wrth nwydau ieuenctid, a chanlyn gyfiawnder a ffydd a chariad a heddwch' (2:22); nid chwantau cnawdol yn unig, ond yn hytrach yr ysbryd trahaus, y diffyg amynedd a'r brwdfrydedd dideimlad sy'n gallu nodweddu ieuenctid ymhob oes. Y mae'r ifanc yn awyddus i newid y drefn a thorri tir newydd, heb ystyried bob amser farn a theimladau pobl hŷn. Yn lle hynny, dylai Timotheus, fel aelod o'r Eglwys, barchu eraill a'i brofi ei hun yn deilwng o'i swydd fel athro ac arweinydd. A'r ffordd i wneud hynny yw canlyn cyfiawnder, ffydd, cariad a heddwch.

Wrth ddod â'r adran hon i ben, mae Paul yn troi at ddarlun gwahanol eto, sef 'gwas yr Arglwydd' (2:24). Dyma'r unig le yn y Testament Newydd y ceir yr ymadrodd. I fod yn athro da, ac i wrthsefyll y syniadau cyfeiliornus oedd yn cael eu pedlera gan rai athrawon yn Effesus, roedd rhaid i was yr Arglwydd feddu'r rhinweddau oedd yn nodweddu Iesu ei hun, sef tiriondeb, amynedd, ysbryd heddychlon, ac addfwynder wrth drafod rhai oedd yn tynnu'n groes. Y mae dysgu'r gwan a'r araf a'r rhai sydd mewn perygl o fynd ar gyfeiliorn yn galw am gariad, amynedd a chydymdeimlad. O'u goddef mewn amynedd, a'u trin yn dirion a chariadus, y mae gobaith y gwelir newid yn eu hagwedd ac y byddant yn barod i dderbyn y gwirionedd a gyflwynir iddynt.

Cwestiynau i'w trafod

1. *Ym mha ystyr y dylem fod yn amcanu at 'adeiladu'r Eglwys'?*

2. *A oes modd diogelu athrawiaeth bur o fewn eglwys ac ar yr un pryd greu eglwys agored, oddefgar ac unedig?*

3. *Beth, yn ôl Paul, yw nodweddion gwas yr Arglwydd?*

20. WYNEBU DYDDIAU DRWG

'Rhaid iti ddeall hyn, fod amserau enbyd i ddod yn y dyddiau diwethaf. Bydd pobl yn hunangar ac yn ariangar, yn ymffrostgar a balch a sarhaus, yn anufudd i'w rhieni, yn anniolchgar ac yn ddigrefydd. Byddant yn ddiserch a digymod, yn enllibus a dilywodraeth ac anwar, heb ddim cariad at ddaioni. Bradwyr fyddant, yn ddi-hid, yn llawn balchder, yn caru pleser yn hytrach na charu Duw, yn cadw ffurf allanol crefydd ond yn gwadu ei grym hi. Cadw draw oddi wrth y rhain. Dyma'r math o bobl fydd yn gweithio'u ffordd i mewn i dai rhai eraill, ac yn rhwydo gwragedd ffôl sydd dan faich o bechodau ac yng ngafael pob rhyw nwydau, gwragedd sydd o hyd yn ceisio dysgu ond byth yn gallu cyrraedd at wybodaeth o'r gwirionedd. Yn union fel y safodd Jannes a Jambres yn erbyn Moses, felly hefyd y mae'r rhai hyn yn gwrthsefyll y gwirionedd. Pobl lygredig eu meddwl ydynt, ac annerbyniol o ran y ffydd. Ond nid ânt yn eu blaen ddim pellach, oherwydd fe ddaw eu ffolineb hwy, fel eiddo Jannes a Jambres, yn amlwg ddigon i bawb' (2 Timotheus 3:1–9).

Ac yntau'n gorwedd yn ei gell yn Rhufain, yn garcharor dros Grist a'r Efengyl, mae Paul yn pryderu am ddyfodol y dystiolaeth Gristnogol yn wyneb y cynnydd mewn drygioni ac anfoesoldeb. Ar y naill law, mae ganddo hyder yn Nuw ac y mae'n credu fod y gwaith yn ei ddwylo. Ar y llaw arall, mae'n ofni fod dyddiau drwg ar y gorwel ac yn pryderu a fyddai gan Timotheus a'i gydweithwyr y cryfder corfforol ac ysbrydol i wrthsefyll yr ymosodiadau ar y ffydd a fyddai dod wrth i'r 'dyddiau diwethaf' agosáu (2 Tim.3:1).

Yr oedd y rhagolygon am ei ddyfodol ei hun hefyd yn achos pryder i Paul. Gwyddai y byddai'n fuan yn wynebu marwolaeth merthyr. Yn y cyfamser yr oedd mewn cell gyfyng yn un o garchardai Rhufain, a'i amgylchiadau'n peri fod cyflwr ei iechyd yn dirywio. Ond yr oedd prif achos ei bryder yn deillio o'i gred Iddewig am amser a'r 'dyddiau diwethaf', ynghyd â'r gred a rannai â'i gyd-Gristnogion fod ailddyfodiad Crist hefyd yn nesáu.

Rhannai'r Iddewon amser i ddwy ran: 'yr oes hon' a'r 'oes i ddod'. Ystyrid yr 'oes hon' yn amser o ddrygioni', ac mai yn yr 'oes i ddod' y byddai pwerau daioni yn ymgynnull ar gyfer y frwydr fawr derfynol pan fyddai seiliau daearol ac ysbrydol y cread yn cael eu hysgwyd, a theyrnasiad Duw o dangnefedd a thegwch yn cychwyn.

Cymdeithas ddigrefydd

Y mae Paul yn pwyso ar Timotheus i ddangos gwroldeb fel arweinydd crefyddol mewn cymdeithas sy'n prysur gefnu ar Dduw ac yn dioddef o effeithiau anfoesoldeb ac anghrediniaeth. Y mae canlyniadau anochel i esgeuluso egwyddorion sylfaenol y ffydd, a'r hyn a geir gan Paul yw disgrifiad o'r math o ddirywiad moesol sydd bob amser yn dilyn yr esgeuluso hwnnw.

I ddechrau, mae'n rhestru nodweddion cymdeithas sydd wedi ymwrthod â moesoldeb Cristnogol a'i ddisodli â phaganiaeth. Y mae'n ei chyffelybu i adeilad sy'n syrthio am ei fod wedi ei adeiladu ar ddwy sylfaen wael, sef cariad at yr hunan a chariad at gyfoeth: 'Bydd pobl yn hunangar ac yr ariangar, yn ymffrostgar a balch a sarhaus' (2 Tim. 3:2). Yn hytrach na charu Duw, mae pobl yn dewis eu caru eu hunain; ac y mae Paul yn rhestru gwendidau amlwg cymdeithas faterol o'r math a gaed yn Effesus. O fyw mewn awyrgylch o'r fath, yr oedd perygl i'r eglwys hithau fynd yn llygredig. O beidio â charu Duw, mae pobl yn rhoi eu holl serch ar bleserau: 'Bradwyr fyddant, yn ddi-hid, yn llawn balchder, yn caru pleser yn hytrach na charu Duw' (3:4). Dyma, felly, ddarlun truenus o'r gymdeithas yn ninas Effesus – cymdeithas wedi ei sylfaenu ar ysbryd hunanol a hunangar dynion, a Duw wedi ei wthio allan o'i bywyd.

Yna deuir yn ôl at wraidd y broblem, sef agwedd pobl at grefydd. Nid oes llygredd gwaeth na llygredd crefyddol: 'yn cadw ffurf allanol crefydd ond yn gwadu ei grym hi' (3:5). Mae'n amlwg fod Paul yn cyfeirio'n benodol at yr eglwys yn Effesus. Ni ellid dweud fod y paganiaid yn 'cadw ffurf allanol crefydd'. Dywed yr apostol fod modd i bobl gyflawni dyletswyddau allanol crefydd, bod modd credu'n gywir ac addoli'n gyson, ond heb i hynny gael unrhyw ddylanwad ar eu bywydau a'u hymddygiad. Dyma'r condemniad mwyaf o gyflwr eglwys Effesus.

Droeon yn yr Hen Destament, roedd y proffwydi'n llawdrwm eu condemniad o bobl a geisiai roi'r argraff eu bod yn grefyddol er i'w defodau a'u haberthau fod mewn gwirionedd yn ddiystyr a ffiaidd yng ngolwg Duw. Meddai Duw, trwy Eseia, wrth bobl Jwda: '"Beth i mi yw eich aml aberthau?" medd yr Arglwydd. "Cefais syrffed ar boethoffrwm o hyrddod a braster anifeiliaid; ni chaf bleser o waed bustych nac o ŵyn na bychod ... Peidiwch â chyflwyno rhagor o offrymau ofer; y mae arogldarth yn ffiaidd i mi"' (Es. 1:11–13).

Pan fydd crefydd ei hun yn mynd yn llygredig, ni all fod yn rym i wella'r byd. Fel y gall halen droi'n ddi-flas, ac fel y gall goleuni droi'n dywyllwch, gall crefydd droi'n bŵer dieflig yn hytrach nag yn gyfrwng gobaith a bywyd newydd. Bryd hynny, nid yw crefydd ond ffurf allanol sydd wedi colli ei rym ysbrydol.

Y mae gwir grefydd yn cyfuno ffurf allanol a grym. Os nad yw ond ffurf allanol sy'n cadw at ddefodau a threfniadau, yna cyfundrefn farw ydyw, heb ddim o werth i'w gynnig. Ac os nad yw ond grym mewnol, mae yna berygl iddi ddirywio i fod yn ddim ond teimladrwydd disylwedd neu emosiwn gwag. Cyfuniad o'r ddwy elfen a geir mewn crefydd fyw, rymus: mae'n meithrin addoliad ysbrydol, yn mynegi ei hun mewn gwasanaethau ffurfiol a threfnus, a hynny'n arwain at ymddygiad moesol a gwaith a gwasanaeth i eraill o fewn ac oddi allan i'r Eglwys.

Cynghorir Timotheus i 'gadw draw oddi wrth y rhain' (2 Tim. 3:5), sef y rhai oddi fewn i'r Eglwys a oedd yn ymarfer rhyw lun o dduwioldeb ond a oedd mewn gwirionedd yn defnyddio'r Eglwys a'i gwasanaethau i dynnu sylw atynt eu hunain ac at eu hathrawiaethau cyfeiliornus. Nid yw Paul yn dweud wrth Timotheus am beidio â gwneud dim â hwy. Byddai hynny'n groes i esiampl Iesu Grist a oedd yn 'gyfaill publicanod a phechaduriaid'. Yn hytrach, dylai Timotheus ymdrechu i sicrhau purdeb cred, addoliad a buchedd yr Eglwys er mwyn gwrthweithio dylanwad niweidiol yr athrawon hanner-paganaidd.

Gwragedd gwan a ffôl

Bywyd cyfyng a chaeth oedd bywyd gwragedd parchus o fewn yr ymerodraeth Rufeinig ac o fewn y diwylliant Groegaidd. Ni chaniateid iddynt fynd allan o'u cartrefi ond yng nghwmni eu gwŷr. Ni chaent fynychu cyfarfodydd cyhoeddus na chymryd rhan mewn unrhyw weithgareddau dinesig. Ond un o effeithiau'r grefydd Gristnogol oedd rhyddhau gwragedd o'u caethiwed cymdeithasol. Cawsant eu derbyn i gyfarfodydd yr eglwys a chael cyfle i siarad a chymryd rhan yn gyhoeddus. Ond daeth hynny â phroblemau newydd a gwahanol. Byddai rhai gwragedd yn mynd yn or-siaradus nes gorfodi Paul i'w gwahardd rhag llefaru'n gyhoeddus. Byddai eraill yn derbyn gau athrawon i'w tai ac yn dod yn drwm o dan eu dylanwad. Rhybuddio rhag dysgeidiaeth a dulliau'r athrawon hyn a wna Paul yn yr adran hon. Nid cael eu gwahodd a wnânt, ond ymwthio i dai pobl a llwyddo i ddylanwadu ar y gwragedd yn fwyaf arbennig i dderbyn y gau-ddysgeidiaeth: 'Dyma'r math o bobl fydd yn gweithio'u ffordd i mewn i dai rhai eraill, ac yn rhwydo gwragedd ffôl' (2 Tim. 3:6).

Y mae'r ymadrodd 'gweithio'u ffordd i mewn' yn golygu'n llythrennol 'rhwydo', 'caethiwo' neu 'gamarwain'. Golyga hynny fod eu dulliau'n gyfrwys a dichellgar. Gan ddewis amser pan na fyddai'r gwŷr gartref, ond allan wrth eu gwaith neu wrth ryw oruchwylion eraill, byddai'r pedlerwyr heresïau hyn yn targedu gwragedd gwan. Defnyddiwyd y dulliau hyn gan y Gnosticiaid, ac yn ein dyddiau ni gan Dystion

Jehofa a Mormoniaid. Y mae manteisio ar bobl yn eu gwendid, mewn afiechyd neu mewn profedigaeth, yn dechneg gyffredin.

Pwy oedd y gwragedd hyn? Y mae Paul yn eu disgrifio fel rhai 'sydd dan faich o bechodau ac yng ngafael pob rhyw nwydau' (3:6). Y mae'n dweud dau beth amdanynt. Yn gyntaf, y maent 'dan faich o bechodau'. Mae mwy nag un esboniwr yn awgrymu mai gwragedd cyfoethog oedd y rhain, yn dueddol o chwilio am brofiadau cyffrous i'w hachub rhag bywyd gwag ac undonog trwy ymroi i arferion amheus a llygredig. Yr oedd llawer ohonynt heb gyrraedd aeddfedrwydd emosiynol, a heb fod wedi datblygu canllawiau moesol ac felly'n byw o ddydd i ddydd gan fanteisio ar unrhyw beth a fedrai roi iddynt ias a gwefr. Ac yn ail, y maent 'yng ngafael pob rhyw rwydau'. Nid campau anfoesol yn unig a olygir, ond hoffter y gwragedd o arferion a syniadau newydd. Darlun ydyw o rai sy'n amddifad o synnwyr moesol, yn hoffi cael eu hystyried gan eraill yn wragedd dysgedig, ond sydd mewn gwirionedd yn gymeriadau gwan, yn agored i dderbyn syniadau ac arferion amheus a chyfeiliornus.

Gellir casglu fod y gwragedd hyn yn rhoi croeso i syniadau a dysgawdwyr Gnosticaidd, gan roi'r argraff eu bod yn ddysgedig a deallus. Dysgai'r Gnosticiaid fod mater, ac felly'r corff dynol, yn gwbl ddrwg. Arweiniai hynny naill ai at yr arfer o anwybyddu neu esgeuluso'r corff, neu at roi rhwydd hynt i alwadau a chwantau'r corff. Diwedd hynny fyddai anfoesoldeb dilywodraeth a diffyg disgyblaeth rywiol a fyddai'n tanseilio priodasau a bywyd teuluol. Gwelir felly effaith andwyol y ddysgeidiaeth hon ar wragedd ffôl a di-foes, a oedd yn gyfoethog ymhob dim ond doethineb a daioni. Dyfarniad Paul arnynt oedd eu bod 'o hyd yn ceisio dysgu ond byth yn gallu cyrraedd at wybodaeth o'r gwirionedd' (3:7). Y mae canfod gwirionedd yn galw am allu meddyliol a disgyblaeth foesol – y ddau beth oedd yn ddiffygiol yn y gwragedd hyn.

Gwrthsefyll y gwir

Yn hytrach na chanfod a chyffesu'r gwir, ei wrthsefyll a wna athrawon Gnosticaidd Effesus a'u dilynwyr. Y maent yn debyg i Jannes a Jambres, a safodd yn erbyn Moses. Nid yw'r ddau yn cael eu henwi yn yr Hen Destament, ond y mae cyfeiriadau atynt mewn chwedloniaeth a hanesion Iddewig, gan gynnwys sgroliau'r Môr Marw. Dros y canrifoedd, tyfodd storïau amdanynt. Y mae un o'r storïau hynny'n cysylltu'r ddau â'r swynwyr yn llys Pharo a wrthwynebai Moses ac Aaron. Pan anfonodd Duw blâu ar bobl yr Aifft, gallai swynwyr Pharo wrthsefyll eu heffeithiau (Ex. 7) a chynhyrchu melltithion tebyg. Gydag amser, rhoddwyd i un o'r swynwyr yr enw *Jannes*, a olygai 'gwrthryfelwr', ac i'r llall yr enw *Jambres* neu *Mamres,* a olygai 'gwrthwynebydd'. O fewn hanes Israel, maent yn cynrychioli'r rhai oedd yn gwrthwynebu'r gwirionedd ac felly'n gwrthwynebu Duw ei hun.

Y mae Paul yn cyffelybu gau ddysgawdwyr Effesus i Jannes a Jambres, a oedd yn fwriadol yn gwrthryfela yn erbyn gwir grefydd ac yn gwrthwynebu'r wir ffydd: 'Yn union fel y safodd Jannes a Jambres yn erbyn Moses, felly hefyd y mae'r rhai hyn yn gwrthsefyll y gwirionedd' (2 Tim. 3:8). Ond y mae Paul yn gwbl sicr na fyddent yn llwyddo, a hynny am ddau reswm. Y maent yn 'bobl lygredig eu meddwl', ac y mae llygredd eu meddyliau'n eu hatal rhag canfod y gwirionedd. Ac yn ail, y maent yn 'annerbyniol o ran y ffydd' (3:9). Pan ddaw'n gwestiwn o fyw'r ffydd, gan ei chyffesu a'i gweithredu yn eu bywyd a'u hymddygiad, y maent yn dangos yn amlwg nad oes ganddynt y ddirnadaeth leiaf am ofynion yr Efengyl. Daw eu tlodi moesol a'u tlodi meddyliol i'r amlwg. Y maent felly'n sicr o fethu. Dros dro yn unig y llwyddant i ennill rhai i'w dilyn. Ar y cychwyn, bydd eu twyll yn hudo rhai i'w canlyn. Ond 'nid ânt yn eu blaen ddim pellach, oherwydd fe ddaw eu ffolineb hwy, fel eiddo Jannes a Jambres, yn amlwg ddigon i bawb' (3: 9). Ni all anwiredd na thwyll barhau am byth. Yn y diwedd, y mae gwirionedd yn ei ddatguddio'i hun ym mywydau'r rhai sy'n ei gyffesu a'i weithredu.

Cwestiynau i'w trafod

1. I ba raddau y mae ein cymdeithas secwlar, ôl-Gristnogol ni'n ymdebygu i gymdeithas baganaidd Effesus yn nyddiau Timotheus?

2. A oes perygl ein bod ni heddiw'n 'cadw ffurf allanol crefydd ond yn gwadu ei grym hi'?

3. Yng ngoleuni'r bennod hon, pa broblemau oedd yn wynebu Timotheus yn ei waith fel arweinydd eglwys Effesus?

21. YR APÊL OLAF

'Ond yr wyt ti wedi dilyn yn ofalus fy athrawiaeth i a'm ffordd o fyw, fy ymroddiad, fy ffydd, fy amynedd, fy nghariad a'm dyfalbarhad, yr erlid a'r dioddef a ddaeth i'm rhan yn Antiochia ac Iconium a Lystra; ie, yr holl erledigaethau a ddioddefais. A gwaredodd yr Arglwydd fi o'r cyfan i gyd. Yn wir, eu herlid a gaiff pawb sydd yn ceisio byw bywyd duwiol yng Nghrist Iesu, ond bydd pobl ddrwg ac ymhonwyr yn mynd o ddrwg i waeth, gan dwyllo a chael eu twyllo. Ond glŷn di wrth y pethau a ddysgaist, ac y cefaist dy argyhoeddi ganddynt. Fe wyddost gan bwy y dysgaist hwy, a'th fod er yn blentyn yn gyfarwydd â'r Ysgrythurau sanctaidd, sydd yn abl i'th wneud yn ddoeth a'th ddwyn i iachawdwriaeth trwy ffydd yng Nghrist Iesu. Y mae pob Ysgrythur wedi ei hysbrydoli gan Dduw ac yn fuddiol i hyfforddi, a cheryddu, a chywiro, a disgyblu mewn cyfiawnder. Felly y darperir pob un sy'n perthyn i Dduw â chyflawn ddarpariaeth ar gyfer pob math o weithredoedd da.

'Yng ngŵydd Duw a Christ Iesu, yr hwn sydd i farnu'r byw a'r meirw, yr wyf yn dy rybuddio ar gyfrif ei ymddangosiad a'i deyrnas ef: pregetha'r gair; bydd yn barod bob amser, boed yn gyfleus neu'n anghyfleus; argyhoedda; cerydda; calonoga; a hyn ag amynedd di-ball wrth hyfforddi. Oherwydd fe ddaw amser pan na fydd pobl yn goddef athrawiaeth iach ond yn dilyn eu chwantau eu hunain, ac yn crynhoi o'u cwmpas liaws o athrawon i oglais eu clustiau, gan droi oddi wrth y gwirionedd i wrando ar chwedlau. Ond yn hyn oll cadw di ddisgyblaeth arnat dy hun: goddef galedi; gwna waith efengylwr; cyflawna holl ofynion dy weinidogaeth' (2 Timotheus 3:10 – 4:5).

Y mae ystyr arbennig i'r ymadrodd 'dilyn yn ofalus' ar ddechrau'r adran hon. Y mae'n cyfleu'r syniad o sylwi'n fanwl a dilyn yn gyson.

Gellir defnyddio'r gair 'dilyn' i olygu 'cerdded yn ôl troed' rhywun, sef ei gymryd yn batrwm neu'n esiampl i'w efelychu, fel prentis yn dysgu crefft oddi wrth arbenigwr, neu was yn ei fodelu ei hun ar ei feistr. Y mae hwn yn ddilyn ymarferol, cyson. Ond gellir defnyddio'r gair 'dilyn' hefyd i olygu 'cydsynio â syniadau neu ddamcaniaethau person arall', fel y dywedwn am ambell ysgolhaig neu athronydd, 'Y mae'n dilyn Hwn-a-hwn'. Dilyn ymenyddol, haniaethol – dod o dan ddylanwad meddwl a dysgeidiaeth un sy'n awdurdod cydnabyddedig yn ei faes – yw'r math hwn o ddilyn.

Yma dywedir fod Timotheus wedi dilyn dysgeidiaeth Paul ac wedi derbyn oddi wrtho egwyddorion sylfaenol y ffydd. Y mae wedi ei ddilyn o ran meddwl a ffydd. Ond y mae hefyd wedi ei ddilyn yn ymarferol. Dywed Paul ei fod nid yn unig wedi dilyn ei athrawiaeth yn ofalus, ond hefyd ei ffordd o fyw: 'fy ymroddiad, fy ffydd, fy amynedd, fy nghariad a'm dyfalbarhad' (2 Tim. 3:10). Yn wahanol i weithgarwch a dysgeidiaeth y gau athrawon yn Effesus, mae Paul yn tynnu sylw nid yn unig at ei ddysgeidiaeth a'i esiampl ei hun, ond at ymroddiad ac esiampl dda Timotheus.

Bu Timotheus yn gydymaith a chyfaill i'r apostol dros gyfnod hir, a chafodd bob cyfle i ddilyn ei feistr yn ei ddysgeidiaeth ac i ddysgu oddi wrtho hanfodion y ffydd. Ond cafodd hefyd yr un cyfle i'w ddilyn yn ei 'ffordd o fyw' wrth sylwi'n fanwl ar nodweddion ei gymeriad a'i ymddygiad. Roedd yn cofio'r hyn a ddywedodd Paul, ond gwelai hefyd fod ei fywyd yn gyson â'i gred. Y mae Paul yn mynd ymlaen i sôn am y pethau y bu'n rhaid iddo wrthynt yn ei ymdrech dros y gwirionedd – y pethau a welodd Timotheus ei hun ynddo: 'fy ffydd, fy amynedd, fy nghariad a'm dyfalbarhad' (3:10).

Ffydd yw'r cyntaf o'r pethau hyn, sef ymddiriedaeth lwyr yn yr Arglwydd Iesu ac yn y genadwri a roddwyd i Paul. Y sicrwydd o bresenoldeb Iesu a'r sicrwydd o wirionedd yr Efengyl a'i cynhaliodd yn ei waith a'i genhadaeth. Law yn llaw â ffydd y mae'r ail, *amynedd,* sef gras i fod yn amyneddgar â phobl. Tasg anodd yw delio â phobl a cheir rhai, hyd yn oed yn yr eglwys, sy'n anodd ac ystyfnig, ac y mae'n rhaid wrth lawer iawn o ras ac amynedd i'w perswadio a'u hennill. Ond y trydydd yw'r rhinwedd dwyfol uchaf y medr person ei feddiannu, sef *cariad*. Fel y dywed Paul yn ei emyn mawr i gariad yn 1 Corinthiad 13, dyma'r rhinwedd sy'n uwch na ffydd a gobaith, ac sy'n aros am byth. Y pedwerydd rhinwedd yw *dyfalbarhad*, sef y nerth a'r penderfyniad i ddal ati hyd yn oed yn wyneb holl rwystrau bywyd. Meddai Iesu wrth ei ddisgyblion wrth eu hanfon allan i fyd gelyniaethus, 'Y sawl sy'n dyfalbarhau i'r diwedd a gaiff ei achub' (Mth. 10:22). Rai blynyddoedd yn ôl, cyhoeddwyd poster ac arno'r geiriau, *'Carpenter from Nazareth requires joiners who are also good stickers!'* Un peth yw ymuno'n frwdfrydig ac eiddgar, peth arall yw dal ati pan fydd rhwystrau a methiant yn rhwystro'r gwaith. Gallai Paul a Timotheus fod wedi rhoi'r gorau i'w gwaith a'u cenhadaeth ar sawl achlysur, ond gwyddai'r ddau mai trwy ddyfalbarhau yr oedd ennill y dydd.

Erledigaethau a dioddefaint

Wedi sôn am y rhinweddau yr oedd eu hangen yng ngwasanaeth Crist, mae Paul yn rhoi enghreifftiau o'r math o erlid a brofodd dros y blynyddoedd. Buasai'n naturiol iddo rannu â Timotheus atgofion am brofiadau a gawsant gyda'i gilydd gan fod Timotheus wedi bod yn llygad-dyst i lawer ohonynt fel cydymaith Paul. Cawsant fwy nag unwaith brofiad o gamdriniaeth a gwrthwynebiad. Yn lle hynny, mae'n cyfeirio at dri pheth a ddigwyddodd cyn i Timotheus ddod yn aelod amlwg o'r Eglwys ac yn gydymaith â Paul.

Yn gyntaf, cyfeiria at y driniaeth a gafodd ef a Barnabas yn Antiochia, pan yrrwyd y ddau allan o derfynau'r ddinas. Ceir yr hanes yn Actau 13:45–52. Cawsant dderbyniad gwresog gan y rhan fwyaf o Iddewon y ddinas, ond pan welodd yr arweinwyr Iddewig y tyrfaoedd a ddaethai ynghyd, llanwyd hwy â chenfigen, 'a chodasant erlid yn erbyn Paul a Barnabas, a'u bwrw allan o'u hardal' (Ac. 13:50).

Yn ail, cyfeiria at gamdriniaeth a ddioddefodd y ddau yn Iconium (14:1–7). Unwaith eto, cododd rhai o'r Iddewon yn eu herbyn a llwyddo i wyrdroi meddyliau rhai o Genedl-ddynion y ddinas yn erbyn Paul a Barnabas. Rhannwyd y ddinas, ond wedi i'r ddau genhadwr gael achlust o gynllwyn i'w cipio a'u llabyddio, ffoesant i Lystra.

Ac yn drydydd, cyfeiria at yr hyn a ddigwyddodd yn Lystra pan ymosodwyd yn ffiaidd ar Paul a'i lusgo allan o'r ddinas fel dyn marw. Gan mai Lystra oedd cartref Timotheus, y mae'n bosibl iddo fod yn llygad-dyst o'r weithred a bod a wnelo â'i benderfyniad i ddilyn Paul. Yn ôl pob tebyg, yr oedd y digwyddiadau yn Antiochia ac Iconium yn hysbys i Timotheus gan nad oedd y ddau le ymhell o Lystra, ac nid yw'n annhebygol i ddioddefiadau Paul a Barnabas wneud argraff ddofn arno. Ond nid mewn ymffrost y cyfeiria Paul at ei ddioddefiadau, ond er mwyn tystiolaethu bod yr Arglwydd wedi ei waredu o ddwylo ei erlidwyr: 'A gwaredodd yr Arglwydd fi o'r cyfan i gyd' (2 Tim. 3:11).

Yna, mae Paul yn gwneud gosodiad cyffredinol ar sail ei brofiad dros y blynyddoedd: 'Yn wir, eu herlid a gaiff pawb sydd yn ceisio byw bywyd duwiol yng Nghrist Iesu' (3:12). Nid yw ond yn adleisio geiriau Iesu ei hun, wrth iddo rybuddio'i ddilynwyr y caent eu herlid a'u gwaradwyddo (Mth. 5:10–11). Byw bywyd duwiol *yng Nghrist Iesu* yw'r trosedd sy'n ennyn erledigaeth. Y rheswm pennaf am hynny yw bod safonau'r Cristion gymaint uwch na safonau'r byd, a gwrthrych teyrngarwch y Cristion, sef yr Arglwydd Iesu, yn rhagori ar wrthrychau pob crefydd arall.

Y mae hanes yr Eglwys dros y canrifoedd yn cadarnhau gwirionedd gosodiad Paul. Ganrif ar ôl canrif, mae Cristnogion wedi wynebu gwrthwynebiad ac erledigaeth mewn rhyw ran o'r byd neu'i gilydd. Yn ystod yr ugeinfed ganrif, merthyrwyd miloedd ar filoedd o Gristnogion gan y Natsïaid yn yr Almaen a chan Gomiwnyddion yn Rwsia, Dwyrain Ewrop a Tsieina. Yn y ganrif hon, ceir enghreifftiau o gredinwyr yn dioddef carchar, poenydio a marwolaeth mewn nifer o wledydd

Islamaidd, yn enwedig Pacistan, Irac, Iran a Saudi Arabia, ac mewn rhannau o'r India dan law Hindŵiaid milwriaethus. Ond ar yr un pryd, yn y gwledydd hyn ac yng ngwledydd Affrica, gwelir twf rhyfeddol yn nifer y Cristnogion a chynnydd mewn eglwysi newydd, ifanc. Mewn llawer man, mae cofleidio Crist yn golygu hefyd gofleidio'r groes. Dylem weddïo'n daer a chyson dros ein brodyr a'n chwiorydd sy'n dioddef erledigaeth, a dylem wneud popeth a fedrwn i'w cefnogi a'u cynorthwyo.

Gwerth yr Ysgrythurau

Un ffordd o gynorthwyo Cristnogion o dan erledigaeth yw ceisio darparu iddynt gopïau o'r Beibl. Yn y Beibl y cânt nerth ac ysbrydoliaeth i barhau eu tystiolaeth a'u bywyd. Er mwyn grymuso ffydd Timotheus, mae Paul yn ei annog i lynu wrth y pethau a ddysgodd oddi wrtho yn ei weinidogaeth fel apostol. Y tu cefn i'r hyn a ddysgodd trwy ddysgeidiaeth a phregethu Paul yr oedd yr Ysgrythurau sanctaidd – gair ysbrydoledig Duw ei hun. Roedd Timotheus i fod yn deyrngar i'r pethau a ddysgodd o'i blentyndod o'r Ysgrythurau: 'Fe wyddost gan bwy y dysgaist hwy, a'th fod er yn blentyn yn gyfarwydd â'r Ysgrythurau sanctaidd' (2 Tim. 3:14–15). Ymhlith y rhai a'i dysgodd oedd ei deulu, yr eglwys yn Lystra a'r Apostol Paul ei hun.

Er y gallai'r ymadrodd 'Ysgrythurau sanctaidd' olygu addysg grefyddol yn gyffredinol, y mae'n llawer mwy tebygol mai Ysgrythurau'r Hen Destament a olygir yn y cyswllt hwn. Gellir tybio mai trysori ar ei gof gynnwys y gyfraith a'r proffwydi a wnaethai Timotheus, o dan gyfarwyddyd ei nain a'i fam. Y mae Paul yn ei atgoffa am y bendithion a ddaeth iddo yn sgil ei wybodaeth o'r Ysgrythurau.

Dywed i ddechrau fod Gair Duw 'yn abl i'th wneud yn ddoeth a'th ddwyn i iachawdwriaeth trwy ffydd yng Nghrist Iesu' (3:15). Gall dyn ddysgu doethineb o bob llyfr da, ond y Beibl yn unig sy'n ei hyfforddi yn noethineb Duw ei hun ac yn ei arwain i brofiad o fywyd yn ei lawnder. Mae'r Ysgrythur yn gwneud hynny am ei fod 'wedi ei ysbrydoli gan

Dduw' (3:16). Y Beibl yn unig sydd ag awdurdod ysbrydoliaeth Duw. Hynny yw, Duw sy'n anadlu bywyd i'r gair ysgrifenedig. Nid yw hynny'n golygu fod pob un gair o'r Beibl yn anffaeledig, ond fod ei gynnwys yn gyffredinol yn rhoi i ni ddarlun perffaith o Dduw a'i bwrpas ar ein cyfer yn ei Fab, Iesu Grist.

Dyna pam y mae'r Beibl 'yn fuddiol i hyfforddi, a cheryddu, a disgyblu mewn cyfiawnder' (3:16). Y Beibl yw llawlyfr y ffydd, prif ffynhonnell ein gwybodaeth am Dduw, am ei ddatguddiad ohono'i hun yn Iesu Grist, am waith ac arweiniad yr Ysbryd Glân, ac am safonau a chynnwys y bywyd Cristnogol. Rhaid barnu pob credo a phob ymddygiad yng ngoleuni'r Beibl. Nid yw cynnydd mewn daioni yn digwydd heb fyfyrdod cyson ar gynnwys y Beibl, nes bod hwnnw'n troi yn 'Air Duw' yn y galon. Ffrwyth terfynol y cyfan yw darparu pob credadun yn ysbrydol ac yn feddyliol ar gyfer gwasanaethu Duw a chyd-ddyn yn y byd.

Holl ofynion y weinidogaeth

Wrth ddod at ddiwedd ei lythyr, mae Paul unwaith eto'n apelio'n daer ar Timotheus i gyflawni holl ofynion ei weinidogaeth yn Effesus gydag argyhoeddiad a grym. Rhaid iddo geisio ennill cymeradwyaeth Crist ei hun. Cymhelliad annheilwng yw ymdrechu i blesio dynion, neu i'w blesio'i hun. Rhaid i bob un sy'n gwasanaethu'r Eglwys wybod y bydd yn ofynnol iddo sefyll gerbron brawdle Crist a deall mai cymeradwyaeth Crist yn unig sy'n cyfrif. Dywedir y bydd Crist yn ymddangos eto ac mai ef fydd yn barnu'r byw a'r meirw. Yng ngoleuni hynny y mae Timotheus i gyflawni ei weinidogaeth.

Rhoddir y lle blaenaf i *bregethu'r gair* (2 Tim. 4:2), sef cyhoeddi'r newyddion da am Grist, ei aberth a'i atgyfodiad. Pa batrymau newydd bynnag fydd i'r weinidogaeth ac i addoliad yr Eglwys yn y dyfodol, bydd rhaid i bregethu'r gair fod yn rhan hanfodol ohonynt. Rhaid i Timotheus bob amser, 'yn gyfleus neu'n anghyfleus' (4:2), fod ar flaenau ei draed, yn barod ac eiddgar i fanteisio ar bob cyfle i gyhoeddi'r gair, costied a gostio. Fel pregethwr brwdfrydig, dylai geisio *argyhoeddi,* sef arwain pobl i gredu yn Iesu Grist a'u rhoi eu hunain iddo; i *geryddu,* sef dwyn pobl sy'n cyfeiliorni yn eu cred yn ôl at wirioneddau'r ffydd; i *galonogi,* sef cefnogi'r rhai sy'n wynebu anawsterau, yn enwedig rhai sy'n dioddef erledigaeth, gan gyflawni'r cyfan gydag amynedd.

Ceir rhybudd eto i wylio rhag dylanwad gau athrawon sy'n adrodd chwedlau yn hytrach na'r gwirionedd, yn 'goglais clustiau' pobl sy'n ysu i wrando ar bob dysgeidiaeth newydd gan ddilyn cymaint o athrawon sy'n dysgu syniadau ofer. Yn wahanol i'r rheini, dylai Timotheus ddal ei dir gan ddioddef unrhyw amhoblogrwydd a pharhau i gyhoeddi'r Efengyl yn ei phurdeb a chyflawni 'holl ofynion dy weinidogaeth' (4:5).

Cwestiynau i'w trafod

1. Pam y mae cymaint o Gristnogion yn y byd heddiw yn wynebu erledigaeth? Sut y gallwn ni eu cynorthwyo?

2. A ydych yn cytuno bod yr holl Ysgrythur 'wedi ei hysbrydoli gan Dduw'?

3. Os yw pregethu'n ganolog i addoliad a bywyd yr Eglwys, pa newidiadau yr hoffech eu gweld yn null a chynnwys pregethu heddiw?

22. Y DIWEDD YN AGOS I PAUL

'Oherwydd y mae fy mywyd i eisoes yn cael ei dywallt mewn aberth, ac y mae amser fy ymadawiad wedi dod. Yr wyf wedi ymdrechu'r ymdrech lew, yr wyf wedi rhedeg yr yrfa i'r pen, yr wyf wedi cadw'r ffydd. Bellach y mae torch cyfiawnder ar gadw i mi; a bydd yr Arglwydd, y Barnwr cyfiawn, yn ei chyflwyno hi imi ar y Dydd hwnnw, ac nid i mi yn unig ond i bawb fydd wedi rhoi eu serch ar ei ymddangosiad ef.

'Gwna dy orau i ddod ataf yn fuan, oherwydd rhoddodd Demas ei serch ar y byd hwn, a'm gadael. Aeth ef i Thesalonica, a Crescens i Galatia, a Titus i Dalmatia. Luc yn unig sydd gyda mi. Galw am Marc, a thyrd ag ef gyda thi, gan ei fod o gymorth mawr i mi yn fy ngweinidogaeth. Anfonais Tychicus i Effesus. Pan fyddi'n dod, tyrd â'r clogyn a adewais ar ôl gyda Carpus yn Troas, a'r llyfrau hefyd, yn arbennig y memrynau. Gwnaeth Alexander, y gof copr, ddrwg mawr imi. Fe dâl yr Arglwydd iddo yn ôl ei weithredoedd. Bydd dithau ar dy wyliadwriaeth rhagddo, oherwydd y mae wedi gwrthwyneb ein cenadwri ni i'r eithaf.

'Yn y gwrandawiad cyntaf o'm hamddiffyniad, ni safodd neb gyda mi; aeth pawb a'm gadael; peidied Duw â chyfrif hyn yn eu herbyn. Ond safodd yr Arglwydd gyda mi, a rhoddodd nerth imi, er mwyn, trwof fi, i'r pregethu gael ei gyflawni ac i'r holl Genhedloedd gael ei glywed; a chefais fy ngwaredu o enau'r llew. A bydd yr Arglwydd eto'n fy ngwaredu i rhag pob cam, a'm dwyn yn ddiogel i'w deyrnas nefol. Iddo ef y byddo'r gogoniant byth bythoedd! Amen.

'Rho fy nghyfarchion i Prisca ac Acwila, a theulu Onesifforus. Arhosodd Erastus yng Nghornith, a gadewais Troffimus yn glaf yn Miletus. Gwna dy orau i ddod cyn y gaeaf. Y mae Eubwlus a

Pwdens a Linus a Clawdia, a'r cyfeillion oll, yn dy gyfarch. Yr Arglwydd fyddo gyda'th ysbryd di! Gras fyddo gyda chwi!' (2 Timotheus 4:6–22).

Y mae'r bennod hon yn cynnwys y geiriau olaf sydd gennym a ysgrifennwyd gan yr Apostol Paul. Fe'u hysgrifennodd o fewn wythnosau, os nad dyddiau, i'w ferthyrdod. Yn ôl traddodiad, cafodd ei ddienyddio ar ffordd Ostian, un o'r priffyrdd i mewn i ddinas Rhufain, a hynny trwy dorri'i ben. Am ragor na thri deg o flynyddoedd, bu'n llafurio'n ddiarbed fel apostol a chenhadwr, gan deithio ar hyd a lled yr Ymerodraeth Rufeinig i bregethu, sefydlu eglwysi ac ennill eneidiau i Iesu Grist. Y mae'n ymwybodol fod ei waith wedi dod i ben, a bod ei holl obeithion bellach wedi eu sefydlu ar berson ac arweiniad Timotheus.

O gofio'r berthynas agos a fu rhwng y ddau dros y blynyddoedd, ac ymdrech Paul i hyfforddi Timotheus i gymryd yr awenau ar ei ôl, a'r ffaith fod Paul wedi cael gwybod y byddai'n wynebu ei ddienyddiwr unrhyw ddydd, y mae ei apêl olaf yn arbennig o ddwys a theimladwy. Daeth yr amser i Timotheus ysgwyddo'r cyfrifoldeb o barhau'r gwaith yn lle Paul, gan ei fod ef bellach wedi dod i ddiwedd ei yrfa ac yn analluog i wneud unrhyw beth mwy er mwyn lledaenu'r Efengyl nac arwain yr Eglwys.

Aberth, ymdrech a gwobr
Wrth sôn am ei fywyd yn dod i ben, mae Paul yn defnyddio dau ddarlun. Yn y darlun cyntaf mae ei fywyd yn cael ei 'dywallt' mewn aberth. Cyn y byddai anifail yn cael ei aberthu ar yr allor, byddai olew yn cael ei dywallt drosto. Mae Paul yn ystyried ei holl fywyd yn aberth, ond bellach daeth yr amser i gyflwyno'r aberth terfynol yn ei farwolaeth. Mae'r ail ddarlun yn cyfleu'r syniad fod amser ei 'ymadawiad' wedi dod. Ynddo, mae 'ymadawiad' yn golygu ymryddhau, neu ymddatod, fel y digwyddai wrth ryddhau'r rhaffau a glymai long wrth yr harbwr. Wrth ddweud fod ei 'ymadawiad wedi dod' (2 Tim. 4:6) yr hyn a olyga

Paul yw ei fod yn ymryddhau o'i waith a'i ofalon a'i fywyd yn y byd hwn, yn debyg i'r llong sy'n cychwyn ar ei thaith wedi rhyddhau ei rhaffau.

O feddwl am hyn, mae Paul fel pe bai'n edrych yn ôl dros ei fywyd fel apostol ac yn ysgrifennu ei feddargraff ei hun. Mae'n defnyddio tair cymhariaeth o fyd chwaraeon. Nid ei ganmol ei hun y mae, ond datgan ffaith. Y mae ei ymdrech yn haeddu coron driphlyg am iddo lwyddo yn y tri pheth yn yr arena.

Yn gyntaf, 'Yr wyf wedi ymdrechu'r ymdrech lew' (4:7). Gellid cyfieithu'r adnod, 'Yr wyf wedi rhedeg y ras fawr', ond gan fod yr ail gymhariaeth yn cyfeirio'n glir at redeg ras, y mae'n fwy tebygol mai ystyr y cymal hwn yw bod Paul wedi cyflawni rhywbeth mawr a chanmoladwy, fel milwr wedi ymladd brwydr, neu reslwr wedi trechu ei wrthwynebydd,

Yn ail, 'yr wyf wedi rhedeg yr yrfa i'r pen' (4:7). Anrhydedd fawr iddo oedd cael rhedeg yr un yrfa ag Iesu. Ei gamp oedd dal ati i redeg er pob cystadleuaeth, a straen a rhwystr. Fel heddiw, ras fawr y chwaraeon Olympaidd oedd y marathon, yn ymestyn dros bum milltir ar hugain. Mae'n rhaid wrth ddyfalbarhad, chwys ac ymdrech i gyrraedd y lap olaf yn yr arena. Gall yr apostol dystio iddo orffen yr yrfa i'r pen, a'i fod yn clywed y saint a'r cwmwl tystion yn curo'u dwylo mewn cymeradwyaeth.

Yn drydydd, 'yr wyf wedi cadw'r ffydd' (4:7). Dyma ddisgrifio sut yr ymdrechodd. Gallai olygu ei fod wedi cadw ei ymddiriedaeth yng Nghrist; ei fod wedi dal i gredu yn ei Arglwydd er gwaetha'r holl erlid, a'r carcharau a'r clwyfau. Neu, o gofio'r consyrn a fynegwyd yn y llythyr hwn am ddiogelu cywirdeb a phurdeb y ffydd, mae'n bosibl ei fod yn datgan ei fod ef ei hun wedi glynu wrth y ffydd wreiddiol – ffydd yr apostolion – gan wrthod pob gau athrawiaeth. Gallai hefyd ymffrostio iddo gadw holl reolau'r campau a bod yn onest a didwyll yn y cyfan a wnaeth. Dyna nodweddion gweinidogaeth Paul: ymddiriedaeth, didwylledd, ffyddlondeb, a gwroldeb. Gorffennodd ei yrfa heb fod wedi gwneud cam â'r gwirionedd nac â'i gyd-ddynion nac â'i Arglwydd.

Bellach, nid oes dim ar ôl i'r apostol ond derbyn ei wobr. Gwobr y rhedwr llwyddiannus mewn ras oedd coron wedi'i phlethu o ddail. Yr anrhydedd fwyaf oedd ennill y ras a chael gwisgo'r goron, er i'r dail wywo cyn pen tridiau. Byddai rhedwyr llwyddiannus yn cael eu croesawu adref i'w trefi eu hunain gyda rhwysg a bonllefau o gymeradwyaeth. Mewn cyferbyniad, mae'r wobr a ddarparwyd ar gyfer Paul yn hollol wahanol: disgrifia Paul y goron fel 'torch cyfiawnder ar gadw i mi' (4:8). Gwrthwynebiad ac erlid a gafodd trwy gydol ei weinidogaeth, ond yn awr bydd pethau'n cael eu hunioni a bydd yn derbyn gwobr gyfiawn, fwy gogoneddus nag unrhyw dorch o ddail.

Y mae Paul yn cyferbynnu dyfarniad llys Nero â dyfarniad y llys nefol. Roedd llys Nero wedi ei ddyfarnu i'w ddienyddio, ac yr oedd hynny'n debygol o ddigwydd unrhyw ddiwrnod. Ond mae'r llys nefol wedi ei ddyfarnu i dderbyn torch. Dim ond torch o ddail y byddai'n ei derbyn am ennill ras mewn mabolgampau, ond y mae Duw, 'y Barnwr cyfiawn', wedi darparu iddo dorch wahanol a thragwyddol. Caiff honno ei chyflwyno iddo 'ar y Dydd hwnnw' (4:8), sef dydd ymddangosiad Iesu Grist a dydd cwblhau ei deyrnas.

Roedd y wobr wedi ei pharatoi eisoes. Y mae ffyddlondeb yr apostol eisoes wedi ei gydnabod gan y Barnwr cyfiawn. Sicrheir Timotheus fod yr un goron yn ei aros yntau a phawb tebyg iddo sy'n ffyddlon i'r Efengyl ac yn caru'r Arglwydd Iesu. Dyma'r fendith fawr a addewir i bawb sydd, fel Paul ei hun, yn dal ati'n ffyddlon ac yn benderfynol o barhau yn y gwaith.

Felly, ac yntau bellach mewn gwth o oedran, wedi ymdrechu dros yr Efengyl, wedi gorffen y ras ac wedi cadw'r ffydd, mae Paul yn aros am y diwedd. Bydd ei fywyd yn cael ei dywallt mewn aberth; bydd ei long fach yn cael ei rhyddhau cyn codi'i hwyliau; ac y mae yntau'n disgwyl yn eiddgar am ei dorch yn llys y nefoedd. Dyma ei her olaf i Timotheus i barhau yn y frwydr a dal ati mewn ffydd a gobaith.

Hanes Eglwys Iesu Grist yw hanes trosglwyddo torch yr Efengyl o genhedlaeth i genhedlaeth. Fel y daw un genhedlaeth i ben, 'eraill ddaw'n eu lle ar hyd yr oesoedd maith'. Dyna yw olyniaeth apostolaidd yr Eglwys; a'n cyfrifoldeb ninnau, fel cyfrifoldeb pob cenhedlaeth o'n blaen, yw ymdrechu dros yr Efengyl yn ein dydd a'n cyfnod ni a magu cenhedlaeth newydd i gymryd y gwaith drosodd. Daeth yr amser i Timotheus gamu i mewn i esgidiau Paul a chymryd yr arweiniad. Daw'r amser hwnnw i bawb ohonom yn ein tro.

Ffrindiau a gwrthgilwyr
Er i Paul ddweud fod ei ddiwedd yn agos, roedd yn benderfynol o wneud y gorau o'r amser oedd ganddo ar ôl. Yn fwy na dim, roedd am weld ei hen ffrindiau unwaith eto. Y mae'n amlwg oddi wrth ei gais ei fod yn teimlo'n unig. Yn ei garchar yn Rhufain, rhoddai cwmni'r brodyr gysur mawr iddo. Ond am wahanol resymau yr oedd llawer wedi ei adael. Nid oedd ond Luc yn aros gydag ef. Yr oedd Paul am i Timotheus ymweld ag ef yn fuan, a dod â Marc gydag ef. A phan ddeuai, yr oedd Paul am iddo ddod â'r clogyn a adawodd ar ôl yn nhŷ Carpus yn Troas, a llyfrau a memrynau. Gellir dychmygu ei fod yn teimlo'r oerni ac yn gweld eisiau ei glogyn, a'i fod hefyd yn awyddus i gael rhywbeth i'w wneud - ac nid yw'n syndod deall ei fod eisiau darllen neu ysgrifennu.

Arwydd o'i gyfeillgarwch agos â Timotheus oedd ei fod yn gallu rhannu ag ef ei siom fod rhai hen gyfeillion wedi troi cefn arno. Enwir tri ohonynt. Dywed am Demas, 'rhoddodd Demas ei serch ar y byd hwn, a'm gadael. Aeth ef i Thesalonica' (2 Tim. 4:10). Mae Paul yn sôn amdano deirgwaith: yn Colosiaid 4:14; yn Philemon 24, lle mae'n ei ddisgrifio fel 'Demas, fy nghydweithiwr'; ac yma. Mae'n bur debyg mai yn Thesalonica yr oedd ei gartref a'i fod wedi derbyn Iesu Grist o ganlyniad i genhadaeth Paul yno. Bu'n gydymaith ac yn gydweithiwr brwd i'r apostol. Ond pan ddaeth erlid ac anawsterau, a phan garcharwyd Paul, sylweddolodd Demas fod dilyn Crist yn gostus, yn fwy nag y medrai ei wynebu, a dychwelodd i Thesalonica. Yn ôl traddodiad, ailgydiodd yn ei hen waith fel gof arian a wnâi ddelwau i'w gwerthu yn y deml baganaidd. Ond mae'n bosibl mai'r tebygrwydd rhwng ei enw ac enw Demetrius a roddodd gychwyn i'r traddodiad hwn. Beth bynnag am hynny, mae Demas yn enghraifft o un sy'n dechrau'n dda ond sy'n cilio yn wyneb gwrthwynebiad a dioddefaint.

Y ddau arall a ymadawodd â Paul, ond am resymau gwahanol, oedd Crescens a Titus. Aeth y naill i Galatia a'r llall i Dalmatia (2 Tim. 4:10). Cawn wybod i Titus gael gorchymyn gan Paul i ddod ato i Nicopolis, ond wyddom ni ddim pa bryd y bu hynny. Un oedd yn amlwg wedi achosi pryder i Paul oedd 'Alexander, y gof copr' a wnaeth ddrwg mawr iddo (4:14). Ni wyddom pwy oedd yr Alexander hwn, ond mae'n amlwg iddo wrthwynebu pregethu Paul, naill ai yn Effesus neu yn Troas. Mae'n amlwg hefyd ei fod yn wrthwynebydd ffyrnig i Timotheus gan fod Paul yn cynghori Timotheus i gadw draw oddi wrtho am iddo ymosod ar eu gwaith a'u cenadwri. Gan fod Paul yn mynd ymlaen i sôn am ei brawf yn Rhufain, y mae'n bosibl fod Alexander wedi dwyn tystiolaeth yn ei erbyn yn y llys yno. Ond os cafodd Paul ei siomi gan wrthgilwyr, yr oedd ganddo gyfeillion ffyddlon.

Yr amlycaf ohonynt oedd Luc, ei gydymaith ym mhob tywydd. Un arall ohonynt oedd Ioan Marc. Dechreuodd ef yn wael, ond fe orffennodd yn ganmoladwy. Roedd Ioan Marc wedi cefnu ar Paul a Barnabas yn ystod y daith genhadol gyntaf; a bu hynny'n achos cweryl rhwng Paul a Barnabas. Ond fe'i profodd ei hun yn ddilynwr ffyddlon wedi hynny. Dywed Paul 'ei fod o gymorth mawr i mi yn fy ngweinidogaeth' (4:11) trwy ei gymorth ymarferol i'r apostol tra oedd yn y carchar, a thrwy ei waith yn yr eglwys yn Rhufain.

Wrth ddirwyn ei lythyr i ben, mae Paul yn gofyn am dri pheth. Yn gyntaf, y mae angen cwmni a chefnogaeth ei gyfeillion. Ar y naill law, mae'n gorchymyn i Timotheus gyflawni ei weinidogaeth yn Effesus, ac eto mae'n pwyso arno i ddod i Rufain i fod yn gwmni ac yn gefn iddo. Y mae hefyd yn ei annog i ddod â Marc gydag ef. Dywed fod 'Eubwlus a Pwdens a Linus a Claudia, a'r cyfeillion oll' yn anfon eu cyfarchion at Timotheus, ac yn pwyso arno'r un pryd i wneud ei orau i ddod ato cyn y gaeaf (4:21). Yn ail, mae'n gofyn am y clogyn, y llyfrau a'r memrynau a adawodd gyda Carpus yn Troas. Er bod cysgod marwolaeth a merthyrdod drosto, yr oedd am ddefnyddio hynny o amser oedd ganddo i weithio ac ysgrifennu. Roedd ganddo gymaint eto i'w wneud, a'r amser mor brin. Ac yn drydydd, mae'n rhoi ei holl ffydd yn nerth a gofal Duw. Hyd yma, cafodd ei waredu o enau'r llew er mwyn iddo fedru pregethu'r Efengyl i'r holl Genhedloedd. Y mae'n ffyddiog y bydd yr Arglwydd yn ei waredu eto a'i 'ddwyn yn ddiogel i'w deyrnas nefol' (4:18).

Cwestiynau i'w trafod

1.   *Rhan o'n cyfrifoldeb yw magu cenhedlaeth newydd i gymryd at y gwaith ar ein hôl. A ydym yn llwyddo i wneud hynny heddiw?*

2.   *Beth yw prif bwyslais neges olaf Paul i Timotheus?*

3. *Trafodwch y gwahaniaeth rhwng Luc, Marc a Demas? Pa un ohonynt sydd fwyaf amlwg yn yr Eglwys heddiw?*

23. PWY OEDD TITUS?

'Paul, gwas Duw ac apostol Iesu Grist, sy'n ysgrifennu, yn unol â ffydd etholedigion Duw, a gwybodaeth o'r gwirionedd sy'n gyson â'n crefydd ni, yn seiliedig yn y gobaith am fywyd tragwyddol. Dyma'r bywyd a addawodd y digelwyddog Dduw cyn dechrau'r oesoedd, ac ef hefyd yn ei amser ei hun a ddatguddiodd ei air yn y neges a bregethir. Ymddiriedwyd y neges hon i mi ar orchymyn Duw, ein Gwaredwr. Yr wyf yn cyfarch Titus, fy mhlentyn diledryw yn y ffydd sy'n gyffredin inni. Gras a thangnefedd i ti oddi wrth Dduw y Tad a Christ Iesu ein Gwaredwr.

'Fy mwriad wrth dy adael ar ôl yn Creta oedd iti gael trefn ar y pethau oedd yn aros heb eu gwneud, a sefydlu henuriaid ym mhob tref yn ôl fy nghyfarwyddyd iti' (Titus 1:1–5).

'Wedyn, ymhen pedair blynedd ar ddeg, euthum unwaith eto i fyny i Jerwsalem ynghyd â Barnabas, gan gymryd Titus hefyd gyda mi. Euthum i fyny mewn ufudd-dod i ddatguddiad. Gosodais ger eu bron - o'r neilltu, gerbron y rhai a gyfrifir yn arweinwyr - yr Efengyl yr wyf yn ei phregethu ymhlith y Cenhedloedd, rhag ofn fy mod yn rhedeg, neu wedi rhedeg, yn ofer. Ond ni orfodwyd enwaedu ar fy nghydymaith Titus hyd yn oed, er mai Groegwr ydoedd. Codwyd y mater o achos y gau gredinwyr, llechgwn a oedd wedi llechian i mewn fel ysbiwyr ar y rhyddid sy'n eiddo i ni yng Nghrist Iesu, gyda'r bwriad o'n caethiwo ni. Ond ni ildiasom iddynt trwy gymryd ein darostwng, naddo, ddim am foment, er mwyn i wirionedd yr Efengyl aros yn ddianaf ar eich cyfer chwi' (Galatiaid 2:1–5).

'Diolch i Dduw, yr hwn a roddodd yng nghalon Titus yr un ymroddiad drosoch. Oherwydd nid yn unig gwrandawodd ar ein hapêl, ond gymaint yw ei ymroddiad fel y mae o'i wirfodd ei hun yn ymadael i fynd atoch. Yr ydym yn anfon gydag ef y brawd sy'n uchel ei glod drwy'r holl eglwysi am ei waith dros yr Efengyl, un

sydd, heblaw hyn, wedi ei benodi gan yr eglwysi i fod yn gyd-deithiwr â ni' (2 Corinthiaid 8:16–19a).

Gelwir llythyrau Paul at Timotheus a Titus yr 'epistolau bugeiliol' am iddynt gael eu hanfon at arweinwyr eglwysig penodol, ond hefyd at arweinwyr neu fugeiliaid yn gyffredinol, i roi cyfarwyddiadau iddynt ynghylch materion yn ymwneud â threfn, disgyblaeth a bywyd yr eglwysi. Trafodir ynddynt gwestiynau'n ymwneud ag athrawiaeth, moeseg a'r problemau ymarferol a oedd yn wynebu'r Eglwys Fore wrth iddi ddygymod â byw a thystio mewn cymdeithas elyniaethus. Gan fod iaith ac arddull y tri llythyr mor debyg, ac am eu bod yn delio â'r un materion, mae'n briodol gofyn beth a wyddom am Titus, a beth oedd y berthynas rhyngddo a Timotheus?

Er bod Titus, fel Timotheus, yn un o'r fintai a oedd yn cyd-deithio â Paul, nid oes yn rhyfedd iawn unrhyw gyfeiriad ato yn Llyfr yr Actau. Awgrymodd rhai mai'r rheswm am hynny oedd ei fod yn perthyn i Luc, awdur yr Actau. Gwyddom mai Groegwr ydoedd, a'i fod yn un o ddychweledigion Paul. Dyna pam y gallai Paul ei gyfarch fel 'fy mhlentyn diledryw yn y ffydd sy'n gyffredin inni' (Tit. 1:4). Ceir y cyfeiriad cyntaf ato yn y Testament Newydd mewn perthynas â'r dadlau ynghylch enwaedu, yn ogystal â bedyddio, cenedl-ddynion a oedd wedi troi at Iesu Grist. Yr oedd y Cristnogion Iddewig yn dal i ddadlau dros enwaedu'r rhai nad oeddent yn Iddewon.

Cydymaith a chydweithiwr

Aeth Paul gyda Barnabas a Titus i Jerwsalem. Wedi i Paul ymgynghori â rhai o arweinwyr yr eglwys yno, a dangos fod gorfodi enwaedu ar genedl-ddynion yn groes i ysbryd yr Efengyl, ni enwaedwyd ar Titus: 'ni orfodwyd enwaedu ar fy nghydymaith Titus hyd yn oed, er mai Groegwr ydoedd' (Gal. 2:3). Safodd Paul yn gadarn yn erbyn y rhai oedd yn ei wrthwynebu: 'ni ildiasom iddynt trwy gymryd ein darostwng, naddo, ddim am foment, er mwyn i wirionedd yr Efengyl aros yn ddianaf ar eich cyfer chwi' (2:5).

Y mae'n fwy na thebyg bod Titus, o hynny ymlaen, wedi dilyn Paul ar ei deithiau. Daeth i amlygrwydd mewn perthynas ag eglwys Corinth, a chyfeirir ato sawl gwaith yn Ail Lythyr Paul at y Corinthiaid, a hynny'n gynnes a chanmoliaethus. Ymddiriedodd Paul lythyr i'w ofal ar gyfer yr eglwys yng Nghorinth, a bu'n disgwyl yn eiddgar i wybod sut y byddai'r Corinthiaid yn ymateb i'r llythyr hwnnw. Dychwelodd Titus maes o law gydag adroddiad calonogol o gyflwr pethau yn eglwys Corinth. Dywedir iddo fynd gyda Paul ar ei deithiau, ac yn ôl pob tebyg bu yn Effesus. Mae'n anodd credu iddo fod yn gydweithiwr mor agos i Paul heb iddo hefyd fod yn gyfaill ac yn gydweithiwr â Timotheus.

Y symudiadau hyn oedd cefndir cyfansoddi Ail Lythyr Paul at y Corinthiaid; ac unwaith eto, Titus a'i dygodd i Gorinth. Prif bwrpas ei ymweliad y tro hwn oedd cwblhau'r casgliad a wnaed trwy'r eglwysi i gynorthwyo tlodion Jerwsalem a Jwdea. Cafodd ei gymeradwyo'n gynnes gan Paul fel un ymroddgar a chanddo gonsyrn arbennig dros eglwys Corinth. 'Gymaint yw ei ymroddiad fel y mae o'i wirfodd ei hun yn ymadael i fynd atoch' (2 Cor. 8:17). Ond tybiodd Paul y dylai gael cymorth, a phenodwyd 'brawd sy'n uchel ei glod drwy'r holl eglwysi' i'w gynorthwyo (8:18). Wyddom ni ddim pwy oedd y 'brawd' hwn – Luc medd rhai, Timotheus medd eraill.

Yn ddiweddarach, gwyddom fod Titus wedi ail-afael yn ei deithiau cenhadol. Awgrymir yn yr epistol (Tit. 1:4–5) i Paul ei adael yn Creta wedi i'r ddau fod yn cydweithio yno, ac iddo adael Timotheus yn Effesus. Gwyddom fod Paul yn bwriadu ymestyn ei genhadaeth i'r Gorllewin, ac y mae'n bosibl fod ei ymgyrch wedi dechrau yn Effesus ac wedi ymledu i Creta. Erbyn diwedd ei lythyr, mae Paul yn annog Titus i ddod i dreulio'r gaeaf gydag ef yn Nicopolis, unwaith y byddai Artemas a Tychicus wedi dod i gymryd ei le yn Creta (3:12). Y mae'n bosibl mai o Nicopolis yr aeth Titus ymlaen ar hyd yr arfordir nes cyrraedd tiriogaeth Dalmatia. Yno, mae'n diflannu oddi ar dudalennau'r Testament Newydd. Yn ôl yr hanesydd cynnar, Eusebius (c. O.C. 325), dychwelodd Titus i Creta, ac ymsefydlu yno a chael ei benodi'n esgob cyntaf yr ynys.

Llythyr Paul at Titus

Y mae Llythyr Paul at Titus yn hynod debyg o ran cynnwys, ond ar ffurf symlach, i'w Lythyr Cyntaf at Timotheus. Y mae ynddo dair thema ganolog, sef anogaeth i ddiogelu athrawiaeth iach ac ymddygiad cywir yn yr eglwys, yn y cartref, ac yn y byd.

Yn gyntaf, *athrawiaeth iach ac ymddygiad cywir yn yr eglwys* (Tit. 1:5–16). Bu Paul gyda Titus yn Creta, a gadawodd Titus yno am fod angen mawr am osod sylfeini cadarn i'r eglwys. Erbyn hynny, roedd Titus wedi'i brofi ei hun yn ddyn cymwys yng ngolwg yr apostol i gyflawni'r gwaith hwnnw. Y cam cyntaf yn y gwaith oedd dewis henuriaid. Arferai Paul godi henuriaid yn union wedi iddo sefydlu eglwys, ond ni chafodd aros yn ddigon hir yn Creta i fedru gwneud hynny. Wrth wynebu'r dasg o godi henuriaid ym mhob tref, yr oedd cymeriad a buchedd foesol, yn ogystal â ffyddlondeb i'r gwirionedd yn gymwysterau anhepgor i'w hystyried wrth benderfynu pwy oedd yn addas i'r gwaith. Yn ychwanegol, roedd rhaid i henuriad allu cadw trefn ar ei deulu ei hun ac ar ei ymddygiad ei hun: 'Rhaid iddo beidio â bod yn drahaus, nac yn fyr ei dymer, nac yn rhy hoff o win, nac yn rhy barod i daro, nac yn un sy'n chwennych elw anonest' (1:7). Ond o fewn yr eglwys, yn fwy na dim rhaid iddo lynu o'r cychwyn wrth yr athrawiaeth iach a dderbyniodd.

Roedd rhaid i Titus fod yn deyrngar i'r Efengyl gan mai un o'i gyfrifoldebau oedd cyfrannu addysg grefyddol a hyfforddi ei bobl yn athrawiaethau'r ffydd. At hynny hefyd, roedd ganddo'r dasg o ddiogelu'r ffydd rhag ymosodiadau gan athrawon gau a oedd yn gwrthwynebu'r gwirionedd. Ceir yma'r un anogaeth a gafwyd yn llythyrau Paul at Timotheus wrth i Paul bwyso ar Titus hefyd i ddelio'n gadarn â dylanwad yr athrawon a oedd yn gwrthddweud neges yr Efengyl: 'Dylai ddal ei afael yn dynn yn y gair sydd i'w gredu ac sy'n gyson â'r hyn a ddysgir, er mwyn iddo fedru annog eraill â'i athrawiaeth iach, a gwrthbrofi cyfeiliornad ei wrthwynebwyr' (1:9).

Roedd problem ffug ddysgeidiaeth yn gyffredin yn yr Eglwys Fore ac yn achos pryder i Paul a'i gyd-genhadon. Yn Creta, ymhlith y gelynion i wir ffydd yr oedd 'credinwyr Iddewig', sef Iddewon oedd yn cam-lywio'r Efengyl trwy ddadlau dros enwaedu a gwrthod plygu i awdurdod yr eglwys. Wrth ledaenu eu hathrawiaethau, roedd y gau athrawon hyn yn achosi dadleuon a therfysg a rhaniadau o fewn yr eglwys ac o fewn teuluoedd. 'Pobl ydynt sydd yn tanseilio teuluoedd cyfan drwy ddysgu iddynt bethau na ddylent eu dysgu, a hynny er mwyn elw anonest' (1:11).

Daw hynny â ni at ail thema'r llythyr, sef *diogelu athrawiaeth iach ac ymddygiad cywir yn y teulu* (2:1–10). Fel rhan o'i hyfforddiant mewn athrawiaeth iach, mae Titus i wneud ei orau i ddiwygio aelwydydd yr eglwys. Dywed wrth yr hynafgwyr, sef y teidiau, i fod yn sobr a disgybledig gan wneud eu gorau i ddangos tri o brif rasusau'r Efengyl, sef 'ffydd a chariad a dyfalbarhad' (2:2). Y mae'r hynafgwr mewn teulu i fod yn esiampl o foesoldeb, yn siŵr o'i Dduw, yn dyner ei farn, ac yn abl i ddal straen bywyd. Yn yr un modd, yr oedd y gwragedd hynaf i fod yn ddefosiynol eu hymarweddiad, yn osgoi straeon annheilwng ac yn peidio â meddwi ar win – problem gyffredin ymysg hen bobl ynys Creta, yn ôl pob sôn! Y gwragedd hŷn hefyd, ar gyfrif eu blynyddoedd o brofiad, oedd i hyfforddi'r gwragedd ifainc i reoli eu cartrefi yn deilwng. Sylfaen cartref crefyddol yw cariad; a rhaid i wraig ifanc garu ei gŵr a'i phlant. 'Dylent hyfforddi'r gwragedd ifainc yn y pethau gorau, a'u cymell i garu eu gwŷr a charu eu plant, i fod yn ddisgybledig a diwair, i ofalu am eu cartrefi, ac i fod yn garedig, ac yn ddarostyngedig i'w gwŷr, fel na chaiff gair Duw enw drwg' (2:4–5).

Roedd y cynghorion teuluol yn cynnwys gair i'r dynion ifainc 'i arfer hunanddisgyblaeth' (2:6). Roedd disgwyl i bawb, o bob oed, geisio gwarchod bywyd y teulu a chofio fod priodas yn rhywbeth arbennig a chysegredig. Rhoddir pwyslais ar yr aelwyd fel conglfaen cymdeithas, ac fel estyniad o'r Eglwys i'r byd. Nid oes unrhyw waith a wneir gan wŷr a gwragedd yn bwysicach na chreu aelwyd rinweddol, a diogelu bywyd teulu. Ni fyddai unrhyw sôn am grefydd yr aelwyd yn gyflawn heb gyfeiriad at y caethweision a oedd yn estyniad o fywyd y teulu. Yr oedd ffyniant economaidd y teulu a'r gymdeithas wedi ei seilio ar gaethwasiaeth, ac nid oedd gan y caethwas ryddid i drefnu ei fywyd ei hun. Gellid dychmygu sefyllfaoedd anodd yn datblygu, pan fyddai caethwas yn gorfod gwneud dewis rhwng gorchymyn ei feistr a glynu wrth safonau'r Efengyl. Bryd hynny, fe wynebai'r tyndra o fod yng ngwasanaeth dau feistr. Ond at ei gilydd, roedd caethweision i fod yn ufudd a gonest; roeddent i beidio â lladrata; ac roeddent i wasanaethu'r teulu yn ffyddlon a diwyd.

Trydedd thema'r llythyr yw *diogelu athrawiaeth iach ac ymddygiad cywir yn y byd* (2:11–15). Yn yr adran hon, cyflwynir yr Efengyl fel sail i fywyd cyfrifol yn y gymdeithas. Gwaith gras Duw oedd dwyn pob person, caeth a rhydd, i brofiad o waredigaeth. Y mae effeithiau hynny i'w gweld mewn dwy ffordd: hyfforddi aelodau'r Eglwys i ymwrthod ag annuwioldeb a chwantau bydol, a'u dysgu i fyw yn dduwiol a disgybledig yn y byd. Yr ochr negyddol i'r 'hyfforddi' oedd cael gwared â'r hen werthoedd a fu'n sylfaen y bywyd pechadurus. Rhaid clirio'r hen ysgrifen oddi ar y llechen – pethau llygredig y byd hwn y bu pobl yn gosod eu bryd arnynt. Gwaith cyntaf gras yw dysgu pobl i droi cefn ar yr anfoesol a'r llygredig. Yr ochr gadarnhaol i'r 'hyfforddi' yw dysgu'r credinwyr yn ysgol gras i 'fyw'n ddisgybledig a chyfiawn a duwiol' (2:12), sef rheoli eu hymddygiad eu hunain, parchu hawliau pobl eraill, a meithrin perthynas fyw â Duw trwy ddefosiwn. Y mae'r egwyddorion hyn yn gwbl groes i'r amarch at hunan, at gyd-ddyn, ac at Dduw oedd yn nodweddu'r hen fywyd.

Y mae gras Duw hefyd yn eu dysgu i edrych ymlaen at rywbeth mwy gogoneddus sydd eto i ddod, sef ymddangosiad gogoniant Duw yn ailddyfodiad y Gwaredwr, Iesu Grist. Rhoddodd Duw ei Fab yn y lle cyntaf i brynu rhyddid i ni oddi wrth bob drygioni, ac i'n glanhau a'n gwneud yn bobl deilwng i Dduw yn y byd. Tasg Titus, felly, yw 'dweud y pethau hyn' (2:15), er mwyn 'cymell' a 'cheryddu', sef pregethu, rhoi cymorth a chyfarwyddyd i'r credinwyr, a'u hargyhoeddi, sef eu tywys i weld a chredu'r gwirionedd. Byw'r bywyd sy'n ymgorfforiad o'r gwirionedd ac yn esiampl o waith achubol gras, yw'r dystiolaeth orau i'r Efengyl yn y byd.

Cwestiynau i'w trafod

1. Pa debygrwydd a welir rhwng Timotheus a Titus fel cydweithwyr Paul?

2. Beth yw nodweddion y teulu crefyddol?

3. Ym mha ffordd y dylai'r Cristion fod yn ddinesydd da?

24. ESGOB EFFESUS

'Felly ymnertha di, fy mab, yn y gras sydd yng Nghrist Iesu. Cymer y geiriau a glywaist gennyf fi yng nghwmni tystion lawer, a throsglwydda hwy i ofal pobl ffyddlon a fydd yn abl i hyfforddi eraill hefyd. Cymer dy gyfran o ddioddefaint fel milwr da i Grist Iesu ... Ystyria beth yr wyf yn ei ddweud, oherwydd fe rydd yr Arglwydd iti ddealltwriaeth ym mhob peth. Cofia Iesu Grist: ei gyfodi oddi wrth y meirw, ei eni o linach Dafydd, yn ôl yr Efengyl yr wyf fi yn ei phregethu. Yng ngwasanaeth yr Efengyl hon yr wyf yn dioddef hyd at garchar, fel rhyw droseddwr, ond nid oes carchar i ddal gair Duw. Felly yr wyf yn goddef y cyfan er mwyn ei etholedigion, iddynt hwythau hefyd gael yr iachawdwriaeth sydd yng Nghrist Iesu, ynghyd â gogoniant tragwyddol'
(2 Timotheus 2:1–3, 7–10).

'Ymrowch i gadw, â rhwymyn tangnefedd, yr undod y mae'r Ysbryd yn ei roi. Un corff sydd, ac un Ysbryd, yn union fel mai un yw'r gobaith sy'n ymhlyg yn eich galwad; un Arglwydd, un ffydd, un bedydd, un Duw a Thad i bawb, yr hwn sydd goruwch pawb, a thrwy bawb, ac ym mhawb ... A dyma'i roddion: rhai i fod yn apostolion, rhai yn broffwydi, rhai yn efengylwyr, rhai yn fugeiliaid ac yn athrawon, i gymhwyso'r saint i waith gweinidogaeth, i adeiladu corff Crist. Felly y cyrhaeddwn oll hyd at yr undod a berthyn i'r ffydd ac i adnabyddiaeth o Fab Duw'
(Effesiaid 4:3–6, 11–13).

Dymuniad taer Paul oedd i Timotheus ddod i Rufain i'w weld a hynny mor fuan â phosibl. Meddai ddwywaith yn yr un llythyr: 'Gwna dy orau i ddod ataf yn fuan (2 Tim. 4:9), a 'Gwna dy orau i ddod cyn y gaeaf' (4:21). Ni wyddom a lwyddodd ai peidio i gyrraedd Rhufain cyn i Paul gael ei ddienyddio.

Gellir dychmygu Timotheus yn gwneud trefniadau ar frys wedi iddo dderbyn ail lythyr Paul. Roedd yn sicr yn teimlo'r dynfa i Rufain a'r awydd i fod yn gwmni i'w dad yn y ffydd yn ei ddyddiau olaf. Roedd yr hydref yn agosáu, pan fyddai'r gwyntoedd cryfion a'r moroedd ffyrnig yn gwneud mordeithio'n anodd a'r porthladdoedd yn cau dros y gaeaf. 'Gwna dy orau i ddod cyn y gaeaf,' meddai'r apostol. Roedd amser yn brin. 'Galw am Marc, a thyrd ag ef gyda thi'. Rhaid oedd anfon gair at Marc i ddweud wrtho am ollwng popeth arall a dod ar frys i'w gyfarfod yn Troas. Cyn gadael Effesus, roedd rhaid trefnu bod arweinwyr cyfrifol yn cael eu penodi i arwain yr eglwys yn ei absenoldeb, a phenododd dîm yn cynnwys Prisca ac Acwila, a Tychicus, oedd ar ei ffordd o Rufain, wedi'i anfon gan Paul i gynorthwyo. Rhoddodd gyfarwyddiadau manwl iddynt, gan eu hatgoffa o'r themâu pwysicaf yn nysgeidiaeth Paul, a'u siarsio i wneud popeth i atal dylanwad y gau athrawon.

Ar frys i Rufain

Cafodd long fechan i'w gludo ar hyd yr arfordir o Effesus i Troas. Yno, ar y cei, yr oedd Marc yn disgwyl amdano. Aeth y ddau i dŷ Carpus i gasglu'r clogyn a'r llyfrau yr oedd Paul mor awyddus i'w cael, cyn croesi, ar ddeuddydd o fordaith fer, i Neapolis. Oddi yno, roedd rhaid cerdded ychydig filltiroedd ar hyd y Via Egnatia i Philipi. Yno, cawsant groeso a llety dros nos gan hen gyfeillion eglwys Philipi. Oddi yno, cawsant eu cario mewn cert mul ar draws Macedonia, a chyrraedd Dyrhachium ar arfordir yr Adriatig. Erbyn hynny, roedd yn fis Hydref, a chael a chael oedd i'r ddau fedru croesi môr yr Adriatig i'r Eidal ar un o'r llongau olaf i hwylio cyn y gaeaf. Ymlaen â hwy ar hyd y Via Appia ar draws gwlad i Rufain, gan holi rhai o Gristnogion Rhufain ym mhle'r oedd Paul wedi ei garcharu.

Wedi cyrraedd pen eu taith, cawsant hyd iddo mewn cell fechan, a Luc yn gwmni iddo. Bu aduniad emosiynol a thyner, gyda'r tri – Timotheus, Marc a Luc – yn cofleidio'r apostol yn ddagreuol , gan weddïo a moli'r un pryd.

O fewn wythnos, cynhaliwyd ail wrandawiad Paul. Y tro hwn, ni safodd ar ei ben ei hun yn y llys. Roedd y tri chyfaill – Timotheus, Marc a Luc – yno i'w gefnogi ac i ddweud gair drosto. Ond er iddynt ddadlau ei fod yn ddinesydd Rhufeinig, doedd dim gwadu'r ffaith ei fod yn euog o'r cyhuddiad yn ei erbyn, sef gwrthod addoli'r ymerawdwr dwyfol, Nero. Ni allai Paul addoli'r un brenin daearol. Iesu oedd yr unig Frenin oedd yn teilyngu moliant ac addoliad. Plediodd Paul yn euog, a cheisiodd egluro gerbron y llys pwy oedd Iesu, ond rhoddodd y barnwr daw arno, a'i ddedfrydu i farwolaeth.

Arhosodd y tri chyfaill yn gwmni iddo bob dydd nes y daeth diwrnod ei ddienyddio. Bu'n brysur hyd y diwedd yn eu hatgoffa o'i drefniadau ar eu cyfer ac ar gyfer yr eglwysi. Roedd ei femrynau i fynd i Marc gan ei fod ef, mewn cydweithrediad â Pedr, yn ysgrifennu hanes Iesu. Luc oedd y mwyaf cymwys i ofalu am eglwys Philipi. Roedd Titus eisoes wedi dechrau ar y gwaith o fugeilio eglwysi Cyprus. Timotheus oedd i gymryd yr awenau yn eglwysi Effesus, y ganolfan Gristnogol fwyaf yn Asia Leiaf. Rhoddodd ei glogyn yn anrheg i Timotheus – gweithred symbolaidd yn datgan fod arweinyddiaeth yr eglwys yn cael ei throsglwyddo iddo, ac atgof o hanes mantell Elias yn disgyn ar ysgwyddau Eliseus. Yr oedd Paul yn dweud i bob pwrpas, 'Ti, bellach, sydd i arwain; mae'r gwaith bellach yn dy ddwylo di'. Un bore, clywyd sŵn traed milwyr yn nesáu i dywys Paul allan o'r ddinas ar hyd y Via Appia i'r fan lle'r oedd llawer o Gristnogion y ddinas wedi eu dienyddio. Cafodd Marc, Luc a Timotheus gerdded yn gwmni iddo. Synnwyd y tri gan ei wroldeb a'i hyder tawel. 'Bellach y mae torch cyfiawnder ar gadw i mi', meddai. 'Bydd yr Arglwydd eto'n fy ngwaredu i rhag pob cam, a'm dwyn yn ddiogel i'w deyrnas nefol.' Cofleidiodd Paul ei dri chyfaill yn eu tro, a'u bendithio. 'Yr Arglwydd a fyddo gyda thi', meddai wrth bob un. Gafaelodd Timotheus yn dynn amdano, a'i ddagrau'n llifo. Rhyddhaodd Paul ei hun o'i afael a phenliniodd o flaen y dienyddwr. Roedd un ergyd sydyn o'i gleddyf yn ddigon i wahanu ei ben oddi wrth ei gorff.

Syllodd Timotheus yn syn ar y corff marw, llonydd, a fu'n gymaint o fwrlwm o egni a gwaith a chynlluniau. Cofiodd yr emyn a ddyfynnwyd gan Paul yn ei lythyr ato: 'Os buom farw gydag ef, byddwn fyw hefyd gydag ef; os dyfalbarhawn, cawn deyrnasu hefyd gydag ef' (2 Tim. 2:11). Ciliodd y don o dristwch, a theimlodd dangnefedd a llonyddwch dwfn yn ei feddiannu. Oedd, roedd Paul gyda'i Arglwydd. Rhyw ddiwrnod, byddai'n ei weld eto, a gwyddai y byddai'n rhaid iddo'r pryd hwnnw roi cyfrif o'i weithgarwch. Gan droi at y ddau arall, meddai, 'Rhaid i mi gychwyn yn ôl i Effesus mor fuan ag y medraf. Mae yna waith i'w wneud.'

Carchariad Timotheus

Y mae mesur helaeth o ddychymyg yn y disgrifiad hwn o daith Timotheus i Rufain a'r amser a dreuliodd yng nghwmni'r apostol. Wyddom ni ddim a lwyddodd i gyrraedd Rhufain cyn i Paul gael ei ddienyddio. Byddai'n dda meddwl iddo lwyddo a bod yn gwmni ac yn gefn i'w dad yn y ffydd wrth iddo wynebu'r diwedd. Ond wrth inni gerdded y ffin rhwng hanes a dychymyg, mae un darn o dystiolaeth yn aros i'w ddatrys, sef bod Timotheus ei hun wedi cael ei garcharu, ond iddo hefyd gael ei ryddhau. Yng nghyfarchion terfynol y Llythyr at yr Hebreaid ceir y geiriau hyn: 'Y newydd yw bod ein brawd Timotheus wedi ei ryddhau, ac os daw mewn pryd, caf eich gweld gydag ef' (Heb. 13:23).

Gan na wyddom pwy oedd awdur y Llythyr at yr Hebreaid, nac ychwaith at bwy yr ysgrifennai, y mae'n anodd gwybod pa bryd ac ym mhle y carcharwyd Timotheus. Ond y mae traddodiad hir yn awgrymu mai at grŵp o Gristnogion o gefndir Iddewig yn Rhufain yr ysgrifennwyd y llythyr. Os felly, byddai Timotheus yn adnabyddus iddynt o'i ymweliad â Paul pan oedd yntau yn y carchar. Gan nad yw awdur yr Hebreaid yn cyfeirio o gwbl at Paul, mae'n fwy na thebyg ei fod yn ysgrifennu ar ôl ei ddienyddiad. Mae'n berffaith bosibl felly i Timotheus gael ei garcharu ychydig ar ôl marwolaeth Paul, gan fod nifer o arweinwyr Cristnogol wedi cael eu merthyru yn ystod yr erlid o dan yr ymerawdwr Nero.

Ond beth yw ystyr y geiriau, 'os daw mewn pryd, caf eich gweld gydag ef'? 'Mewn pryd' o ble? Ac ym mhle y mae'r awdur yn gobeithio'i weld? Fedrwn ni ddim cael ateb i'r cwestiynau hyn. Yr unig beth y medrwn ei ddweud gyda sicrwydd yw i Timotheus gael ei garcharu ar ôl marwolaeth Paul (tua O.C. 66), ond cyn dinistr Jerwsalem (O.C. 70). Pe bai dinistr Jerwsalem wedi digwydd, byddai'r awdur yn sicr o fod wedi cyfeirio ato, yn enwedig ac yntau'n ysgrifennu at Gristnogion Iddewig. Golyga hynny i Timotheus gael ei garcharu rhwng O.C. 67 a 70. Byddai ar y pryd tua deugain oed. Mae'n rhaid ei fod wedi treulio peth amser yn y carchar i'r newyddion amdano fod wedi ymledu, ac felly newydd da oedd clywed am ei ryddhau. Gan ei fod o hyd yn ddyn cymharol ifanc, yr oedd ganddo flynyddoedd o wasanaeth o'i flaen. Wrth iddo gamu o'r carchar, y mae hefyd yn camu o'r Testament Newydd, ac nid oes gennym hanes pendant amdano o hynny ymlaen. Ond gallwn dybio iddo ddychwelyd i Effesus ac ailafael yn arweinyddiaeth yr eglwys yno, mewn ufudd-dod i ddymuniad a gorchymyn Paul.

Timotheus ac Ioan yr Henuriad

Arweinydd arall o bwys yn eglwys Effesus ac yn Asia Leiaf yn gyffredinol oedd Ioan, sef y gŵr y tybir mai ef oedd awdur Llyfr y Datguddiad. Yn draddodiadol, priodolwyd Efengyl Ioan, Epistolau Ioan a'r Datguddiad i'r Apostol Ioan. Ond oherwydd gwahaniaethau iaith ac arddull, y ffaith fod yr awdur yn cyfeirio at yr apostolion ond byth yn cyfeirio ato'i hun fel un ohonynt, nac ychwaith ei fod wedi cael unrhyw fath o gyswllt â Iesu, y mae'r rhan fwyaf o esbonwyr yn tybio mai Ioan gwahanol i Ioan yr Apostol, 'y disgybl annwyl', a gyfansoddodd y Datguddiad. Cyfeiria rhai o'r tadau eglwysig cynnar at yr Ioan arall hwn fel 'Ioan yr Henuriad'. Roedd yn amlwg yn ŵr o ddylanwad ymysg eglwysi Asia Leiaf.

Gan nad yw Paul yn cyfeirio yn unman at Ioan yr Henuriad, mae'n debygol iddo gyrraedd Effesus ar ôl marwolaeth Paul ac iddo deithio yno i roi help llaw i arwain eglwysi'r cylch. Erbyn i Timotheus hefyd ddychwelyd i Effesus roedd Ioan un ai wedi cyrraedd yno o'i flaen neu ar ei ffordd yno. Gellid tybio y byddai presenoldeb y ddau arweinydd yn achosi mesur o dyndra a chystadleuaeth rhyngddynt. A fyddai Ioan yn hawlio blaenoriaeth dros Timotheus? A fyddai Timotheus yn medru cydweithio â Ioan? Nid oes dystiolaeth am unrhyw anghydfod rhyngddynt. Mae'n debyg eu bod, oherwydd graslonrwydd Ioan a gwyleidd-dra Timotheus, wedi medru cyd-fyw a chydweithredu'n hapus. Mae'n fwy na thebyg iddynt rannu'r gwaith, gyda Ioan yn bwrw golwg yn gyffredinol dros eglwysi Asia Leiaf tra oedd Timotheus yn canoli ar Effesus ei hun.

Er bod rhai o'r tadau cynnar wedi cyfeirio at Timotheus fel 'esgob cyntaf' Effesus, yn raddol a thros gyfnod hir y datblygodd patrwm o weinidogaeth 'esgobol'. Yn nyddiau Timotheus ei hun, y gair a ddefnyddid i ddisgrifio arweinydd eglwysig oedd 'arolygwr' neu 'henuriad' neu 'esgob'. Oherwydd hynny, gallai eglwys fawr, neu gylch o eglwysi, fod â mwy nag un 'henuriad'. Penodwyd Timotheus gan Paul ei hun i fod yn 'arolygwr' neu 'esgob', nid yn yr ystyr o fod yr unig esgob ar eglwysi Effesus a'r ardal, ond fel un ymhlith eraill, ond ei fod yn un a oedd wedi ei ddewis a'i benodi gan Paul i'r gwaith o hybu'r wir ffydd a diwreiddio'r gau athrawiaethau oedd mewn perygl o lygru a lladd tystiolaeth yr eglwysi i Iesu Grist a'r Efengyl.

Wrth apelio am undod yn yr eglwys yn Effesus, dywed Paul fod gan bob aelod gyfraniad i'w wneud i ddiogelu undod a ffyniant yr eglwys. Pan yw holl aelodau'r corff wedi eu clymu ynghyd mewn cariad, ceir gwasanaeth parod a llawen gyda'r Ysbryd yn rhoi iddynt undod wedi'i wreiddio yn eu ffydd mewn 'un Arglwydd, un ffydd, un bedydd, un Duw a Thad i bawb' (Eff. 4:5–6). Bydd gwahaniaethau mawr mewn doniau yn yr eglwys: 'rhai yn apostolion, rhai yn broffwydi, rhai yn efengylwyr, rhai yn fugeiliaid ac athrawon' (4:12). Ond eu braint a'u dyletswydd oedd gweithio gyda'i gilydd i adeiladu corff Crist. Nid cystadleuaeth doniau a geir, ond cydweithrediad pob un yn ôl y dalent a'r ddawn a roddodd Crist iddo. Y mae'r amrywiaeth doniau'n eang, ond y maent yn cydweithio'n gydradd heb neb yn hawlio bod yn ben. Nid yw'r gair 'esgob' nac 'arolygwr' yn ymddangos yn y rhestr. Yn ddiweddarach y datblygodd swyddi'r 'arolygwyr' neu' 'esgobion', a heb os aethpwyd i ystyried Timotheus ac Ioan yr Henuriad ymysg yr arweinwyr cyntaf, a Timotheus i'w ystyried fel 'esgob cyntaf Effesus'.

Cwestiynau i'w trafod

1. Pam oedd Paul mor awyddus i gael cwmni Timotheus, Marc a Luc yn ystod ei ddyddiau olaf?

2. Yn eich barn chi, beth fyddai'r camau cyntaf y byddai Timotheus wedi eu cymryd fel arweinydd eglwys Effesus yn dilyn marwolaeth Paul?

3. O ystyried yr amrywiaeth o ddoniau oedd yn bod yn eglwys Effesus, sut ddylai eglwys heddiw wneud mwy o ddefnydd o ddoniau ei haelodau?

25. SANT A MERTHYR

'At angel yr eglwys yn Effesus, ysgrifenna: "Dyma y mae'r hwn sy'n dal y saith seren yn ei law dde, ac yn cerdded yng nghanol y saith ganhwyllbren aur, yn ei ddweud: Gwn am dy weithredoedd a'th lafur a'th ddyfalbarhad, a gwn na elli oddef y rhai drwg; gwn dy fod wedi rhoi prawf ar y rhai sy'n eu galw eu hunain yn apostolion a hwythau heb fod felly, a chefaist hwy'n gelwyddog; ac y mae gennyt ddyfalbarhad, a dygaist faich trwm er mwyn fy enw i, ac ni ddiffygiaist. Ond y mae gennyf hyn yn dy erbyn, iti roi heibio dy gariad cynnar. Cofia, felly, o ble y syrthiaist, ac edifarha, a gwna eto dy weithredoedd cyntaf. Os na wnei, ac os nad edifarhei, fe ddof atat a symud dy ganhwyllbren o'i le. Ond y mae hyn o'th blaid, dy fod fel minnau yn casáu gweithredoedd y Nicolaiaid. Y sawl sydd â chlustiau ganddo, gwrandawed beth y mae'r Ysbryd yn ei ddweud wrth yr eglwysi. I'r sawl sy'n gorchfygu, rhof yr hawl i fwyta o bren y bywyd sydd ym Mharadwys Duw' (Datguddiad 2:1–7).

'Gyfeillion annwyl, peidiwch â rhyfeddu at y prawf tanllyd sydd ar waith yn eich plith, fel petai rhywbeth rhyfedd yn digwydd i chwi. Yn hytrach, yn ôl maint eich cyfran yn nioddefiadau Crist llawenhewch, er mwyn ichwi allu llawenhau hefyd, a gorfoleddu, pan ddatguddir ei ogoniant ef. Os gwaradwyddir chwi oherwydd enw Crist, gwyn eich byd, o achos y mae Ysbryd y gogoniant, sef Ysbryd Duw, yn gorffwys arnoch' (1 Pedr 4:12–14).

Aeth yn arferiad yng nghanrifoedd cynnar Cristnogaeth i eglwysi ddangos eu parch at goffadwriaeth eu sylfaenwyr, yn enwedig y rhai a fu farw dros eu ffydd. Coffawyd merthyron ac esgobion cynnar mewn gwasanaethau cymun blynyddol ar ben-blwydd eu marwolaeth. Dyna fu cychwyn gwyliau'r 'seintiau' a'r Flwyddyn Gristnogol. Casglwyd hanesion am wroniaid y ffydd – rhai ohonynt yn gwbl chwedlonol ac anhygoel – a'u cynnwys mewn cyfrolau o 'fucheddau'r saint'. Enghraifft yn y Gymraeg yw *Buchedd Dewi* gan Rhygyfarch. Ymddangosodd dwy gyfrol o'r fath yn adrodd hanes Timotheus: un gan Polycrates, a fu'n esgob Effesus tua O.C. 190–200, a'r llall gan Symeon Metaphrastes, a oedd yn byw yn y ddegfed ganrif. Gan fod gwaith Polycrates yn mynd yn ôl i'r dyddiau cynnar a bod ei gynnwys yn rhydd o chwedleuon eithafol, bu haneswyr yn fwy parod i gydnabod ei ddilysrwydd. Cyfansoddwyd y gwaith tua chan mlynedd wedi dyddiau Timotheus, ac felly o fewn cenhedlaeth i'r llygad dystion a fyddai'n cofio'r hanes. Y mae Polycrates yn adrodd hanes bywyd Timotheus yn eglwys Effesus. Dywed iddo weithio am flynyddoedd lawer fel arolygwr yr eglwys yn dilyn marwolaeth Paul, ac iddo farw yn y flwyddyn O.C. 96.

Y mae Polycrates a Metaphrastes yn egluro'r berthynas rhwng Timotheus ac Ioan yr Henuriad. Pan ddychwelodd Timotheus i Effesus o Rufain yn dilyn marwolaeth Paul, yr oedd Ioan yno ac yn cael ei gydnabod yn un o arweinwyr yr eglwys. Ond ni fu unrhyw anghydfod rhwng y ddau. Dywed Metaphrastes fod Ioan wedi cymryd gofal cyffredinol o eglwysi ardal Effesus, a bod Timotheus wedi canolbwyntio ar y gwaith a ymddiriedodd Paul iddo, sef dysgu'r wir ffydd a dadwreiddio'r gau athrawiaethau a oedd yn rhwygo'r gymuned Gristnogol. Meddai, 'Yr oedd Timotheus yn disgleirio fel athro, yn huawdl, yn dweud ei feddwl yn glir wrth egluro pynciau'r ffydd, ac yn cyfrannu at adeiladu ac arwain yr eglwys. Wedi iddo gael ar ddeall fod Ioan wedi derbyn gan yr Ysbryd Glân y doethineb a'r ddawn i arwain, fe'i gosodwyd i ofalu am esgobaeth Effesus a pharhaodd Timotheus â'r gwaith o bregethu a dysgu.'

Y Cristion cyffredin
Yn ôl Polycrates, yr oedd Timotheus yn berson gwylaidd a gostyngedig, nad oedd yn chwennych awdurdod na swydd uchel ond a oedd yn ddigon parod i weithredu fel cynorthwyydd i Ioan. Ei bleser mwyaf oedd dysgu gwirioneddau'r Efengyl a chynorthwyo'i gyd-Gristnogion i

fyw fel dilynwyr i Iesu Grist o fewn cymdeithas baganaidd dinas fawr fel Effesus. Y mae mwy nag un esboniwr wedi cyfeirio at Timotheus fel 'Cristion cyffredin'. Is-deitl cyfrol Lance Pierson *In the Steps of Timothy* yw 'The effectiveness of an ordinary Christian'. Ac y mae John Stott yn ei esboniad *The Message of 2 Timothy* yn disgrifio Timotheus fel 'nawdd sant y credinwyr cyffredin'. Yn ei ymson dychmygol yn y gyfrol *Does Debyg Iddo Fe* (addasiad Olaf Davies o waith Nick Fawsett), dywed Timotheus, 'Rhaid i mi gydnabod y gall Duw weithio drwy bawb ... Yna fe sylweddolaf, drachefn, os gallai Crist fy nefnyddio i gall ddefnyddio rhywun!'

Prif waith Timotheus dros y pum mlynedd ar hugain nesaf oedd parhau i ddysgu'r credinwyr ac adeiladu'r eglwys trwy ddefnyddio'i ddoniau fel athro. Os oedd Ioan yn cael amlygrwydd fel arweinydd, roedd Timotheus yn fodlon gweithio'n dawel yn y cefndir. Ond nid oedd ei waith na'i ddylanwad fymryn llai. Y mae hyfforddi Cristnogion, yn arbennig Cristnogion newydd, yn waith eithriadol bwysig, yn enwedig â'r wir ffydd dan ymosodiad gan broffwydi ffals, rhai ohonynt yn huawdl, eraill yn gallu dadlau'n effeithiol, ac eraill wedyn yn medru argyhoeddi eu gwrandawyr o'u clyfrwch.

Erbyn y flwyddyn O.C. 95, a Timotheus erbyn hynny tua 65 mlwydd oed, cafwyd ton o erledigaeth unwaith eto, y tro hwn dan yr Ymerawdwr Domitian. Yn wahanol i gyfnod Nero, pan ganolbwyntiwyd yr erlid ar ddinas Rhufain, roedd Domitian yn targedu Cristnogion ar draws yr ymerodraeth. Carcharwyd nifer o Gristnogion Effesus, yn cynnwys Ioan a anfonwyd i ynys Patmos. O hynny ymlaen, ni allai Timotheus fwynhau ei fywyd tawel o ddysgu a hyfforddi. Roedd rhaid iddo gymryd at arolygaeth yr 'esgobaeth', sef eglwysi ardal Effesus. Meddai Metaphrastes: 'Pan alltudiwyd yr hybarch Ioan i ynys bell, cymerodd Timotheus at arweinyddiaeth esgobaeth Effesus yn ei le'. Erbyn diwedd y ganrif, roedd y term 'esgob' wedi cymryd lle 'henuriad' neu 'arolygwr', ac o ganlyniad cafodd Timotheus ei ystyried yn esgob cyntaf Effesus. Yn sicr, roedd Polycrates a Metaphrastes yn cyfeirio ato'n gyson fel 'yr esgob'.

Ioan ar Ynys Patmos

Yn y cyfamser yr oedd Ioan wedi'i gaethiwo ar Ynys Patmos. Bu yno am flwyddyn cyn cael ei ryddhau. Yn ystod ei garchariad croniclodd y gweledigaethau a'r proffwydoliaethau a ddaeth iddo oddi wrth yr Arglwydd Iesu, sef llyfr olaf y Beibl, Datguddiad Ioan. Awgrymir mai tua diwedd teyrnasiad Domitian yr ysgrifennwyd y llyfr, tua O.C. 95–96. Yng nghyfnod Domitian yr aethpwyd ati o ddifri i geisio lledaenu addoliad Cesar, a'i wneud yn orfodol, a hynny'n arwain at garcharu a dienyddio llawer iawn o gredinwyr.

Ym mhenodau 2 a 3 o Lyfr Datguddiad, ceir llythyrau at saith eglwys yn Asia Leiaf. Mae'r llythyr cyntaf at 'angel yr eglwys yn Effesus' (Dat. 2:1). Yn yr un modd, cyferchir angylion y chwe eglwys arall. Ystyr y gair 'angel' yw 'negesydd', a gallai fod yn arolygwr neu'n arweinydd, sef y sawl a fyddai'n derbyn y llythyr ac yn ei ddarllen i'r eglwys. Y tebycaf o gael ei ystyried yn 'angel' eglwys Effesus fyddai Timotheus; a barn nifer o'r Tadau cynnar yw mai at Timotheus yr anfonwyd y llythyr. Y mae geiriau agoriadol y llythyr yn galonogol. Canmolir yr eglwys am ei gweithredoedd da a'i llafur yn delio â'r 'rhai drwg' a'r 'rhai sy'n eu galw eu hunain yn apostolion a hwythau heb fod felly' (2:2).

Deng mlynedd ar hugain yn gynharach, roedd Paul yn pryderu am eglwys Effesus ac yn arbennig am ddylanwad y gau athrawon. Gwelai'r eglwys mewn perygl o gael ei hudo tuag at ddysgeidiaeth gyfeiliornus. Ond bellach caiff Effesus ei chanmol: 'y mae gennyt ddyfalbarhad, a dygaist faich trwm er mwyn fy enw i, ac ni ddiffygiaist' (2:3). Erbyn hynny roedd y gau athrawon wedi eu hanfon o'r eglwysi, y syniadau cyfeiliornus wedi eu hysgubo ymaith, a gwaith Timotheus yn hyfforddi'r aelodau yn y wir ffydd wedi dwyn ffrwyth. Bymtheng mlynedd yn ddiweddarach, anfonodd Ignatius, esgob Antiochia, lythyr i Effesus a oedd yn canmol yr eglwys am gael gwared â dylanwadau estron ac am sefydlu'r wir ffydd Gristnogol yn eu plith. Meddai, 'Yr ydych yn llawn bywyd Duw, yn deml ei Ysbryd, yn llawn anian Crist, yn llawn duwioldeb, yn caru Duw a Duw yn unig'.

Fodd bynnag, nid oedd y neges i 'angel' eglwys Effesus yn ganmoliaeth i gyd. 'Ond y mae gennyf hyn yn dy erbyn, iti roi heibio dy gariad cynnar' (2:4). Yn ei brwydrau dros gywirdeb ffydd a'i hymdrechion dros wirionedd, yr oedd yr eglwys wedi rhoi heibio ysbryd cariad a mynd yn ddeddfol ac oeraidd. Gall amddiffyn uniongrededd arwain at gulni a dogmatiaeth oer. Meddai Emrys ap Iwan yn un o'i Homilïau, 'Mae caru fel Iesu yn bwysicach na chredu fel Calfin!' Yr alwad oedd, 'Cofia, felly, o ble y syrthiaist, ac edifarha, a gwna eto dy weithredoedd cyntaf' (2:5). O flaen popeth arall, roedd rhaid wrth gariad at Grist ac at ei gilydd. Gelwir ar aelodau eglwys Effesus i edifarhau ac ymddwyn fel y gwnaethant yn y gorffennol, neu fe ddeuai Crist i symud eu canhwyllbren o'i le. Hynny yw, byddent yn colli presenoldeb y Crist byw o'u plith ac yn peidio â bod yn eglwys. Ond os gwrandawent ar neges yr Ysbryd i'r eglwysi ac ufuddhau iddi, caent yr hawl i fwyta o bren y bywyd sydd ym Mharadwys Duw. Nid yw byth yn rhy hwyr i ailddarganfod y cariad dwyfol a fynegir ym mywyd ac aberth ac atgyfodiad yr Arglwydd Iesu, sydd yn ymestyn allan at gyd-ddyn, at gyfaill ac at bawb mewn angen.

Pan dderbyniodd Timotheus y llythyr at eglwys Effesus, aeth ati i wared â phob casineb, drwgdeimlad a chystadleuaeth aflan rhwng gwahanol garfanau o fewn yr eglwys, ac i'w gwneud yn gymdeithas lawn gras a chariad.

Merthyrdod Timotheus

Dychwelodd Ioan yr Henuriad o'i gaethiwed ar Ynys Patmos, ond buan wedyn y dioddefodd Timotheus farwolaeth merthyr. Yn ôl Polycrates, bu farw yn O.C. 96 neu 97, a cheir ganddo ddisgrifiad o'r digwyddiad. Yr oedd paganiaid Effesus yn cynnal gŵyl flynyddol i anrhydeddu eu duwiau – Gŵyl Katagogia, a oedd yn achlysur swnllyd ac afreolus - gyda'r dinasyddion yn gweiddi, meddwi, ymosod yn rhywiol ar ferched, ac ymladd ymhlith ei gilydd. Aeth Timotheus at brif borth y ddinas i geisio ymresymu â'r dathlwyr. 'Gwŷr Effesus', meddai, 'peidiwch ag ymddwyn mor wyllt a therfysglyd yn eich eilunaddoliaeth. Yn hytrach trowch at y gwir Dduw ac addolwch ef.' Ond ni chafodd wrandawiad. Yn hytrach, ymosododd rhai o'r terfysgwyr arno gan ei daro â cherrig a phastynau. Cariwyd ef allan o sŵn i ddinas i ochr bryn oddi allan i'r porth. Er ei fod yn dal i anadlu, roedd yn anymwybodol. Ac meddai Polycrates, 'Offrymodd ei enaid sanctaidd i Dduw mewn tangnefedd'.

Os oedd Timotheus yn ymwybodol o gwbl, y mae'n berffaith bosibl iddo ddwyn i gof y modd yr ymosodwyd ar Paul yn Lystra flynyddoedd cyn hynny pan oedd Timotheus yn fachgen ifanc, ac iddo gofio hefyd y geiriau a ysgrifennodd Paul, 'Yr wyt ti wedi dilyn yn ofalus fy athrawiaeth i, a'm ffordd o fyw, fy ymroddiad, fy ffydd, fy amynedd, fy nghariad a'm dyfalbarhad, yr erlid a'r dioddef a ddaeth i'm rhan yn Antiochia ac Iconium a Lystra; ie, yr holl erledigaethau a ddioddefais ... Yn wir, eu herlid a gaiff pawb sydd yn ceisio byw bywyd duwiol yng Nghrist Iesu' (2 Tim. 3:10–12). Os oedd y llythyr oddi wrth Ioan yr Henuriad wedi ei gyrraedd cyn iddo farw, byddai Timotheus wedi cael cysur o eiriau olaf y llythyr: 'I'r sawl sy'n gorchfygu, rhof yr hawl i fwyta o bren y bywyd sydd ym Mharadwys Duw' (Dat. 2:7).

Y mae'r ymadrodd 'y sawl sy'n gorchfygu' yn cyfeirio at y rhai sy'n dioddef merthyrdod gan eu bod, trwy farw, yn rhannu yn aberth yr Arglwydd Iesu ei hun. Dywed Pedr fod sail i hyder a llawenydd, mewn merthyrdod hyd yn oed, oherwydd yr hyn a gyflawnodd yr Arglwydd Iesu yn ei farwolaeth ef. Trwy'r groes, gweddnewidiwyd dioddefaint a choncrwyd pechod. Os bydd Cristion yn dioddef yn yr un ysbryd â Christ, gall ei ddioddefaint yntau fod yn foddion i newid y byd.

Cwestiynau i'w trafod

1. I ba raddau y gellir dweud fod Timotheus yn cynrychioli'r 'Cristion cyffredin'?

2. Beth dybiwch chi oedd y 'cariad cynnar' y beirniadwyd eglwys Effesus am ei roi heibio?

3. Beth yw ystyr dweud fod poen a marwolaeth Iesu ar y groes yn gweddnewid dioddefaint?

Llyfryddiaeth

Barclay, William, *The Letters to Timothy, Titus and Philemon,* St Andrew Press, Edinburgh, 1975.

Barrett, C. K., *The Pastoral Epistles,* The New Clarendon Bible, Oxford, 1963.

Evans, Owen, *Y Llythyrau Paulaidd,* Cyfres Beibl a Chrefydd 6, Gwasg Prifysgol Cymru,
Caerdydd, 1984.

Hanson, A.T., *The Pastoral Letters,* Cambridge Bible Commentaries, Cambridge, 1966.

Kelly, J.N.D., *The Pastoral Epistles,* Black's New Testament Commentaries, London, 1963.

Knight, George W., *The Pastoral Epistles,* Paternoster, 1992.

Pierson, Lance, *In the Steps of Timothy,* Intervarsity Press, Leicester, 1995.

Richards, L. D., *Esboniad ar yr Epistolau Bugeiliol,* Llyfrfa'r M.C., Caernarfon, 1971.

Scott, E.F., *The Pastoral Epistles,* The Moffatt New Testament Commentaries, London, 1947.

Stott, John R.W., *The Message of 1 Timothy and Titus,* Intervarsity Press, Nottingham, 1996.

Stott, John R.W., *The Message of 2 Timothy,* Intervarsity Press, Nottingham, 1973.